轨道交通弓网系统电接触

——理论与应用

高国强　吴广宁
魏文赋　杨泽锋　编著

西南交通大学出版社
·成都·

图书在版编目（CIP）数据

轨道交通弓网系统电接触：理论与应用 / 高国强等编著. —成都：西南交通大学出版社，2018.9
ISBN 978-7-5643-6173-0

Ⅰ. ①轨… Ⅱ. ①高… Ⅲ. ①轨道交通－弓网系统－电触头 Ⅳ. ①U225

中国版本图书馆 CIP 数据核字（2018）第 100716 号

轨道交通弓网系统电接触
——理论与应用

高国强　吴广宁
魏文赋　杨泽锋　编著

责任编辑　黄淑文
助理编辑　梁志敏
封面设计　何东琳设计工作室

印张　17.75　　字数　264千
成品尺寸　170 mm×230 mm
版次　2018年9月第1版
印次　2018年9月第1次
印刷　四川煤田地质制图印刷厂
书号　ISBN 978-7-5643-6173-0

出版发行　西南交通大学出版社
网址　http://www.xnjdcbs.com
地址　四川省成都市二环路北一段111号
西南交通大学创新大厦21楼
邮政编码　610031
发行部电话　028-87600564　028-87600533
定价　96.00元

课件咨询电话：028-87600533
图书如有印装质量问题　本社负责退换

前　言
Preface

弓网是轨道交通的受流系统，由接触网和受电弓组成，列车的电力输送靠接触网与受电弓带电滑动接触完成。弓网电接触包括了接触网与受电弓两界面间发生的物理化学过程，涉及电气、机械、材料、计算技术等诸多领域，其研究最终目的是在满足一定经济效益的前提下，提高弓网电接触的可靠性及弓网材料的工作寿命。

本书聚焦于弓网滑动电接触问题，主要涉及电接触、载流摩擦磨损以及电弧理论。书中详细介绍了弓网系统相关理论、装置、测试及试验方法，探明了弓网电接触温升效应及其影响，论述了不同运行工况下弓网摩擦磨损的机制，阐明了弓网电弧对弓网材料的侵蚀作用。结合工程应用，分析了弓网材料对弓网摩擦磨损特性的影响，提出了弓网服役性能的相关检测技术。

本书基于工程实际问题，结合工程与实验室广泛应用的研究经验和方法，从基础理论、研究方法、工程设计与应用等方面深入探讨了弓网系统运行过程中所涉及的电气机械问题，通过分析提出了相关工程问题的解决思路或方法。全书（或部分章节）可以用作研究生及高年级本科生的教材或参考书。

本书提供了弓网运行参数、电弧参数、材料参数的相关图表，可作为专业研究人员、设计和开发工程师的实用工具。

限于时间和水平，书中难免有不足之处，敬请广大读者批评指正。

编　者

2018 年 1 月

目　录
Contents

1 高速列车受流方式——弓网系统

1.1 弓网系统

1.1.1 概　述

目前，高速电气列车获取电能的方式是弓网系统，即受电弓和接触网组成的二元电能传输系统，高速电气列车均采用了这种电能传输方式[1]。因此，受电弓和接触网系统的运营质量是影响和制约电气列车高速运行的核心要素之一，也是制约高速电气化铁路发展的关键要素之一。

在电气化铁路上运行的列车（包含电力机车与动车组），其所需的电能均来自固定电源——发电厂。电能经过牵引变电所和架空输电线向电气列车传输。电能传输是限制列车实现最高速度的一个因素，当电气列车由普通速度提高到高速运行时，受电弓与接触网的相互作用显得极为重要[2]。在受流过程中，受电弓和接触网在机械和电气上密切相关，只要其中之一出现问题，就会破坏正常的受流特性，甚至导致弓网事故的发生。

电气列车的动力及辅助设备的电源所需电力都是由地面上供给，高速列车依靠电力牵引运行，规定电力牵引为Ⅰ级负荷。牵引变电所分布在铁路沿线，将电能转换成符合电气列车要求的电压等级，再通过受电弓与接触网组成的系统（以下简称弓网系统）给电气列车供电[3]。列车负载电流从受电弓与架空接触网的接触点流入，从车轮与轨道的接触点流出，并经过回流电路返回牵引变电所，完成电能传输的过程（见图 1.1）。

受电弓安装在电气列车车顶，电气列车通过受电弓滑板与接触线接触获取电能。弓网系统是电气列车的受流方式之一，是固定设备和移动能量消耗设备之间联系的纽带[4]。接触网是输电线路，是受电弓的滑道，需要尽可能长的使用寿命，而弓网接触点是电能传输的瓶颈。电气列车运行时，受电弓的滑板与接触网的接触线滑动接触，不仅使电能的传输易于实现，而且弓网接触点的不断变换能减缓滑板和接触线的温度升高。

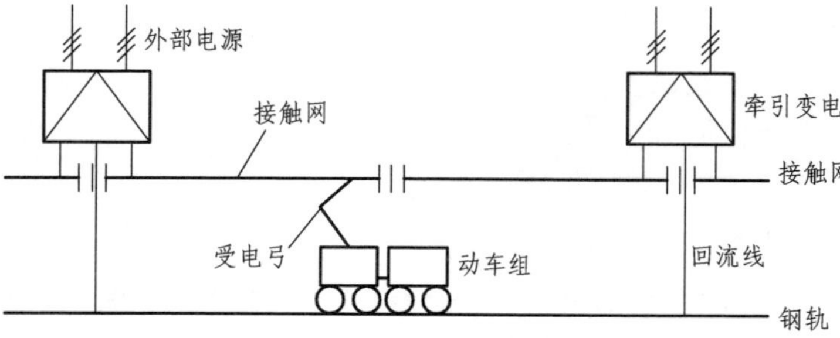

图 1.1　牵引供电系统示意图

1.1.2　接触网系统

接触网是沿铁路线上空架设的一条特殊形式的输电线路，属于固定在地面的供电设备[5]。其作用是将牵引变电所的电能输送给电气列车。接触线既是牵引电流的主要承载者又是受电弓的滑道，接触线的质量是决定接触网性能的重要因素之一。

1. 分　类

接触网的主要结构形式分为两种（见图 1.2）：一是架空式，即输电线路架设在线路的正上方，通过车顶部的受电弓与接触线的滑动摩擦而获得电能，此种形式应用非常广泛；二是第三轨形式，即导电轨设置在地面走行钢轨的侧面，通过车辆转向架上的受电靴与导电轨的滑动接触而获得电能，此种形式应用在地铁与轻轨系统中。

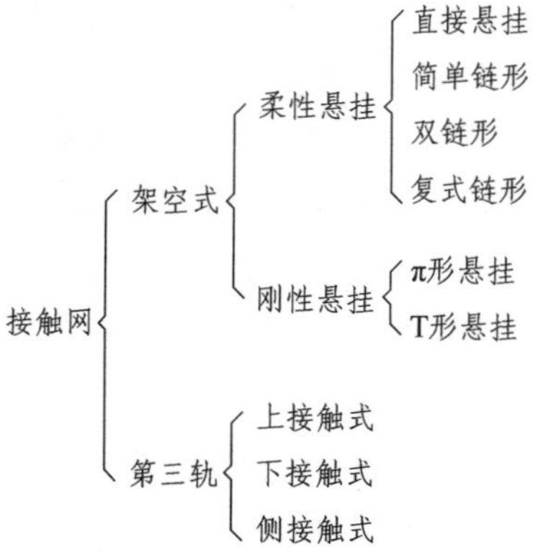

图 1.2　接触网的分类

1）架空式

架空式接触网的悬挂形式，按悬

挂架设的方式不同，分为柔性悬挂和刚性悬挂。

柔性悬挂按其形态的构成分为链形悬挂和直接悬挂。其中链形悬挂又分为简单链形悬挂、双链形悬挂和复链形悬挂等，如表 1.1 所示。

表 1.1 架空式接触网的悬挂形式

悬挂形式		分类	悬挂的构成	悬挂形示例
柔性悬挂	链形悬挂形式	简单链形悬挂系列	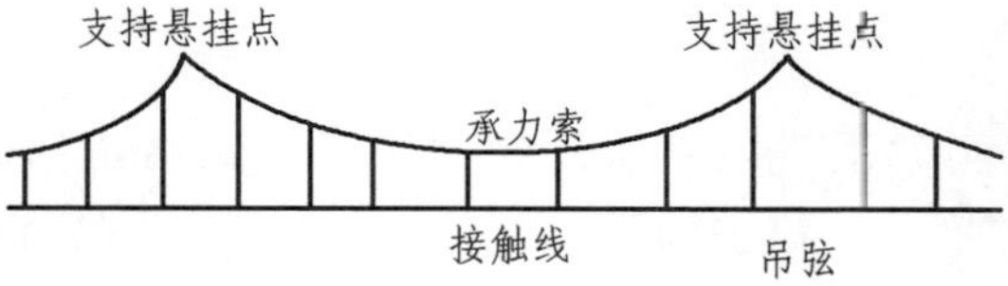	简单悬挂；重型简单悬挂；CS 简单悬挂；馈电与承力索合一的悬挂形式；斜悬挂形式等
			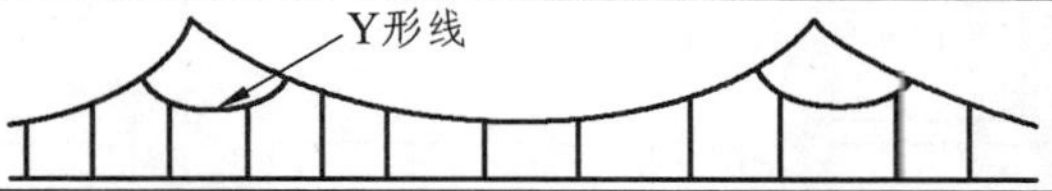	变“Y”形简单链形悬挂
			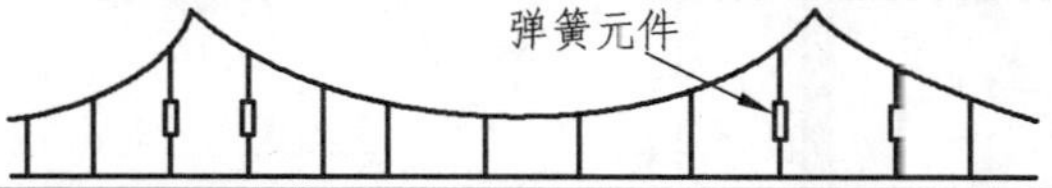	带组合弹性吊弦的简单链式悬挂
		双链形悬挂系列	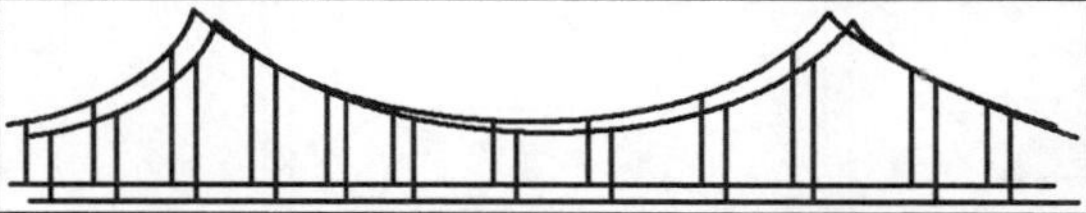	双简单链式悬挂
		复链形悬挂系列	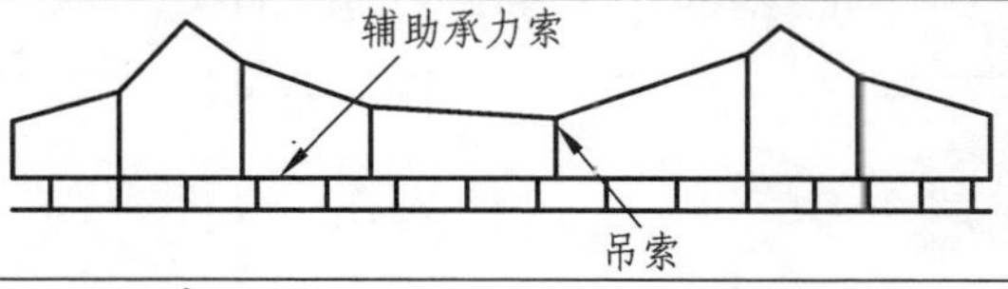	复链式悬挂 重型复链形悬挂
			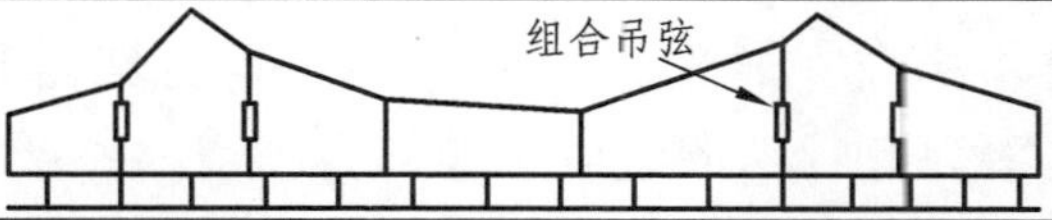	组合弹性吊弦的复链形悬挂
	直接悬挂形式			
刚性悬挂形式				

刚性悬挂按其汇流排的不同，分为π形悬挂和 T 形悬挂，如图 1.3 所示。

（a）π形汇流排　　（b）T 形汇流排

图 1.3　刚性悬挂形式

2）第三轨

一般，采用轨道供电系统的铁路只设一条带电路轨。这条带电路轨称为“第三轨”。从第三轨取得的电能由电力机车的车轮经由路轨传回牵引变电所。第三轨按接触面的不同，分为上接触式、下接触式和侧接触式，如图 1.4 所示。

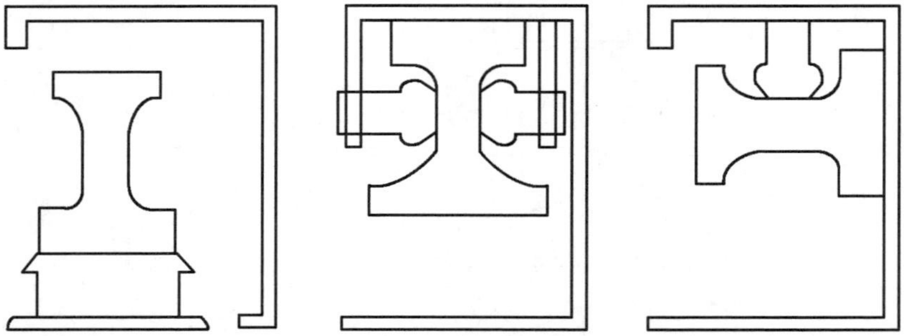

（a）上接触式　　（b）下接触式　　（c）侧接触式

图 1.4　第三轨

有一些使用橡胶车轮的列车并不能让电力经路轨传回牵引变电所，因此在这些列车行走的路段一般都会再增加一条额外的带电轨道（亦即“第四轨”）以作回传电力之用。基于第四轨的一些优点（例如较高的可靠性以及降低了信号系统的复杂性），一些使用普通金属车轮列车的铁路系统也会装设第四轨，使供电用和行走用的路轨完全分开[6]。伦敦地铁是最大的第四轨铁路系统。

2. 结　构

架空链式接触网在电气化铁道上应用最广。根据其用途和性能不同可选用各式各样的悬挂形式。

接触网由支持装置、馈电线、接触悬挂（承力索、吊弦、零部件等）、接触线、回流线、补偿器等组成，如图 1.5 所示。

（a）运营现场

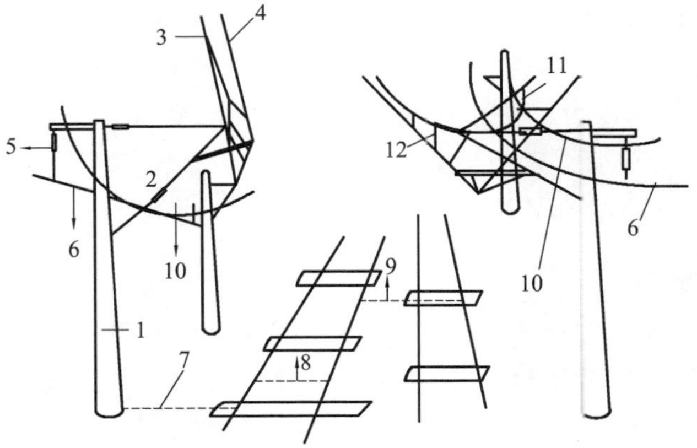

（b）结构示意图

图 1.5 链形悬挂接触网

1—支柱；2—腕臂；3—承力索；4—接触线；5—绝缘子；6—馈线；7—支柱基础；8—钢轨连线；9—上下行钢轨连线；10—回流线；11—弹性吊索；12—吊弦

1）支持装置

用支柱支持接触悬挂的间隔跨距约为 50 m，一组接触悬挂的标准架设总长度约为 1 500 m（称为一个下锚区段）。腕臂支持装置则是安装在支柱上端用于支持定位接触悬挂的结构，由绝缘子及相关连接零部件组成。

2）馈电线

馈电线又称供电线，是变电所、分区亭、开闭所与接触网之间的电气连接线，安设在变电所或开闭所馈线出口至接触网电分相两侧，将牵引电能由牵引变电所馈送到接触网上[7]。供电线应能承受最大牵引电流的长期作用和接触网近端短路电流的瞬时作用。一般选用 300 mm^2 左右的铜绞线作为供电线。

3）接触悬挂

这种接触悬挂从上至下由承力索、辅助承力索、接触线三条线组成。各条线索上的张力为 14.7 ~ 24.5 kN，接触悬挂的总张力为 53.9 kN。

承力索一般采用比铜的强度更高、更耐损伤、抗拉强度更高的镀锌钢绞线，而兼有馈电线作用的馈电承力索式接触网的承力索采用的是硬铜绞线（PH）和铝包钢芯铝合金绞线（ACSR），由于辅助承力索兼有承力索及馈电线的部分作用，所以要求其具有十分可靠的电气机械性能。

吊弦是从承力索或辅助承力索上悬吊接触线的部件，吊弦间隔的标准一般为 5 m，为了防止离线，在新干线上也有 3.5 m 间隔的区段。在需要接触线与承力索绝缘处所，应在承力索上安装吊弦绝缘罩或采用带有绝缘子的绝缘吊弦。

4）接触线

受电弓与接触悬挂最下方的接触线接触滑行。接触线用间隔 5 m 的吊弦来悬挂，尽量保持接触线自轨道面上方约 5 m 的架设高度。为了避免受电弓滑板形成沟状磨损面，接触线调整为与线路呈水平的“Z”字形。

接触线是接触网中重要的组成部分，是受流的主要通道。接触线一般制成两侧带沟槽的圆柱状，是与受电弓直接滑动的导电体，因此必须具有较高的电导率、较大的抗张力[8]。沟槽是为了便于安装线夹并悬吊固定接触线而又不影响受电弓滑板的滑行取流。接触线下面与受电弓滑板接触的部分呈圆弧状，称为接触线的工作面。接触线通过与电力机车上的受电弓滑板滑动摩擦直接向电力机车输送电流，其性能直接影响电力机车的受流质量和机车的安全运行。

接触线是所有供电类导线中工作环境最恶劣的一种，正常工作时需要承受冲击、振动、温差变化、环境腐蚀、磨耗、电火花烧蚀和极大的工作张力，因此其性能直接影响到高速列车的安全运行。接触线的材质主要是铜、铜银合金、高强度铜银合金、铜锡合金、铜镁合金、高强度铜镁合金等，满足电气化铁道接触网需要。

带沟槽的硬铜接触线的横断面形状如图 1.6 所示。

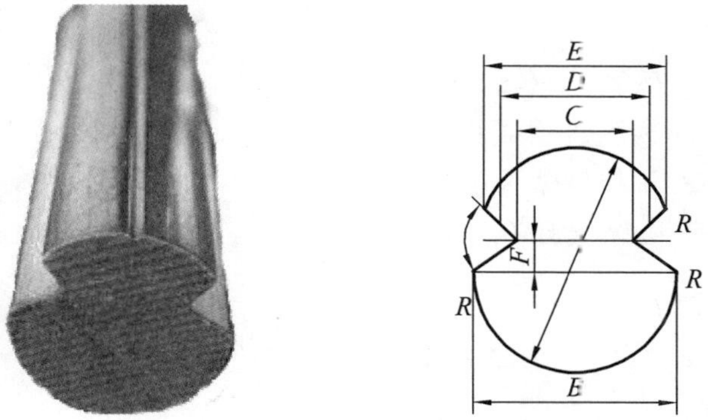

（a）现场图　　（b）结构图

图 1.6　接触线的横断面形状

设计规范规定：铜及铜合金线在最大允许磨耗面积（标称截面面积的 20%）时，其机械安全系数不应小于 2.0；当局部磨耗超出最大允许磨耗时应局部补强；当局部磨耗达 35%时应将接触线切断，用接触线接头线夹连接，并保证接头处过渡平滑，必要时应安装吊弦使该处接触线高于相邻吊弦点 0 ~ 10 mm。对运行速度在 200 km/h 以上的接触网，一个锚段内不允许有两个以上接触线接头。

常用的接触线标称截面参数见表 1.2。

表 1.2　常用的接触线标称截面参数

标称截面 /mm²	*A* /mm	*B* /mm	*C* /mm	*D* /mm
85	11.00	11.00	5.70	6.12
110	12.34	12.34	6.85	7.27
170	15.49	15.49	7.32	7.74

标称截面 /mm²	*E* /mm	*F* /mm	*R* /mm	*G* /deg	*H* /deg
88	8.50	1.5	0.38	27	51
110	9.75	1.7	0.38	27	51
170	11.43	2.4	0.38	27	51

接触线残存高度和磨耗面积之间的对应关系与接触线横断面形状有关，对于横断面为圆的铜系接触线，磨耗面积 S 与残存高度 h 之间存在以下关系：

$$S = \pi \cdot R^2 \cdot \theta / 180 - [R - (A - h)] \cdot R \sin\theta$$

其中：$\theta = \arccos(1 - (A - h) / R)$；

式中　S —— 接触线磨损部分面积（mm^2）；

R —— 接触线横截面的圆半径（mm）；

A —— 新接触线厚度（mm）；

h —— 接触线残存厚度（mm）。

5）回流线

在变电所附近，连接钢轨和变电所接地网，将牵引电流引回变电所的导线也称作回流线。

6）补偿器

为了保持接触线张力的恒定，在接触悬挂两端的下锚处，设置了自动张力补偿装置，沿线路方向旋转的旋转腕臂固定在支持悬挂点处。

接触线由于外部气温变化及负荷电流发热而引起伸缩，如果不进行调整，接触线的张力就会变化，随之接触悬挂的结构就会变坏，其波动传播速度就会降低，进而受电状态就会恶化[9]。过高的张力会使接触线断裂。张力补偿装置有滑轮式与弹簧式两种，可以自动地调整接触线因温度变化而造成的张力变化。

7）连接零件

为了避免接触线因风压及曲线区段与受电弓的接触出现脱离现象，安装了定位部件和曲线定位装置，以及电连接线接头等接触悬挂零部件。

曲线定位装置是对应曲线区段内接触线的横向张力与保持接触线的偏移而安装的部件，它由线夹和定位管组成，考虑到受电弓的倾斜，定位管的形状一般采用弓形的比较多。定位器是在直线区段对于风压造成的接触线横摆保持其正确偏移的部件，为了防止受电弓滑板的局部磨损，还具有使接触线呈“Z”字偏移的作用。在新干线的直线和曲线区段安装的都是曲线定位装置。

电连接装置是馈电线向接触线供电的装置，使用馈电线夹与接触线连接。连接接头是接触线相互间，承力索与接触线之间电气连接的部件。

1.1.3 受电弓系统

受电弓是安装在电气列车车顶的专用受流设备，升起后与接触线滑动接触取得列车运行所需的电能。受电弓的设计与特性对弓网系统的运行质量具有举足轻重的影响。如果接触网与不适合的受电弓匹配，就不会产生所期望的结果；相反，也不可能利用适合高速的受电弓实现普通接触网的最高速度进一步提升。

1. 分 类

弓网系统是在构成电气回路的同时，运行中必须保持有一定接触压力的机械装置。电力牵引机车从接触网取得电能的电气设备，安装在机车或动车车顶上。

受电弓的形式繁多，按照传动系统的工作方式可分为弹簧操作式受电弓和非弹簧操作式受电弓；按照臂杆的结构形式可分为单臂受电弓和双臂受电弓，双臂受电弓又可细分为四腕菱形双臂受电弓、二腕菱形双臂受电弓和四腕交叉形双臂受电弓；按照运行的速度可分为高速受电弓和普速受电弓；按使用的场合可分为直流受电弓和交流受电弓；按受电弓框架的层数可分为单层受电弓和双层受电弓等。

弓网系统要求通过连续的、不间断的电气和机械接触给电气列车供电，与此同时，要使接触线和滑板的磨耗保持尽可能低的程度。因此，受电弓与接触网的相互作用决定了弓网系统向电气列车供电的可靠性、供电质量以及运行寿命，依赖于一定经济、技术条件下受电弓和接触网的设计、制造装配、维护方案的确定及大量参数的选取。

2. 结 构

受电弓的结构依赖于电气列车的运行速度、负荷大小、接触网的状况，并因各个国家的制造经验和技术习惯不同而有所不同，但都包括框架、底架、弓头和传动系统等四个基本部分。

近年来多采用单臂弓（见图 1.7）。

（a）现场图

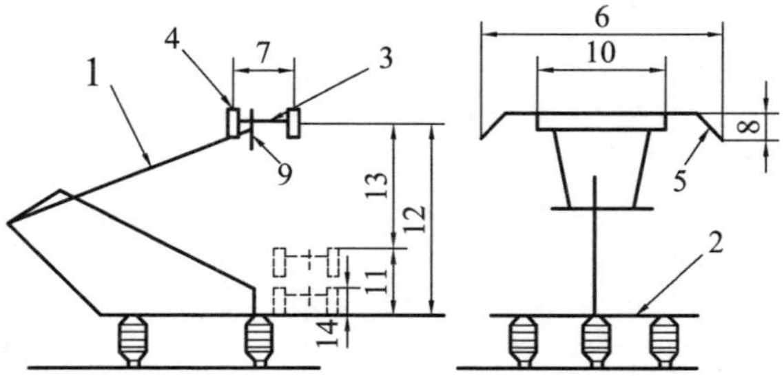

（b）结构图

图 1.7 受电弓示意图

1—框架；2—底架；3—弓头；4—滑板；5—弓角；6—弓头长度；7—弓头宽度；8—弓头高度；9—固定支承轴；10—滑板长度；11—下部工作位置高度；12—上部工作位置高度；13—受电弓的工作范围；14—落弓高度

1）框 架

框架一般分成上、下两部分，中间用铰链连接。在铰链上方的部分称为上框架，在铰链下方的部分称为下框架。框架是能使弓头相对于受电弓底架在垂直方向运动的铰接结构，用来支持弓头重量和传递受电弓的静态接触力。框架尺寸主要由要求的受电弓工作范围决定。

2）底　架

底架是固定受电弓框架的底座，即支持框架的固定部分，安装在受电弓支持绝缘子上。通常要求底架有较强的刚性，以免在搬运和安装过程中使框架歪扭，进而影响受电弓的性能。通常用三个或四个支持绝缘子将底架固定在车顶。受电弓的支持绝缘子是电气列车电气设备中工作环境最为恶劣的绝缘子，除承受日晒、风吹、雨淋和滑板粉末的侵袭外，发生弓网事故时还可能受到很大的冲击力。

3）弓　头

弓头安装在框架的顶端，靠框架支撑，由滑板（也称接触板）和弓角组成，还可能包含一个悬架（弓头支持装置）。沿车辆横向所测得的滑板总长度称为滑板长度。向下翻转的弓角位于弓头的两端，以确保受电弓能平稳通过接触网的线岔。弓头借助于框架的伸缩可以上下运动，并能绕自身的固定支承轴做少量转动。沿车辆横向所测得的弓头水平尺寸称为弓头长度，沿车辆纵向所测得的弓头尺寸则称为弓头宽度，而弓头高度指的是弓角最低点与滑板最高点之间的垂直距离。

弓头一般通过圆弹簧、板簧或橡胶与框架相连。

4）滑　板

受电弓滑板的详细结构如图 1.8 所示。

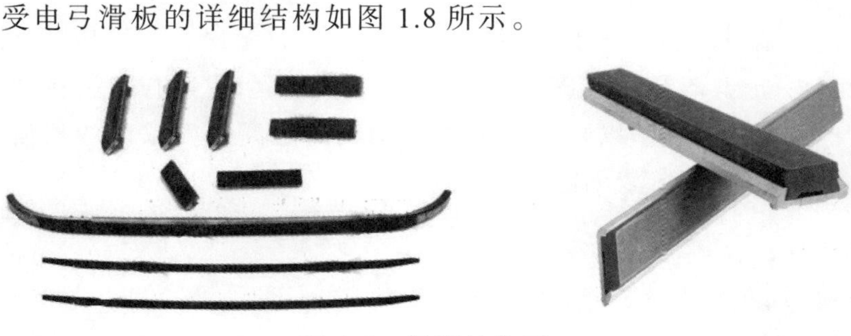

图 1.8　滑板结构图

受电弓与接触线直接接触的部件称为滑板，容易磨损，是受电弓可以替换的集流元件，滑板与接触线需要保持一定的接触力，以维持两者不间断的电接触。受电弓通常使用整体双滑板、分体双滑板或单滑板中的一种。

在受电弓滑板的研究和应用方面，其材料主要经历了纯金属滑板、粉末冶金滑板、纯炭滑板、浸金属炭滑板等发展过程。

滑板的工作条件非常严峻，除承受正常的机械摩擦和电气磨损外，还要承受可能的机械冲击与强热流侵蚀。在滑板失效时，应立即降下受电弓，避免受损的受电弓继续运行。

对滑板的要求有：具有足够的机械强度；具有自润滑性能；良好的耐热、耐电弧性能。滑板应实现轻量化和标准化。轻量化可以减小受电弓的模态质量，改善受电弓的动态性能；标准化则可以满足大量生产、降低成本的要求。

电气化铁路的不断发展势必会推动受电弓滑板材料的不断创新。而受电弓滑板材料的更新和改善也会为更高运行速度的铁路提供安全保障。

5）弓　角

受电弓两端的弧形弓角除在极端情况下与接触线接触起金属滑板作用外，还能使弓头顺利通过接触网线岔。在比较低的高度带电工作时，为防止弓角对车顶接地体放电，弧形弓角必须用绝缘材料制作。

6）传动系统

传动系统是用于升起或降下受电弓的系统。中国铁路受电弓的传动系统主要分为弹簧操作式和非弹簧操作式。无论哪一种传动系统，当受电弓处于落弓位置时，传动系统应能在弓头上施加足够的垂直力——落弓保持力，以阻止受电弓在车辆的最高速度以内的任何速度运行时，从落弓位置升起。

1.2　弓网系统性能要求

受电弓与接触网是两个独立的机电系统，各自都有自身显著的机电特性和技术要求。受电弓是附属于电气列车的受流设备，随电气列车高速移动；接触网是固定在地面的供电设备，一方面是牵引电流的承载者，另一方面又是受电弓滑行的“轨道”。在受电弓和接触网组成的二元能量传输系统中，受电弓和接触网彼此约束，互相依存[10]。只有当弓网系统在几何、电气、机械、材料等方面相互匹配时，弓网才能形成一个有机的整体，受电弓才不会脱离接触线这一运行轨道且与其良好接触，牵引电流才能顺利流过暴露在空气中的弓网滑动接触点达到驱动电气列车高速运行的目的。

在一定的经济、技术条件下，需要对弓网系统提出极其严格的性能要求，以确保在极端天气条件下和以最高速度运行时，电气列车所需的电能可靠、稳定地通过弓网接触点，并实现所期望的弓网系统运行寿命。

1.2.1 接触网性能要求

由于接触网是向电气列车供应电能的通道，属于高压输电线路，且在故障发生时无可替代的备用设备，因此对接触网的要求非常严格，并应具备以下主要性能。

1. 机械强度

接触网应具有足够的强度，保证接触网的结构在其自重及张力、风压、气温、冰雪负荷下不断线和倒塌，线材及悬挂零部件不得因振动造成疲劳而断裂。在接触网寿命期内，线索和设备在设计条件下均应处于安全状态。

2. 电流容量

接触网必须保证电气列车满足负荷所需的电流容量。由于电气列车的受电电流原因，可能会造成接触网的电压下降和接触线材料的温度上升，接触网压降过大，将不能保证电气列车运行所需电压，接触网线材料温升过高，将会减弱其机械强度，造成事故。

3. 接触性能

为了向电气列车提供稳定的电能，接触线应与受电弓滑板保持良好的接触状态。接触线与受电弓滑板之间的接触力会因各种原因变动，当受电弓滑板与接触线脱离时，称之为“离线”。此时弓网之间可能产生电弧，电弧维持了电气列车取流的连续性，这对移动接触能量传输系统非常重要，但电弧也会引起接触线与受电弓滑板的急速损耗，并引起高频电磁干扰、电弧噪声等问题。受电系统的接触性能是接触网与受电弓相互作用的，所以性能要求也是双方面的。

4. 经济性能和保养性能

接触网是设置在线路上的露天供电设施，除了应具有工程造价低的经济型优点外，还应当便于日常保养，必须具有耐热、耐磨耗、耐腐蚀，适应各种气候、环境污染等条件的特点。

1.2.2 受电弓性能要求

1. 追随性能

受电弓依靠与接触线的机械接触进行取流过程，因此受电弓保持与接触线的良好的机械接触性能，即追随性能，是其最基本的性能。

追随性能分为静态性能和动态性能。所谓静态追随性能，是指受电弓的滑动范围充分覆盖在预定的接触悬挂的架设范围内，并且在其范围内抬升力基本保持恒定。动态追随性能则要求在电气列车运行中，控制弓网之间接触力的变动在合适范围内，确保弓网之间保持良好的接触。

2. 受电容量

由于受电弓上载有驱动电气列车所必需的大电流流动，所以它的材料选型应具有耐热、抗变形、防熔化、可大容量载流的特性。在选择电阻率较高的炭系滑板情况下，当车辆停车或起动时，因受电弓滑板与接触线的接触电阻较高而产生大量焦耳热，接触线可能被熔断。因此必须在充分考虑辅机电流的前提下决定滑板的配置。

3. 耐磨损性能

由于受电弓与接触线是滑动接触形式，因此为了降低运行维护成本，必须抑制滑板的磨损量。但是影响滑板磨损的主要因素会根据使用条件而变化，所以必须在充分调查运行速度、电流容量、电弧发生情况等前提下，提高滑板的耐磨损性能。

另外，除滑板外，受电弓的气缸、轴承、销子、轴瓦的磨损部件也很多，因此同样需要有良好的耐磨损性能。

4. 空气动力学性能

高速滑动中的受电弓将受到空气动力的显著影响。空气动力中的上升力与接触力作用在同一方向上，空气动力过大会造成抬升力骤增，使得接触力大幅度减小，影响受电弓的正常使用。

1.3 弓网系统核心问题

接触网是固定设施，受电弓是移动设备，而弓网电接触是两者联系的纽带，电气列车所需电流通过弓网电接触传输。一方面，弓网电接触既存在电气作用又存在机械作用，还涉及弓网材料匹配等多个方面，决定着电气列车的受流可靠性和受流质量；另一方面，良好的弓网电接触是电气列车高速运行的前提。随着电气列车速度提高，弓网离线的概率也随之增大，良好的弓网电接触也变得愈加困难。可以说，弓网电接触的质量是制约电气列车供电质量和运行速度的核心要素。

弓网电接触是通过弓网接触界面实现电能传输的一种复杂的物理、化学现象。在弓网滑动过程中，其摩擦磨损性能决定了动态电接触性能；在电流传递的过程中，依据不同的电气条件，还常常伴随着弓网电弧、电火花现象。因此在弓网接触界面发生的过程是电、磁、热、力等效应的相互作用的综合结果。

弓网电接触理论正是研究弓网电接触过程中两界面间发生的物理化学过程的系统理论，涉及电气、机械、材料、计算技术等诸多领域，其研究的最终目的是在满足一定经济效益的前提下，提高弓网电接触的可靠性及弓网材料的工作寿命。

参考文献

[1] 周宁. 350 km/h 及以上弓网动态行为研究[D]. 成都：西南交通大学，2013.

[2] 杨岗. 弓网系统主动及半主动控制研究[D]. 成都：西南交通大学，2014.

[3] 吴燕. 高速受电弓——接触网动态性能及主动控制策略的研究[D]. 北京：北京交通大学，2011.

[4] 梅桂明. 受电弓——接触网系统动力学研究[D]. 成都：西南交通大学，2011.

[5] 郭雅婕. 欧洲弓网系统标准体系特征研究[D]. 成都：西南交通大学，2013.

[6] 吴积钦. 受电弓——接触网系统电接触特性研究[D]. 成都：西南交通大学，2009.

[7] 孙智. 受电弓/接触网参数的动力学研究[D]. 成都：西南交通大学，2017.

[8] 丁涛. 电气化铁路受电弓/接触线摩擦磨损性能及电特性研究[D]. 成都：西南交通大学，2011.

[9] 吴积钦. 受电弓与接触网系统[M]. 成都：西南交通大学，2010.

[10] 于万聚. 高速电气化铁路接触网[M]. 成都：西南交通大学，2003.

2 弓网电接触

2.1 电接触理论与应用

两导体相互接触并产生电气连接的接触界面被称为电接触。相互接触的载流元件，通常是固体（也有固体-液体接触、固体-等离子体接触），被称为接触元件或接触部件。根据电流通过接触元件的方向，规定电流流入侧的接触元件为阳极，电流流出侧的接触元件为阴极。区别于强调电气状态的电连接，电接触更多地涉及接触界面的物理化学特性，电接触理论就是研究在电接触过程中接触界面及接触元件的机械、电气、热、化学过程的专门学科。

2.1.1 电接触及其形式

电接触可按照其性质、表面形貌、动力学特征、设计和技术特征、电流载荷、应用及其他方式进行分类。一般地说，电接触可以分为两种基本类型：静态电接触和动态电接触。图 2.1 列出了电接触的最普遍分类，该分类是按照接触动力学、接触功能和设计特征来进行的。

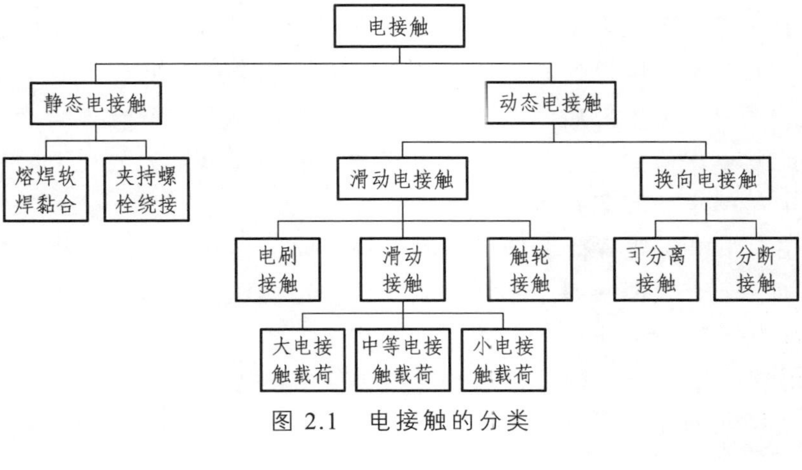

图 2.1 电接触的分类

在静态电接触中，所有接触元件都通过与设备的固定部件刚性或弹性连接形成永久接触点。静态电接触可分为不可分离连接或全金属连接（熔焊连接、软焊链接和黏合连接）和紧固连接（加持连接、螺栓连接、绕接连接）。不可分离（永久）连接具有很高的机械强度，低而稳定的接触电阻，通常在一个接触元件内形成。

在动态电接触中，至少有一个接触元件刚性或弹性地连接到设备的运动部件。按照接触的运行条件，动态电接触可以分为两类：换向电接触和滑动电接触。换向电接触又可以分成两类：可分离接触（插头连接器和断路器）和分断接触（常闭接触）。分断接触用于周期性地接通和断开电路，如各种开关、接触器、继电器等类似设备。按照断开的功率、电流和电压的不同，可将分断接触分为低功率接触、中等功率接触和高功率接触。

在滑动电接触中，导体的接触部件相互滑动而不分离。通过接触区域的电流将伴随发生各种物理现象（电效应、机电效应和热效应）。这些物理现象使接触元件表面层的状态（特征）发生变化而与无电流运行时不同，如图 2.2 所示。发生在接触区域内的这些现象的严重程度取决于通过接触处的电流的大小和特性、外加电压、运行条件和接触材料。发生在滑动电接触区域的物理现象分类如下：

（1）大电接触载荷下的滑动电接触。在此类接触中电流或电压是互相关联的，会伴随发生机械效应、热效应或包括电火花和电弧的电效应。这些效应会使接触体的状态（特性）发生改变。发生这种改变的必要条件是跨接在电接触上的分离电压大于材料的最小起弧电压。

（2）中等电接触载荷下的滑动电接触。此类接触同样会发生机械效应、热效应或电效应，但不会产生电火花和电弧，配合表面状态也会因此发生相应的变化。跨接在电接触上的分离电压一般大于材料的软化电压但小于其起弧电压。

（3）小电接触载荷下的滑动电接触。此类接触不会产生附加的物理现象，配合表面状态也不会发生变化。跨接在电接触上的分离电压小于材料的软化电压。

滑动电接触最重要最普遍的应用包括：电机的电接触，运输机、提升机械和列车的集电装置，无线电设备的控制和自动化系统。通常，电机和运输机、提升机械和列车的滑动电接触属于中等强度和高强度的滑动电接触。无线电设备的控制和自动化系统中的滑动电接触是小电流接触。

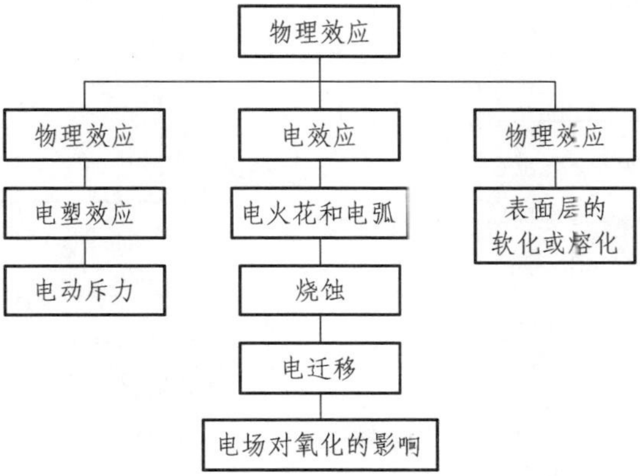

图 2.2 电流流过接触界面时可能发生的物理效应

2.1.2 电接触原理

1. 电接触界面结构

当产生电接触时，两个导体相互接触，接触元件的粗糙表面将刺破表面氧化层和其他污染膜层，从而建立局部的导体接触的导电路径。随着接触压力的增加，氧化膜层被压破，导体从这些破裂处暴露出来，从而使微小的导体接触斑点的数量和面积也随之增加。

金属的接触斑点称为 a 斑点，被轻微的冷焊在一起，是唯一的导电路径。其直接后果是产生多孔接触点，氧气和其他腐蚀性气体可以进入这些接触区域并和暴露的导体发生反应而减少导体接触面积，最终将导致电接触区域的消失，尽管此时在被氧化的表面之间仍存在着机械接触。如图 2.3 所示，实际接触面积 A_r（即 a 斑点面积 A_w 与支承接触面面积 A_t 之和）只是表观接触面积 A_s（又称视在接触面积）的一小部分。

用于评估电接触工作效果的参数有很多。在这些参数中，最重要的是电参数（瞬时电压降、换向噪声和耐电蚀性）、热力学参数（热应力和耐热冲击性）、摩擦学参数（耐磨损性和摩擦系数）和化学参数（耐腐蚀性）。在后面的章节中，将对影响电接触性能的这些因素进行详细讨论。

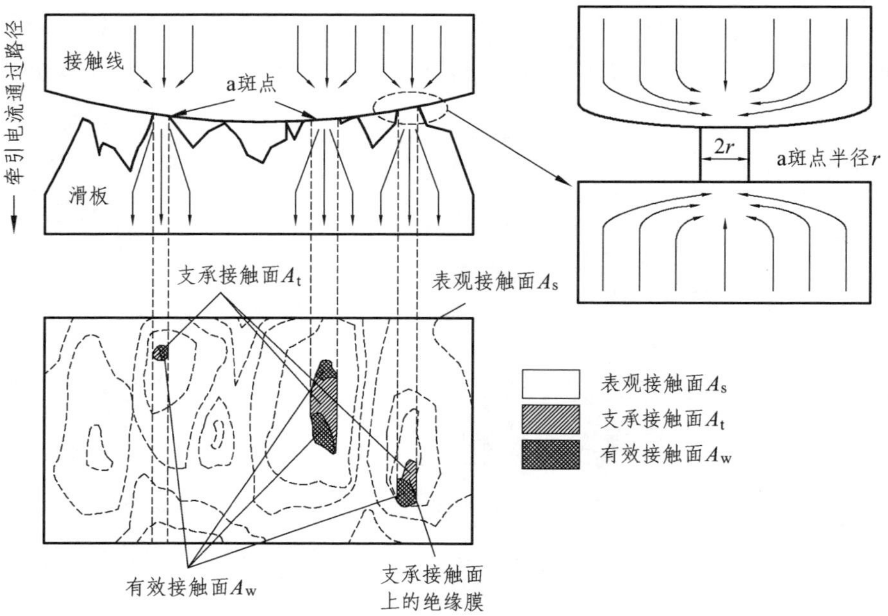

图 2.3　电流在接触面上的通过路径和实际接触面积的示意图

2．接触电阻原理

就像前一节所提到的，固体的表面总是粗糙不平的。粗糙度的量值可以从样品的长度到极小的原子级标度之间变化。通常表面的不规则程度可按外形轮廓、坡度、粗糙度和亚粗糙度（纳米级粗糙度）的偏差分类。粗糙等级与相应的接触区域的类型（视在的、实际的、物理的接触区域）有关。接触区域的研究沿着常规的机械学宏观模拟向当前的微米级乃至纳米级的趋势发展，以了解固体接触时的变化过程。表面形貌对所有的接触特性都产生影响，但基本上是对机械特性的影响。另一个影响接触性能的重要因素是接触表面生成的各种膜（如氧化物、污染物和反应生成物）。

考虑到电流通过的 a 斑点比实际接触斑点要小（见图 2.3）。由于通过 a 斑点时电流线收缩，使电阻增加，这个增加的电阻定义为收缩电阻。接触表面上由于氧化膜、硫化膜、油膜、水膜和尘埃等构成的污染膜也增加了 a 斑点的电阻，这部分电阻统称膜层电阻。由收缩电阻、膜层电阻引起的总电阻称为接触电阻。

接触电阻是所有电接触最重要也是最普遍的特征，总是作为一个设备总电路电阻的一部分而被考虑。虽然正常状态下的接触电阻和电路电阻相比非常小，但接触电阻的变化会导致设备产生很多故障。接触应力的变化和绝缘膜层的不均匀性等因素将使接触电阻产生很大的变化，这将导致电压急剧增加，设备难以精细调节或良好操作。下面介绍接触电阻的计算方法。可以证明，收缩电阻与导电斑点尺寸之间有下列简单关系：

$$R_c = \frac{\rho}{2a} = \frac{\rho}{d} \tag{2-1}$$

式中　R_c —— 收缩电阻；

a，d —— 导电斑点的半径和直径；

ρ —— 接触元件材料的电阻率。

当电流通过导体与导体的接触处时，由于接触电阻的存在，在电流收缩区两端必然会出现一定的电压降，这个电压降称之为接触压降 U。同时，接触电阻产生的焦耳热使收缩区温度升高，常超过收缩区外导体的温度。导电斑点上的温度超过收缩区外导体的温度的数值称之为斑点的超温 ΔT。接触压降和超温之间的关系可以用柯尔劳施 Kohlrausch 公式（又称 φ-ρ 理论）描述：

$$\Delta T = \frac{U^2}{8\overline{\lambda\rho}} \tag{2-2}$$

式中　ΔT —— 导电斑点的超温；

U —— 接触压降；

$\overline{\lambda\rho}$ —— 两接触导体材料的热导率与电阻率乘积的平均值。

式（2-1）仅适用于单个 a 斑点收缩电阻的计算。如果接触面内的 a 斑点不止一个，并且假定各个 a 斑点之间距离足够大，则通过 a 斑点的电流的相互作用可以忽略不计。这样可把接触面中各电流传导路径相加，这种多斑点的收缩电阻为

$$R_c = \frac{\rho}{2\sum a_i} \tag{2-3}$$

如各个 a 斑点相距很近，则需考虑通过各个 a 斑点的电流的相互作用，如图 2.4 所示。当收缩斑点数量达到极限时，得到的收缩电阻为

$$R_c = \left(\frac{1}{2na} + \frac{1}{2\alpha}\right) \tag{2-4}$$

式中 a —— a 斑点半径；

α —— 包含全部 a 斑点的包络线半径。

电接触材料表面常因吸附、氧化、腐蚀以及环境效应等因素被污染形成表面膜。表面膜的生成机理较为复杂，它与各种环境效应密切相关。在弱电接触领域，由于表面膜生成后不易破坏，故为使应用于弱电技术领域的电接触材料达到高的接触可靠性，不允许表面膜生成或存在。然而对中重载荷的电接触元件，由于机械的作用特别是电弧的作用，表面膜极易损坏，因此表面膜的生成和破坏并不特别引人注目。

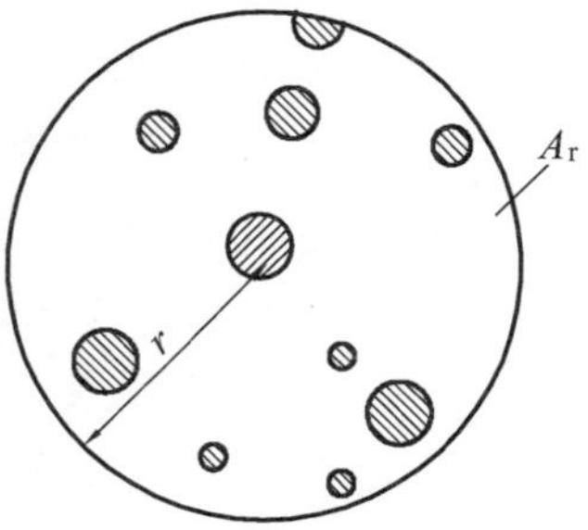

图 2.4 视在接触面 A_r 内有 n 个相距很近的圆形导电斑点

3. 电接触温升

所有电力电子设备共同的特点就是电流的流通伴随着生热。强电电力设备的滑动接触所传输的电流可达 10^6 A。滑动接触中，高密度电流使接触元件产生形变，改变了摩擦系数，加剧了磨损，损坏了滑动表面。这些都是各种现象单一或联合作用的结果。电流产生的焦耳热引起接触区域温度升高，常作为解释电流对接触摩擦存在不利影响的普遍而显著的因素。文献中有许多对点接触作用的研究描述。在静态接触情况下，蠕变、应力松弛和微动等许多过程中温升起到较大影响。

摩擦是典型的耗能过程，在此过程中机械能转化成热能（达 90%～95%），滑动摩擦试点接触过程中附加产生热量，滑动摩擦是电接触过程中附加产生热量的重要来源。当评价摩擦副的性能时，摩擦接触的热状态常常是评定时的一个决定性因素。

黏结破坏过程也会产生热。由于能差产生热量，这些过程能量转

换很可能是不相同的。一旦在摩擦区域有热量生成，就会分散在摩擦体和周围环境中。热量交换通过热传导、热对流和热辐射方式进行。

2.1.3 弓网电接触特性及现状

1. 弓网电接触特性

随着“一带一路”倡议的推进，中国高速铁路将迎来前所未有的发展机遇。作为高铁能量供给的核心，受电弓/接触网系统（以下简称弓网系统）良好的接触状况是保证列车受流质量和安全稳定运行的重要条件之一。弓网系统是列车（动车）获取电能的核心部件，受电弓通过与接触网的接触获取电能，其接触方式不同于传统开关、插接件和焊接接触，受电弓滑板与接触网导线接触获取电能的方式既有静止状态下的静态电接触[列车（动车）进站时]，也有高速滑动时（运行时）滑动电接触，弓网在滑动接触过程中，为了减少受电弓滑板的接触磨耗，接触网导线设置为“Z”字形布线。动车组运行时，弓网之间的接触区域随着动车组的运动不断发生变化。弓网系统电接触结构如图 2.5 所示，接触区域随着动车组运行既有沿着动车组运动方向的纵向运动，又有沿着受电弓滑板方向的横向运动。

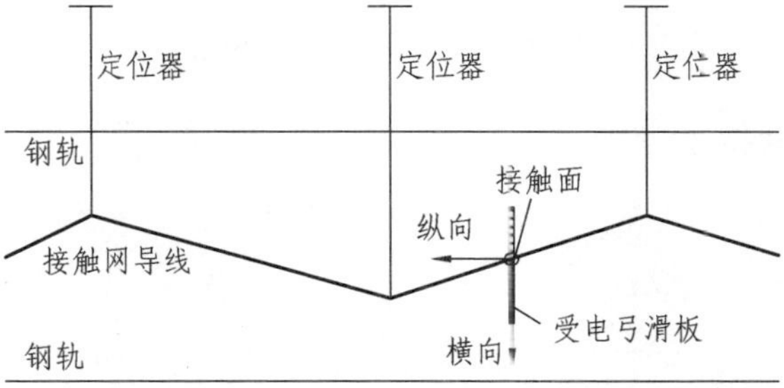

图 2.5 弓网电接触结构图

弓网系统与电磁轨道炮、电机炭刷以及开关触头的电接触形式相比，具有长时、高速、异质材料摩擦副的大电流高速滑动的特点，同时在较小的接触面传递较大电流（800 ~ 1 000 A）；由于列车运营线路的差异性，弓网系统接触副处在冰雪、雨水及沙尘等露天环境。因此，弓网电接触状况复杂多变，在其接触界面发生的过程是电、热、力及材料冶金等效应相互作用的综合结果（见图 2.6）。弓网电接触系统的服役性能与弓网接触电阻、接触面热效应、摩擦磨损性能密切相关，上述关键性能参数受列车运行速度、牵引电流、接触压力以及环境因素的影响。随着列车运行速度和电流密度的大幅提高，弓网系统冲击振动加剧，弓网电弧频发，导致滑板材料异常磨耗甚至断裂，造成列车运行故障，因此急需针对弓网系统电接触性能开展系统研究，最终目标是在满足一定经济效益的前提下，提高弓网间电接触的可靠性及弓网材料的工作寿命，为提高弓网系统的服役性能提供理论支撑与技术支持。

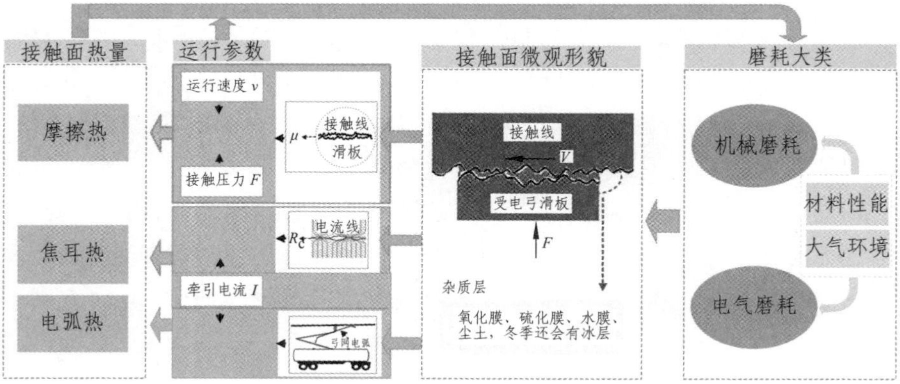

图 2.6 弓网电接触系统

2. 弓网电接触研究现状

19 世纪 80 年代末，Siemens 公司工程师首次采用弓状集电器，使电流从轨道上方单根接触线供给牵引单元并经轨道返回，这就是现代弓网电接触系统的雏形[1]。经历 100 多年发展，弓网电接触系统已经成为世界范围内高速铁路获取动力的最为可靠的方式，但围绕弓网电接触问题至今仍有许多现象和机理有待深入研究。同时，不断提高的列车运行速度使弓网系统振动加剧，直接影响供电质量，且弓网电弧产生频繁，烧蚀受电弓滑板和接触线，缩短弓网材料的使用寿命甚至引发弓网故障。受电弓滑板与接触网间动态接触状况正变得越来越复杂，为此亟须对弓网电接触理论与技术进行系统的研究。下面从弓网系统接触电阻与弓网接触面温升两个方面概要归纳当前主要的研究成果，并初步探讨其发展趋势。

1）弓网系统接触电阻

接触电阻是弓网电接触可靠性的主要表征参数。若弓网接触状态不佳，接触电阻会急剧增大，在接触区引发危险的过热现象，影响受电弓滑板与接触网导线的材料性能，甚至威胁电力机车的安全运行。对弓网接触电阻的研究，旨在通过接触电阻判断弓网电接触状态并分析其规律及原因，在此基础上对列车设计和实际运行环节中导致接触状态不理想的相关因素进行控制,以期得到小而稳定的弓网接触电阻。最后基于对这些实际问题的研究，建立模型，达到预测长期工作状态下弓网接触电阻的变化规律，指导实际工程应用的目的。为此，国内外的研究者们从实验和数学模型两个角度开展了对弓网接触电阻的研究工作。

（1）接触电阻试验研究。

实验方面，围绕影响弓网接触电阻的弓网材料性质、接触压力、牵引电流、运行速度、接触表面温度等因素，采用电流-电压法，通过电压、电流互感器实时获取受电弓滑板与接触网导线之间的接触电压和接触电流，由欧姆定律求取接触电阻[2, 3]。值得注意的是，根据此方法所得接触电阻还包括滑板和接触线在接触面以外的部分体电阻。

弓网动态接触电阻随时间演化过程的研究表明，在一定的时间范围内，电阻值并不恒定，而是呈现围绕一个中值上下波动的趋势[4, 5]。文献[6]发现在磨损试验的前半段，摩擦副接触电阻值只有微小波动，但在后半段内波动相当剧烈，超过 5%。接触面粗糙度的增加、表面氧化、磨屑产生等原因都会引起接触电阻的剧烈变化。因此，在具体分析中往往取某一过程平均值来评价弓网接触电阻[7]，从而判断不同材料的弓网配副电接触性能。典型研究如文献[5]为了探究铜含量和石墨含量对铜/石墨复合材料滑板导电性能的影响，测试了不同铜、石墨含量的滑板与铜接触线的接触电阻。结果显示，铜含量越高、石墨含量越低，其接触电阻值越小，但接触电阻值波动越明显，这可能是由于含有更多的铜滑板与铜导线亲和力更大，增大了黏着磨损。文献[8]指出纯炭滑板分别运行在铜银、铜锡和铜镁接触线区段测得的弓网接触电阻值依次增大，动车组取流对弓网接触区域加热引起的电火花强度也依次递增。

此外，文献[9]发现在纯氧中接触电阻值随时间变化会出现多个显著的“峰-谷”现象，如图 2.7 所示。这是由于氧化膜的厚度增加，接触电阻会变大，而当其被磨粒或凸峰刮破时，接触电阻会减小。氧化膜存在一个形成—被破坏—再形成的循环过程。基于此试验，可鉴定接触材料的抗氧化性能。

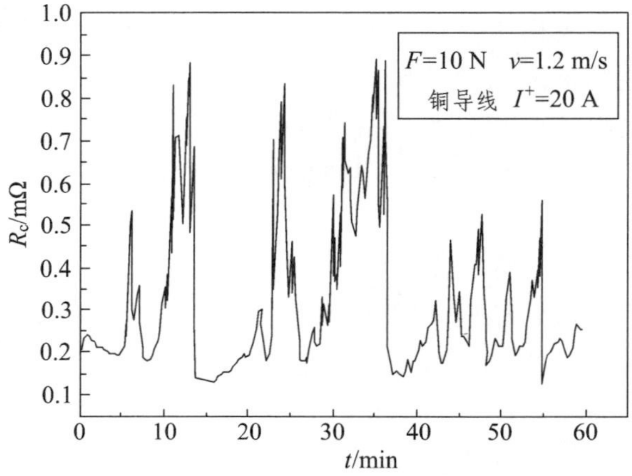

图 2.7 氧气中钢滑板与铜接触线间接触电阻随时间变化

研究者也针对接触压力、运行速度和牵引电流等运行参数对弓网接触电阻值的影响开展了有益的探索。文献[7]指出当接触压力为 80 N，运行速度从 50 km/h 增加到 200 km/h，弓网接触电阻值缓慢上升；当牵引电流从 100 A 增加至 300 A 时，弓网接触电阻值持续下降；当接触压力从 40 N 增加到 180 N 时，接触电阻值随之减小。接触电阻最大值与接触压力最小值相关[10]。文献[11]在接触压力为 80 N、电流从 160 A 增加到 240 A 的实验条件下，对接触电阻与牵引电流的关系进行了研究，但得出了与文献[7]相反的变化趋势。这可能是由于影响接触电阻的因素多而复杂，不同研究者所用具体实验条件和测量方法不尽相同，得出的实验结果往往差异较大。

当前弓网接触电阻实验方面的研究还十分有限，这主要是由于试验方法和诊断技术的差异性和局限性。弓网电接触系统长期处于在大电流、高运行速度、多变的自然环境的复杂工况中，这给现场的电接触性能试验诊断带来了极大困难。而实验室内的模拟研究，一方面，不同研究者所采用的条件和方法差异很大，其结果的可重复性、可移植性不尽如人意；另一方面，由于测试条件的限制，实验室内测试结果都是在几个小时甚至更短的时间尺度内得到的，远远小于弓网实际运行的时长。实验室模拟的等效性还需进一步验证。

（2）接触电阻模型。

在接触电阻数学模型方面，目前在国际上得到公认且应用最为广泛的接触电阻模型是 Holm 模型[12]，是分析接触电阻的基础。此后，Williamson 根据接触点内表面膜的破裂情况，提出了电流线二级收缩模型[13]。为了将表面膜对导电斑点的干扰在模型中明显表达出来，Malucci 等考虑到微振氧化现象提出了三级收缩模型[14]。然而以上模型只涉及微观参数，无法直接用于工程实践中，还需进一步找到微观参数（导电斑点个数、尺寸等）与宏观参数（接触压力、材料参数等）之间的关系[12]。对此，Greenwood 和 Williamson[15]用概率方法来处理粗糙表面接触点的数量和分布，用 Herz 公式来进行单个接触点的接触分析，提出了经典的统计接触模型——GW 模型。但模型过于简化，与真实表面不符，且未包含表面膜的影响，因此实用性受到很大限制。

由于弓网电接触现象本身十分复杂且影响因素众多，对其接触电阻数学模型的研究难度较大。现有的数学模型多是在经典的接触模型基础上，结合弓网材料的性质推导得到弓网接触电阻与接触压力等宏观参量的数学表达式。文献[8]通过多斑点收缩电阻模型，对弓网静态接触电阻与导电斑点的“超温”（导电斑点上的温度超过收缩区外导体的温度的数值）及微观导电斑点数目的关系进行了推演，并结合不同压力下静态温升实验，定性分析了接触压力对微观导电斑点数目的影响。文献[16]依据经典的 G-W 模型得到弓网接触斑点数表达式，并以 Holm 模型为基础得到包含接触压力、材料性质等因素的弓网接触电阻统计模型。文献[10]通过实验数据分析得到了纯炭滑板和铜接触线间动态接触电阻与接触压力呈指数函数关系。此外，文献[7，17，18]中也对试验测得的大量数据进行拟合，得到反映弓网静态、动态接触电阻与接触压力、牵引电流等运行参数关系的数学表达式，具有一定指导意义。随着弓网电接触现象研究的不断深入，以及电子计算机技术的日益进步，利用计算机模拟或者数值方法进行接触分析将成为弓网电接触数学模型研究的发展趋势。

2）弓网电接触热效应

研究弓网电接触热效应是为了获取弓网载流摩擦时滑板、接触线以及接触面上温度极值及其分布，为减小弓网系统的温升提供理论依据。弓网电接触热效应主要热量来源由三部分构成，即受电弓滑板、接触线自身体电阻和弓网接触电阻产生的焦耳热、弓网相对滑动时产生的机械摩擦热和弓网离线时产生的电弧热。随着近年来列车运行速度和电流密度的提高，弓网电接触热效应引起了大量关注，成为电接触领域研究热点之一。

（1）弓网耦合温度场。

弓网滑动电接触过程中，特别是在大载流、高速的情况下，其接触表面会产生不同程度的温升，导致弓网材料的耐磨损性能下降。研究弓网耦合温度场及速度、电流等运行参数对其的影响具有重要的实际价值。由于弓网电接触动态特性十分复杂，故目前的研究手段以理论计算和仿真分析为主。典型工作如文献[19]提出的一种弓网表面热流计算评估方法，分别计算了由摩擦、接触电阻和电弧作用产生的表面温升。文献[20]建立了焦耳热和摩擦热作用下弓网耦合温度场有限元模型，发现其耦合温度随法向接触压力的增大呈现先减小后增大的变化趋势。文献[21]利用 Comsol 建立了评估弓网热行为的 2D 模型，得出铜基炭滑板在电流为 750 A、速度为 70 m/s、接触压力为 100 N 时，其温度最大值在 3 000 s 内可达到 99 °C。文献[22]提出了一种适用于不同弓网材料配副的稳态热模型，且通过实验验证了其可靠性。文献[23]对电弧引起的弓网暂态热场进行了有限元仿真和建模，并求解了石墨滑板参数（热导率、比热容、密度）对其的影响，以寻求石墨滑板材料的最佳参数匹配，使得电弧接触区温度始终处在安全值以下。

此外，弓网电接触系统过热现象会导致受电弓滑板的磨耗加剧，增加运营维护成本；弓网电弧对接触线的侵蚀作用还可能使接触网线索被烧毁，甚至引发断线事故。因此，还有大量研究工作分别针对接触网导线和受电弓滑板的热效应展开。

（2）接触线温升。

关于接触线上温度及其分布情况，文献[24]针对接触线与双滑板的接触状况建立了一维稳态热力学模型，并计算了不同电流、压力、速度、温度等条件下的接触线温度分布。文献[25]考虑了沿接触线轴向风的影响，以及自由对流与强迫对流之间的转变，基于接触线外表面与环境的传热现象建立了热暂态模型，计算了不同电流和环境温度下的温度值，与热电偶得到的测试温度基本一致。另外，还有部分研究工作聚焦列车运行的特殊工况，如文献[26]针对动车组升降弓对接触线的热侵蚀，建立了暂态热流温升模型。文献[27]通过实验和仿真对列车起动和短路状态下接触线表面温度进行了分析，并结合实际工况，提出了需避免列车大电流起动以及避免带负载升降弓等操作。特别地，考虑到接触线覆冰情况，文献[28]提出了一种接触网在线防冰方案，并对防冰系统运行后接触网系统动态温度变化、分布及机车速度和负载电流对其的影响进行了分析。

（3）受电弓滑板温升。

而对于受电弓滑板来说，高温会造成滑板的磨损量增大[29]，弓网电弧造成的巨大温度梯度也会使材料产生裂纹。文献[30]利用受电弓弓头三维有限元分析模型，模拟了行车时受电弓滑板受流升温过程。结果显示弓网接触发生时，接触部位温度场深度浅、梯度大。接触结束后，滑板降温迅速，最终滑板温度趋于稳定。文献[31]对不同材料滑板受流摩擦时，接触点瞬态温升进行了仿真分析，发现炭系滑板材料的温升速率和温升幅值均比铜基粉末冶金滑板高得多。前者接触点温升达到了炭的氧化温度，发生了高温氧化现象，是炭基材料磨损严重的主要原因；而后者温升低于材料的氧化温度，说明接触点的温升不是铜基粉末冶金材料磨损严重的主要因素。文献[32]对不同材料滑板体温升受电弧热、接触电阻热、摩擦热等热源的影响进行了研究。结果表明由摩擦热引起的体温升相近且数值较小，滑板材料中金属元素所占的比例愈多，电弧热对体温升的影响愈大，而接触电阻热的影响则愈小。另外，也有文献通过实验和仿真分析研究了不同机械、电气参数（压力、电流、速度、电弧能量等）对受电弓滑板温度场的影响[33，34]。

同样，受电弓滑板也会受雨雪、覆冰等环境条件的影响。庞巴迪公司报告显示，炭系滑板在冬季的更换量要远大于其在夏季的更换量[35]。主要原因就在于冬季恶劣的气候条件会使弓网动态接触状况恶化，导致弓网电弧频发。在这种情况下，受电弓滑板的铝托架会受到电弧的反复加热，发生严重烧蚀，甚至导致连接滑板与托架的导电胶分离。一旦胶接点产生裂缝，滑板很易从托架上脱落，严重影响列车安全运行。由此，国内外专家提出了相应的解决措施，例如，可在列车行驶方向首个受电弓滑板上增加黄铜带以刮去接触线上覆冰，或在铝托架上涂覆具有绝缘特性的硅树脂来防止水分、电弧烧蚀和热冲击的影响，以及制备具有较强抗电弧侵蚀能力的复合材料滑板[35]。

此外，在实际运行中可直接利用架设在列车车顶或站场的红外热像仪对弓网电接触系统热效应进行监测、评估。文献[36]通过霍夫变换检测滑板温度范围来对现场采集的红外热像图进行分析，有效反映出滑板过热、电弧产生等情况，可评估弓网受流状态是否良好。

2.2 弓网电接触试验装置及方法

2.2.1 弓网电接触试验装置的结构与功能

弓网系统电接触特性与弓网系统的接触形态、接触材料特性、弓网电极的运动姿态以及弓网之间气流场、牵引电流、弓网系统的负载特性等因素密切相关，同时受制于现场安装条件和测试环境的限制，很难通过现场试验进行有针对性的研究。目前对弓网电接触的研究，多采用模拟试验方法来研究，间接测试弓网电接触特性，并通过接触网导线与受电弓滑板的相对运动来模拟机车行驶时的弓网接触状态。目前弓网电接触模拟实验装置主要针对弓网电弧、载流摩擦以及电接触性能等方面开展了试验研究。

1. **弓网电弧试验装置**

国内外专家学者根据不同的研究目标，研制了相应的试验系统。意大利 Tellini B 教授等人为研究弓网系统静态接触和分离时的弓网电弧干扰问题，研制了弓网电弧电磁干扰试验系统[37]，如图 2.8 所示，该系统采用意大利铁路系统的接触导线（其接触网导线长约 6 m）、受电弓及受电弓升降装置，负载采用电阻性负载来模拟列车负载。

（a）试验装置

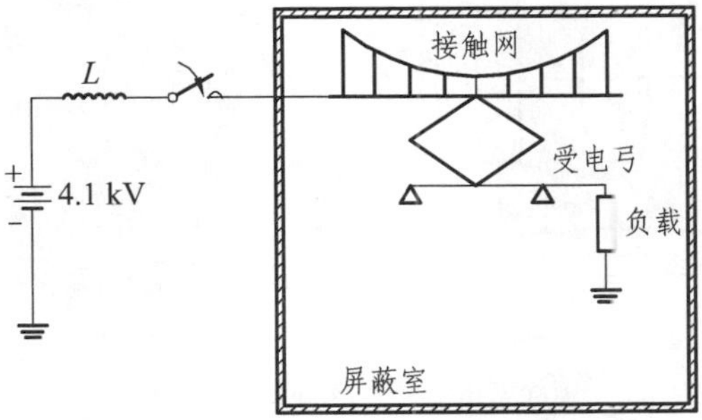

（b）试验原理

图 2.8 升降弓网时的电磁干扰试验装置

瑞典 ABB 公司与皇家工学院为研究接触网覆冰时的电弧电磁干扰问题，研制的弓网电弧试验装置如图 2.9 所示[38]，接触网导线安装于转盘边缘，其转盘直径为 1.26 m，转盘由调速电机驱动，接触网线最大线速度为 30 m/s，受电弓滑板安装在转盘的下方，滑板加工成一个曲面，滑板由滚轴丝杠带动，滚轴丝杠由步进电机驱动，步进电机驱动滑板的速度与接触网导线的速度关联，接触网导线每走 60 m，滑板就移动 0.5 m，用于模拟“Z”字形运动，滑板加工成曲面，以实现弓网之间的接触和分离过程。试验电源电压为 4 kV，频率为 50 Hz，试验电流范围：2 ~ 90A。

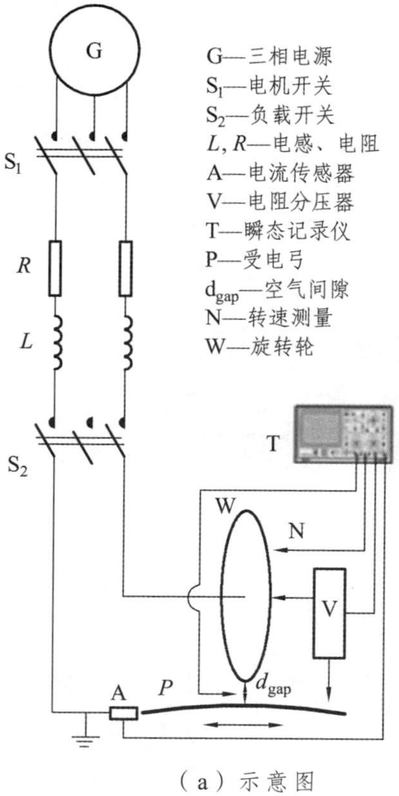

（a）示意图

（b）试验装置局部

图 2.9　ABB 弓网系统电弧电磁干扰试验装置

2. 弓网载流摩擦试验装置

意大利米兰理工大学 G. Diana 教授等人为研究弓网系统载流摩擦，研制了弓网系统载流摩擦试验装置[39]，其装置如图 2.10 所示，其结构为采用半径为 2 m 的玻璃纤维圆盘，接触导线安装在圆盘的外缘，滑板悬挂安装在圆盘的径向，滑板上施加接触压力实现接触网导线与滑板之间压力的调节，压力调节采用液压调节装置，通过交流无刷电机控制圆盘转动来模拟机车的速度。

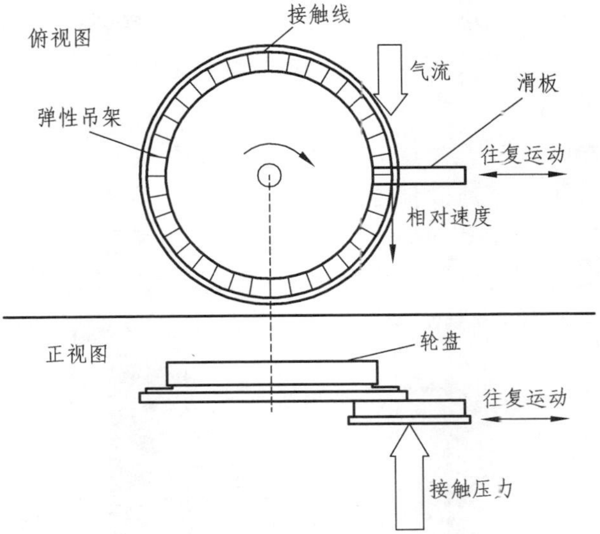

图 2.10　Diana 教授研制的弓网载流摩擦试验装置

滑板的径向运动模拟滑板与接触网导线之间的滑动及“Z”字形运动。并且拥有导线速度、滑板速度的同步测试系统。该设备可以模拟速度高达 200 km/h、电流直流 1 200 A、交流 500 A/16.667 Hz 和 350 A/50 Hz 的机车运行状态。

日本铁道科学研究院 Hiroshi TSUCHIYA 研究员为研究弓网载流摩擦特性，研制了相应的试验系统[40]，如图 2.11 所示。将接触网导线

图 2.11　TSUCHIY 等研制的弓网载流摩擦试验系统

嵌入圆盘的边缘，受电弓滑板与接触线边缘接触，通过步进电机控制滑板滑动，模拟滑板的“Z”字形运动。装置的最大电流为 50 A，最大接触压力为 49 N。

国内学者也研制了大量的弓网系统试验装置。河南科技大学孙乐民教授等人为研究高速载流摩擦磨损，研制了载流摩擦试验机[41]，如图 2.12 所示。其主要性能参数可满足模拟高速铁路工况下的速度（100 m/s）、载荷（800 N）及电流（<300 A）等参数的要求，能够对不同材质的摩擦副材料进行高速工况条件下的载流摩擦磨损试验。

图 2.12　河南科技大学试验装置

辽宁工程技术大学的郭凤仪教授等人以研究受电弓滑板与接触导线的载流磨耗特性为目标，研制了高性能滑动磨耗实验机[42]，如图 2.13 所示。实验机的转动盘由变频器控制电机驱动，转动盘的边缘处镶嵌接触导线，转盘直径为 2 m，其最高转速为 1 500 r/min；滑板与接触网导线接触，实现滑动接触；试验用电源采用低压大电流发生器，其最大输出电流为 800 A。

图 2.13　辽宁工程大学研制装置

北京交通大学的研究人员为研究弓网电弧对车载设备的影响，研制了弓网电弧试验系统[43]，如图 2.14 所示。该系统将接触网导线安装于圆盘边缘，受电弓滑板置于圆盘下方，电源采用低压电源。

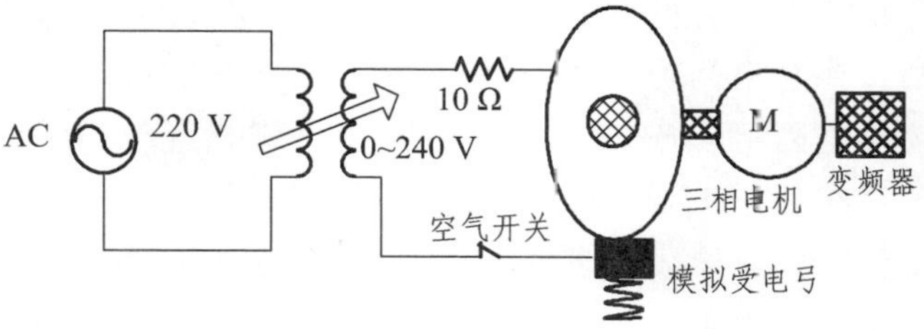

图 2.14　北京交通大学弓网电弧模拟实验系统

西南交通大学研制了交流高速摩擦磨损试验机，该试验机使用环-块式结构，主要由转动盘、滑板架、机座、交流供电系统、数据采集和控制系统组成[44]。交流供电系统提供功率为 $P = 150$ kW、电流 $I = 800$ A 的交流电供试验使用。转动盘直径 $\phi = 1\ 100$ mm，其外周镶嵌接触线，如图 2.15 所示。驱动电机使用变频电机，容易精确控制滑动速度。法向载荷使用电磁驱动缸数控加载。试验机转动速度 v 为 20 ~ 400 km/h，法向载荷 F_n 为 20 ~ 300 N。炭滑板安装在滑板架上，为模拟接触线在横向水平面的“Z”字形运动，试验机设置了专门的机构驱动滑板架做上下往复运动，往复运动频率范围为 0.3 ~ 5 Hz。转动盘和转动轴之间、滑板架和滑板座之间设置绝缘材料来形成试验电流回路。

图 2.15　西南交通大学高速摩擦磨损试验机

目前国内外的试验装置多采用盘销结构，即将接触网导线安装在动力轮的圆周上，利用电机带动动力轮转动，受电弓滑板与动力轮圆周上的导线接触，模拟弓网电接触状态。

上述装置侧重于对弓网载流摩擦的研究，取得了丰硕的成果。但对弓网电弧、接触电阻方面的研究较少，由于弓网接触状态对弓网电弧形貌、接触电阻等影响较大，而传统盘销式装置与实际线路上的弓网接触状态存在如下差异：

（a）由于接触网导线沿着圆盘的圆周安装，接触网导线与受电弓滑板接触区域为圆弧形，而实际与受电弓滑板接触的接触段导线为平顺的直线，这与实际的弓网滑动接触形貌存在着较大差异。这种差异将导致试验结果不能真实反映弓网电接触特征。

（b）现有装置的接触网导线安装在圆盘的边缘上，在与受电弓滑板接触的过程中，由于圆盘是刚性的，导致接触网导线与受电弓滑板之间的接触为刚性接触，与现场实际弓网的柔性接触形态不符。

（c）接触网导线固定在圆盘上，导线张力无法调节，而现场实际的接触网导线张力是动态变化的，对弓网电接触特性影响较大，现有试验装置无法反映接触网导线的张力对电接触特性的影响。

因此有必要针对弓网电弧的特点，研制新的弓网电弧试验系统。本文在传统盘销式结构的基础上，对弓网的电接触装置进行了改进，使之能够模拟弓网柔性平直线接触形态、滑板“Z”字形运动、垂向振动等弓网电接触状态。

3. 弓网电接触试验系统

根据弓网电弧产生机理，研制了一套弓网电弧试验系统，该系统由弓网电弧发生装置、测试系统构成，如图 2.16 所示。图中箭头的方向分别表示接触网导线和受电弓滑板的运动方向。其中，接触网导线运动采用变频电机带动圆盘转动，圆盘带动接触网导线运动；受电弓滑板既有横向“Z”字形运动又有垂向沉浮运动，其运动驱动采用伺服电机与滚轴丝杠方式驱动，达到精确控制的目的。

电气回路是：电流从电源流出，经接触网导线、弓网电弧、受电弓滑板、阻性感性一体化负载，最后回到电源。通过调整感性阻性一体化负载的电感、电阻值来模拟动车不同运行情况下的负载特性。

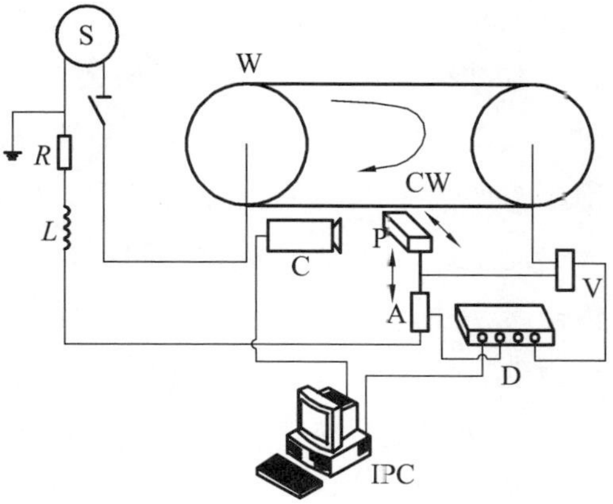

图 2.16 弓网电接触试验装置

为了较好反映弓网电弧发生装置装配关系，避免设计不当对后续装配工作的影响，在设计装置时采用 INVENTER 三维设计软件对系统进行结构设计，设计出的弓网电弧发生装置的三维视图如图 2.17 所示，它包括接触导线运动装置、受电弓升降装置、弓网电弧试验控制系统及弓网电弧试验电气系统四部分。主要实现弓网相对运动过程中电弧的发生、发展过程。

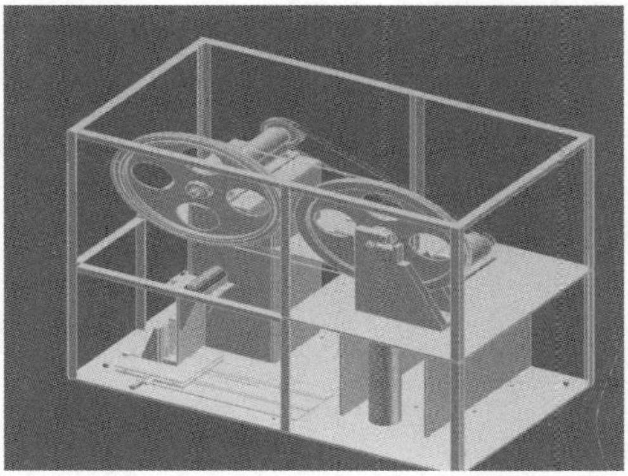

图 2.17 系统三维视图

1）接触网导线运动装置

动车组（机车）在运行时，接触网导线与受电弓滑板之间存在着纵向的高速滑动。本试验系统，采用接触网导线在水平方向相对地面高速运动，受电弓滑板水平方向相对地面静止，从而模拟弓网之间的高速滑动状态。其装置结构如图 2.18 所示。该装置由电机、传送带、传动轴承、主动轮、接触导线、从动轮、调节装置等组成。其中主从动轮支架安装在绝缘支座上，并保持良好的绝缘；电机安装在主动轮中心轴下方的绝缘支座上，与主动轮支架之间保持着一定的电气安全距离，电机通过传送带与主动轮中心轴相连；接触网导线安装在主动轮和从动轮的导线槽上；张力调节器安装在从动轮支架上，通过张力调节器调节导线张力，以模拟不同速度下的导线张力变化；从动轮支架安装在绝缘支座上。

导线运动装置的工作过程为：在进行弓网电弧试验时，首先通过张力调节器调节接触网导线张力，然后通过电机控制系统控制电机运动，电机带动主动轮运动，接触网导线带动从动轮运动，这样处于主动轮和从动轮之间的导线始终保持平直运动状态，这与实际机车中的接触网导线和受电弓滑板在水平方向上的接触状态更接近，通过调节电机的转速，可实现不同机车速度的模拟。

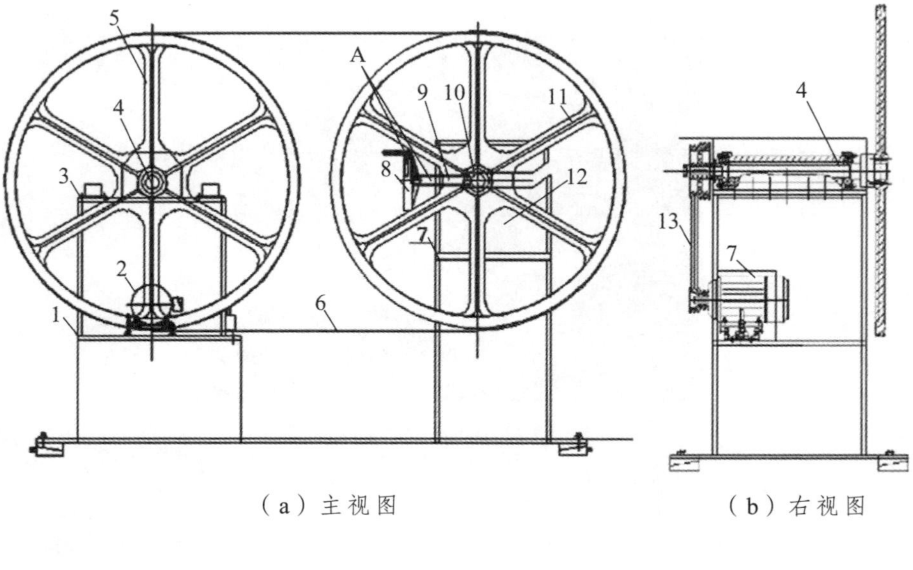

（a）主视图　　（b）右视图

（c）局部实物图

图 2.18 导线运动装置

1—主动轮绝缘支座；2—电机；3—主动轮支架；4—主动轮中心轴；5—主动轮；6—接触网导线；7—从动轮绝缘支座；8—调节手柄；9—丝杠；10—从动轮中心轴；11—从动轮；12—从动轮支架；13—传送带

2）受电弓滑板升降装置

动车组（机车）运行时，接触网导线和受电弓滑板除了纵向相对高速滑动外，为减少对滑板的定点磨耗，还存在着横向的“Z”字形滑动。同时由于接触网导线硬点、列车振动等因素的影响，弓网系统还存在着垂向相对跳动。本系统利用伺服控制与滚轴丝杠驱动相结合来控制受电弓滑板运动，模拟上述工况，其详细结构如图 2.19 所示。纵向（X）位置滚轴丝杠安装在底座上，形成 X 滑台，在丝杠的末端安装调节手柄，手动调节受电弓滑板与接触网导线的接触位置。横向（Z 向）的滑台安装在 X 向滑台上，Z 向滑台的驱动采用伺服电机驱动，Y 向滑台安装在 Z 向滑台上，Y 向滑台也采用伺服电机驱动，Y 向滑台的上方安装一个气缸，气缸上方安装绝缘板，绝缘板的上方安装受电弓滑板。

其工作过程为：根据试验要求，调节手柄到合适的位置，伺服控制系统控制伺服电机运动，伺服电机带动丝杠转动，实现在 Z 方向作“Z”字形运动，在垂向（Y）可以模拟弓网垂向接触与分离过程，模拟弓网离线电弧试验；弓网接触试验时，通过调节气缸的气压，实现弓网不同接触压力工况的接触受流。

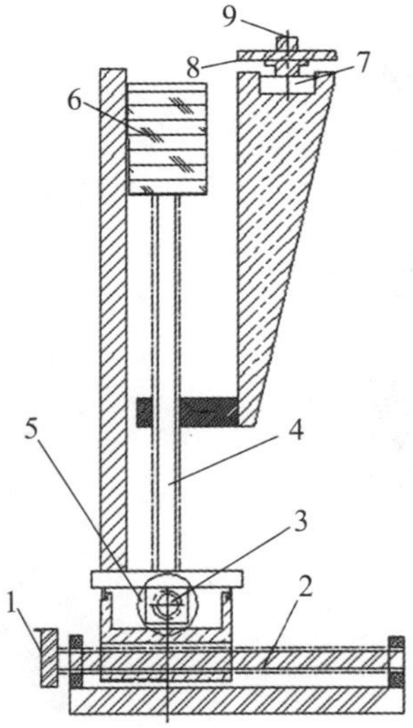

（a）结构示意图

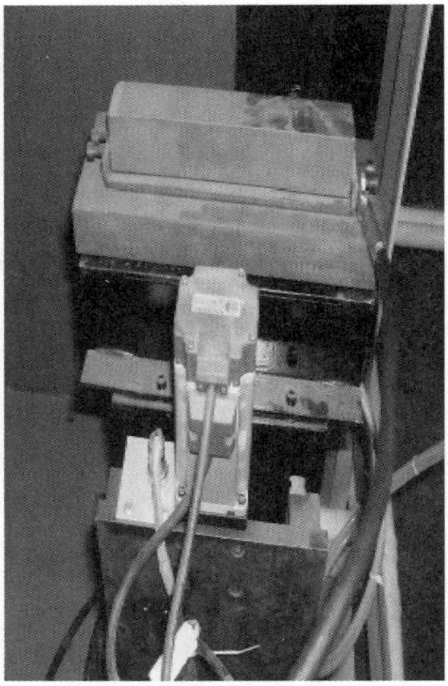

（b）局部实物

图 2.19　受电弓滑板伺服升降装置

1—手柄；2—*X* 向滚轴丝杠；3—*Z* 向滚轴丝杠；4—*Y* 向滚轴丝杠；5—*Z* 向伺服电机；6—*Y* 向伺服电机；7—气缸；8—绝缘板；9—滑板

3）弓网电弧试验控制装置

弓网电弧试验系统的控制装置如图 2.20 所示，该控制系统由上位机（工业控制计算机 IPC）和下位机（可编程控制器 PLC）及驱动系统组成。

下位机 PLC 通过串行通信口获取上位机参数，PLC 通过 PID 控制算法对变频电机和伺服电机进行控制，以实现弓网之间的相对运动速度和垂向振动速度和距离的精确控制。同时考虑到设备高速运行和电机驱动设备异常状态时，出现越界现象，设置了位置检测单元，当设备越界时进行自动紧急停机，并向上位机报警。此外对于弓网模拟运动系统的安全性方面，还考虑了故障紧急停机功能，图 2.20（b）中的红色按钮就是设备异常的紧急停机按钮。设备出现异常，控制设备未紧急停机时可以启用该按钮，以保证设备和人员安全。

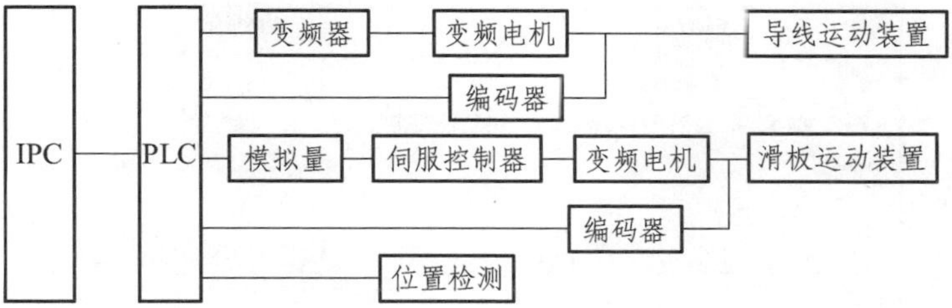

（a）结构图

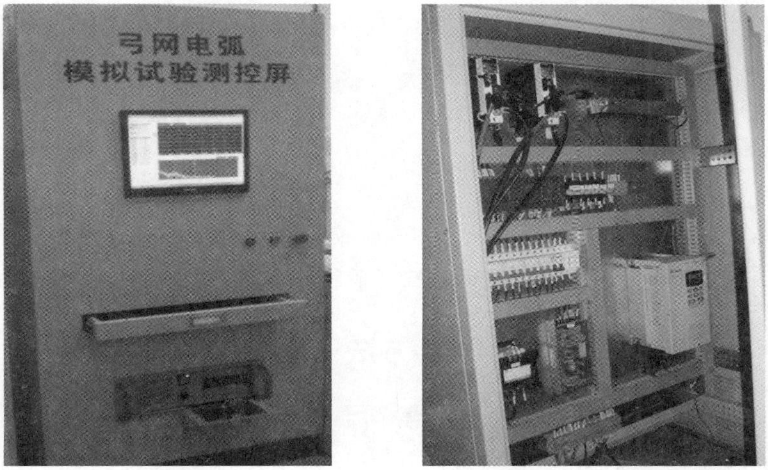

（b）实物图

图 2.20　控制系统

上位机主要实现对弓网电弧试验系统的人机交互和电弧信息采集工作；上位机通过串行通信口将弓网电弧试验系统运行参数发送到下位机，其参数主要包括弓网相对运动速度，滑板“Z”字形运动，垂向相对于接触网导线的位移，移动速度等。其上位机软件采用具有较好人机交互功能的 DELPHI 软件编写，软件控制界面如图 2.21 所示。

综上所述，本文研制的弓网电弧试验装置模拟了弓网系统“柔性平直线接触”特征，与实际弓网接触形式一致；弓网电弧试验系统的控制装置采用了计算机控制技术，可以实现对弓网电弧系统进行远程试验，有效避免弓网系统机械故障带来的安全隐患；弓网电弧系统相对运动关系的驱动采用变频器、伺服电机和滚轴丝杆的先进驱动技术，可精确控制弓网系统的相对运动关系。

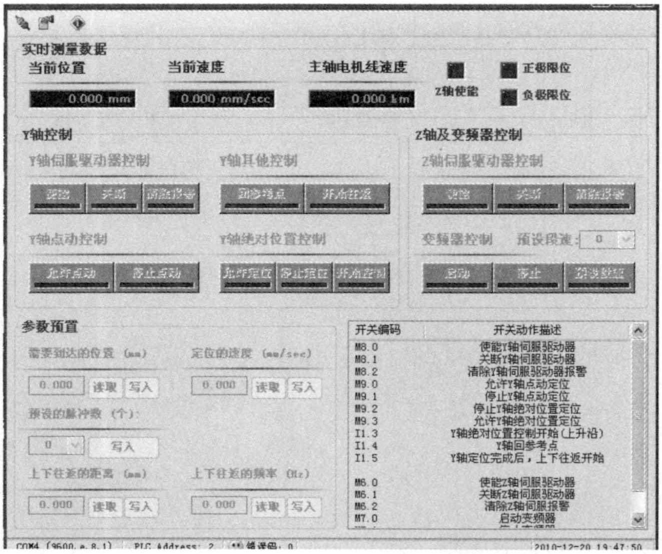

图 2.21　弓网运动控制系统上位机控制界面

2.2.2　弓网电接触测试与试验方法

针对弓网接触电阻和弓网接触面温升两个研究内容，利用弓网电接触试验平台，研究了不同接触压力、牵引电流以及接触压力对弓网接触电阻和弓网接触面温升的影响，具体测试与试验方法如下：

1. 弓网接触电阻

应用弓网电接触试验系统进行了接触电阻的试验研究。试验研究不同接触压力、受流电流、动车速度对弓网系统接触电阻的影响规律。通过公式（2-5）计算接触电阻值，解析上述因素对弓网之间接触电阻的影响规律。

$$R_c = U / I \tag{2-5}$$

式中　U——弓网系统两端的电压差；

I——流过弓网系统的受流电流。

弓网电接触特性与组成弓网系统的接触网导线、受电弓滑板材料有关，同时也与弓网接触形貌相关，本文的接触网导线为铜镁合金接触网导线，受电弓滑板为浸金属炭滑板，其参数如表 2.1 ~ 2.3 所示。

表 2.1 接触网导线基本参数

横截面面积/mm^2	电阻率（20 °C）/（Ω/km^{-1}）	拉升强度≥/（N/mm）	拉断力>kN	温度系数/$°C^{-1}$
120	0.239	490	57	0.004 5

表 2.2 浸金属炭滑板的组分含量

C/%	Pb/%	Sn/%	Si/%	Ni/%	Cu/%
59	6.97	2.87	0.697	0.533	29.93

表 2.3 浸金属炭滑板的物理参数

体积密度/（g/cm^3）	开口气孔率	抗压强度/MPa	抗折强度/MPa	体积密度/（g/cm^3）
2.85	0.4%	359	110	2.85

试验步骤：

a）试验同一电流在不同接触压力下的接触电阻。

b）改变牵引电流、试验不同接触压力下的接触电阻。

c）同一电流、同一接触压力下弓网之间相对速度不同时的接触电阻。

d）改变电流、接触压力下弓网之间相对速度不同时的接触电阻。

2. 弓网接触面温升

使用弓网电接触试验系统进行了受电弓滑板温升特性的研究。接触网导线内嵌在半径为 1 m 的圆盘上，由变频电机驱动其转动。受电弓滑板安装在气缸上方，通过调节气缸的气压，实现弓网不同接触压力工况下的受流。受电弓滑板运动由伺服电机和滚轴丝杠精准控制，除了可以实现上下沉浮运动，模拟弓网接触或分离状态；还能实现垂直于纸面横向往复运动，模拟真实受电弓滑板的“Z”字形运动。运行时，电流从电源流出，依次经过接触网导线、受电弓滑板以及阻性、感性一体化负载，最后回到电源。

采用 NEC 公司 InfRec R300 系列红外热像仪进行滑板温升变化情况的采集。该型号红外热像仪测温量程在 0 ~ 2 000 °C，温度分辨率为

0.05 °C，精度在 ± 1 °C。本次试验时，拍摄帧率设置为 15 fps，单次试验时间设置为 15 min。拍摄时将其与弓网接触面平行。

试验采用的接触网导线为铜镁合金接触网导线，受电弓滑板为纯炭滑板，其参数见表 2.4、表 2.5 所示。

表 2.4　纯炭滑板的组分含量

C/%	Ti/%	Fe/%	Al/%
99.993	0.003	0.002 6	0.001 4

表 2.5　纯炭滑板的物理参数

体积密度 /（g/cm^3）	肖氏硬度（HS）	抗压强度 /MPa	电阻率 /μΩ · m	材料冲击韧性 /（J/cm^2）
1.7	85	45	30	0.18

2.3　弓网接触电阻及其影响因素

2.3.1　静态接触电阻及其影响因素

动车（列车）在静止时，通过接触网与受电弓静态接触获得电能，弓网之间的接触电阻的大小对弓网接触受流存在着影响。接触电阻过大，由于接触点固定，接触点温升过高，导致接触点材料软化、甚至熔融，在列车运行时易产生电弧。图 2.22 为弓网静态接触时电流在不同接触压力下的接触电阻特征。从图中可以看出：接触压力与接触电阻呈单调递减关系，接触压力小于 70 N 时，接触电阻随接触压力增加迅速减少，而接触压力超过 80 N 时，随着接触压力的增加，接触电阻的减少趋于平坦。

此外，静态接触电阻与牵引电流的关系如图 2.23 所示。从图中可以看出：接触电阻并不是与电流无关的参量，而是随着牵引电流增大而减小，呈现出负电阻特性。电流较小时，电阻变化率较大，随着电流的增加，电阻的变化率逐渐减少，当电流数值大到一定值，电阻变化率趋于平坦，电阻随电流的变化率影响较小。

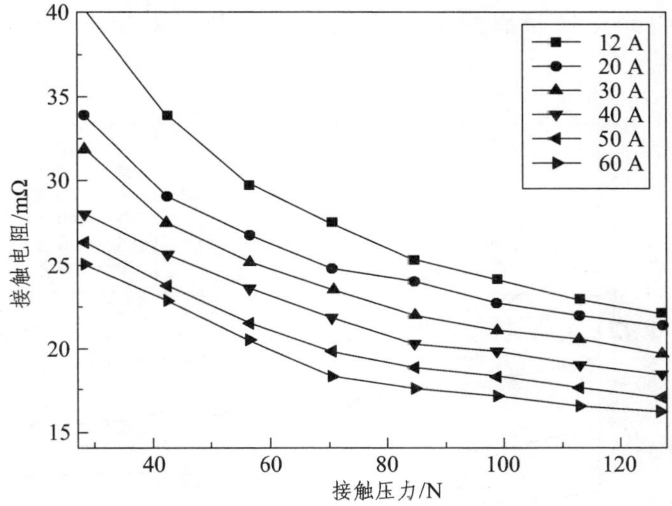

图 2.22　静态接触电阻与接触压力关系

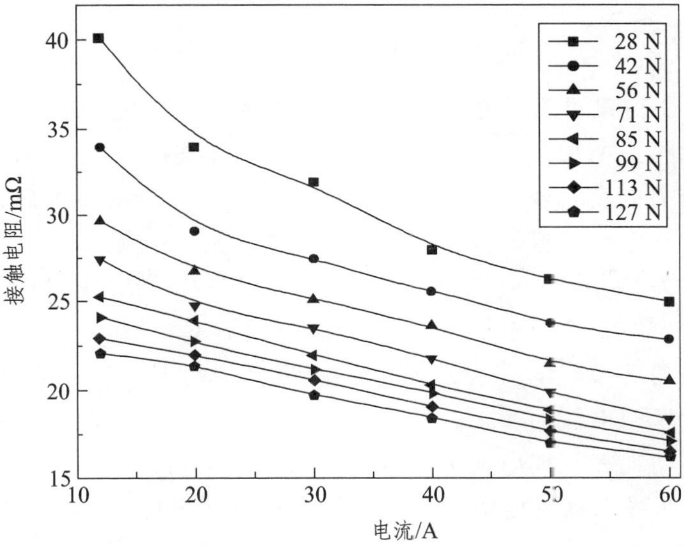

图 2.23　静态接触电阻与电流

根据前面得到的接触电阻与电流、接触压力的关系，由公式：

$$P = I^2 R \tag{2-6}$$

可以得到弓网接触受流时消耗的功率与接触压力的关系，如图 2.24 所示。

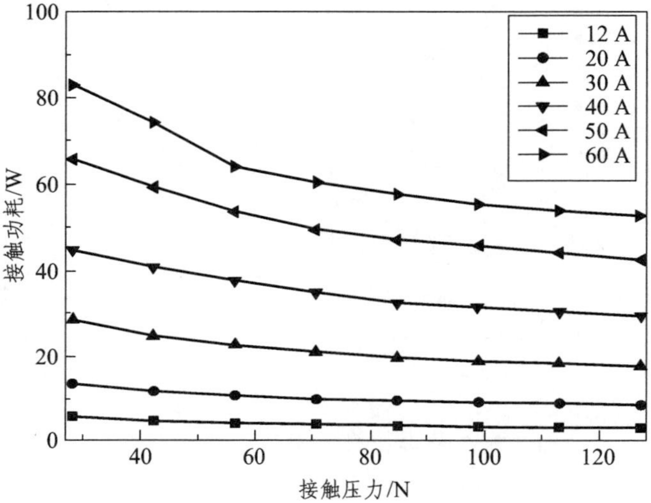

图 2.24　接触功耗与接触压力

从图中可以看出，在牵引电流相同的情况下，弓网上消耗的功率随着接触压力的增加而单调递减，接触压力较小时，弓网消耗的功率随接触压力的变化较大，当压力大于一定值（70 ~ 80 N）后，其变化较小，且逐渐趋于稳定。

图 2.25 为接触功耗与牵引电流的关系，从实验结果可以看出，接触压力一定时，牵引电流越小，弓网消耗的功率也越小。其主要原因在于消耗的功率与电流呈二次方关系，其功率随着电流的增大而增大；其次随着牵引电流的增加，弓网系统接触功耗增加；随着接触压力增大，牵引功耗在相同电流下随接触压力的增大而减小。

从弓网静态接触电阻试验可以发现弓网接触电阻、接触压力和牵引供电电流的关系：接触电阻随接触压力的增加单调减少，弓网接触电阻的变化拐点出现在 70 ~ 80 N，之后再增加接触压力对改善接触电阻并不明显，说明弓网之间在低速时采用 70 ~ 80 N 的接触压力比较合适，这个结论与实际运营中动车初始接触压力的数值相吻合；接触电阻随着牵引电流的增大而减小。

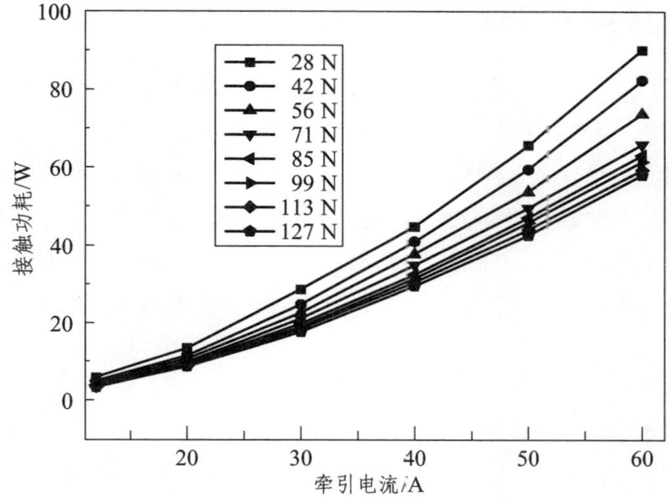

图 2.25　接触功耗与牵引电流

当接触网导线与受电弓滑板之间相互接触时，其接触微观表面布满了微观“峰”和“谷”，弓网接触是微观峰之间的接触，微观峰在接触过程中，受到接触压力的作用，微观峰（导电斑点）发生弹性形变，使得接触峰变得更加平坦。根据赫兹弹性接触理论可知，其导电斑点接触面半径增大，加大了弓网系统导电斑的接触受流面积，导电斑收缩电阻变小，进而接触电阻降低，随着接触压力的进一步增加，导电斑的半径随之增加，当导电斑半径增加到一定值后，弓网之间的微观接触峰即导电斑点由弹性接触变为刚性接触，导电斑的接触半径不再随着接触压力的增大而增大，几乎保持一个恒定值。

随着牵引电流的增加，导电斑的收缩电阻产生的功率增大，导电斑获得的热量增加，触点温度随之升高，从而使导电斑接触材料硬度降低，材料变软，杨氏模量随着温度的升高而降低，导电斑点接触半径的增大，进而导致接触电阻减少。

弓网系统的接触电阻除了与弓网之间的接触压力、受流电流和弓网系统的接触形貌有关外，还与弓网之间的滑动速度有关。弓网之间的摩擦滑动可能会导致接触斑点形貌特征及其接触斑点数目的变化。因此，对弓网系统接触电阻特性研究还需考虑滑动接触电阻特征。

2.3.2 动态接触电阻及其影响因素

随着动车（列车）的运行，弓网之间由静态的固定接触变成动态的滑动接触，为减少对受电弓滑板单一位置的接触磨耗，弓网系统之间的接触位置在接触网导线和受电弓滑板上不断变化，接触网导线位置的变化是通过动车纵向的高速运动实现的，滑板上位置的变化是通过接触网架设时“Z”字形布线实现的。下面将研究弓网系统滑动接触过程中，不同接触压力时接触电阻特性及其影响规律。

1. 速度对滑动接触电阻的影响

图 2.26 为接触压力为 60 N，牵引电流分别为 20 A、40 A、60 A 和 80 A 时接触电阻与运行速度的关系。图 2.27 为接触压力为 80N 时，接触电阻与运行速度的关系。

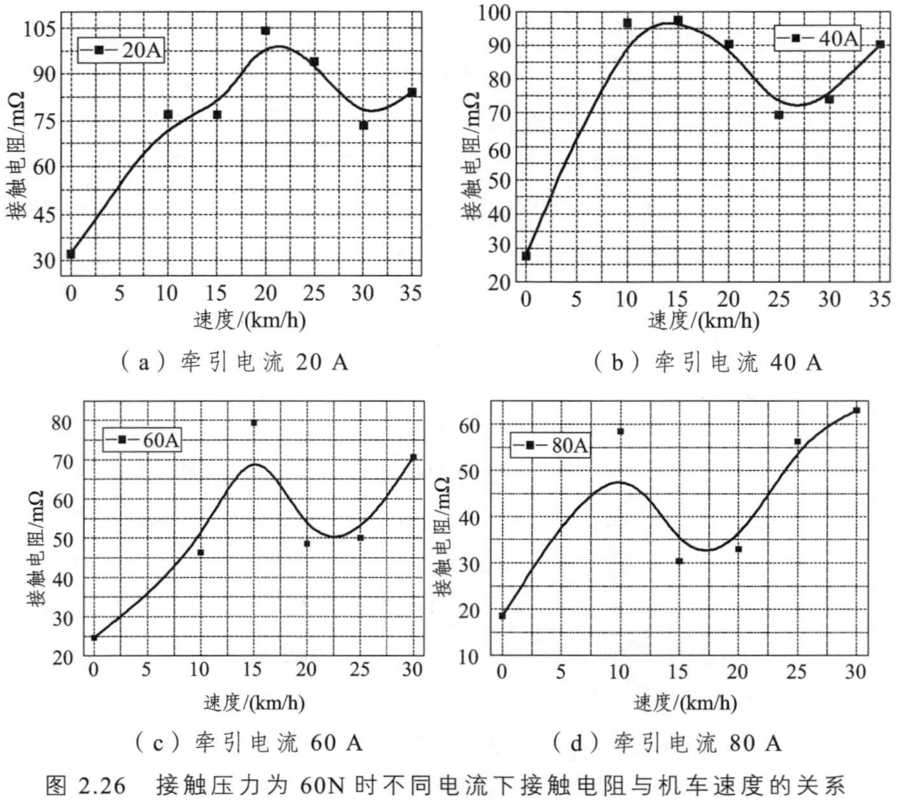

（a）牵引电流 20 A （b）牵引电流 40 A

（c）牵引电流 60 A （d）牵引电流 80 A

图 2.26 接触压力为 60N 时不同电流下接触电阻与机车速度的关系

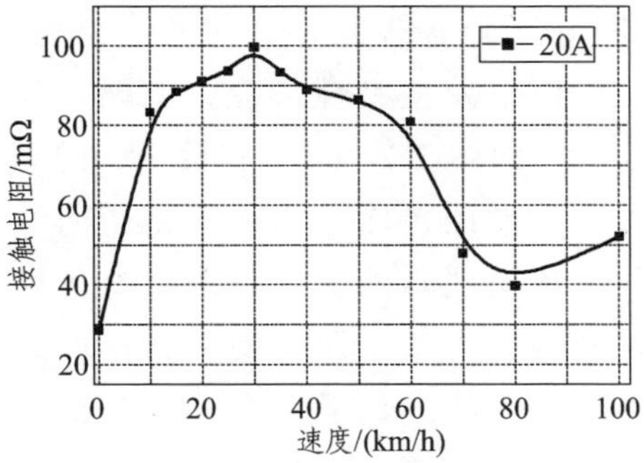

（a）牵引电流 20 A

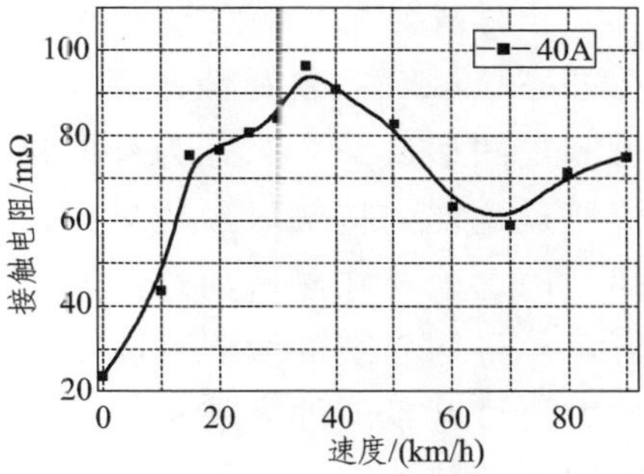

（b）牵引电流 40 A

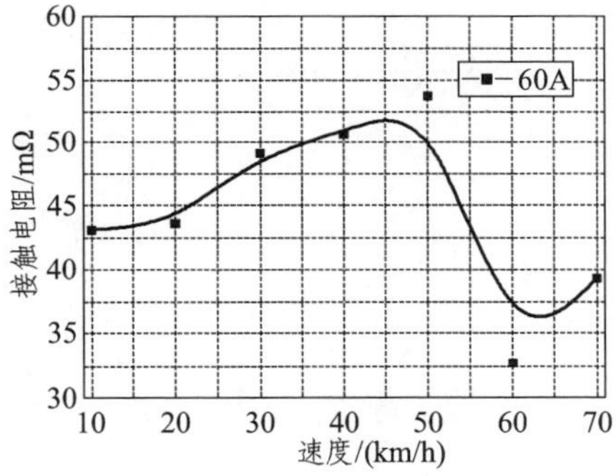

（c）牵引电流 60 A

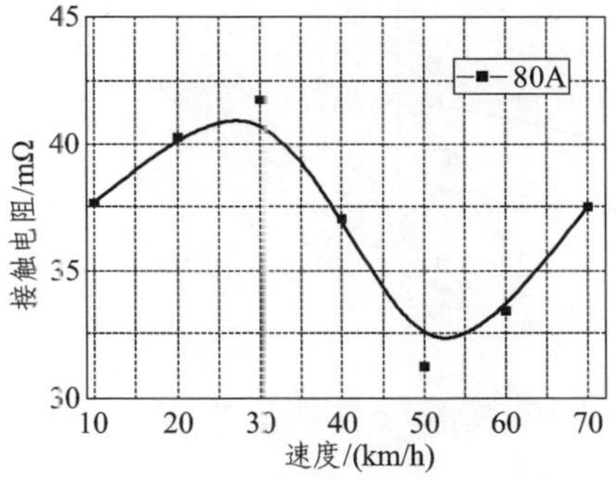

（d）牵引电流 80 A

图 2.27　80 N 时不同电流下接触电阻与机车运行速度

分析对比图 2.26 和图 2.27 中结果可得：接触电阻随着动车速度的提高呈现先增大后减小再增大的趋势；接触电阻存在一个极小值，极小值与动车速度、电流、接触压力有关。

当接触网导线与受电弓滑板之间相对滑动时，其接触微观表面布满了微观“峰”和“谷”，在刚开始接触的时候，是微观峰之间的接触，当峰与峰之间离开过程中，由于受到摩擦热和焦耳热的作用，会使得接触峰的温度升高。在峰与峰接触结束后，受热峰在接触面空气的化学氧化下，将形成一层氧化膜。由于这层膜的存在，使得接触网导线和受电弓滑板之间的接触电阻增加，此时接触点的结构如图 2.28 所示。

图 2.28　接触点结构组成

1—第三物体；2—吸附层；3—氧化物和其他化合物；4—疏松层；5—基体层

弓网系统在接触受流过程中，弓网系统微观接触峰之间的受力为：在静态接触时，微观峰在接触压力的作用下发生弹性形变，在两个接触峰之间形成一个半径为 a 的接触区域，如图 2.29（a）所示，弓网系统通过这样的接触区形成导电通道进行电能的传输。当动车运行时，即弓网之间存在着滑动行为时，弓网系统微观峰的受力如图 2.29（b）所示。弓网系统的微观峰除了受到垂向的压力外，还将受到横向的摩擦力。弓网系统的微观接触峰除了受到垂向的弹性形变，还受到横向摩擦力的剪切应变，使得弓网接触区域发生改变。

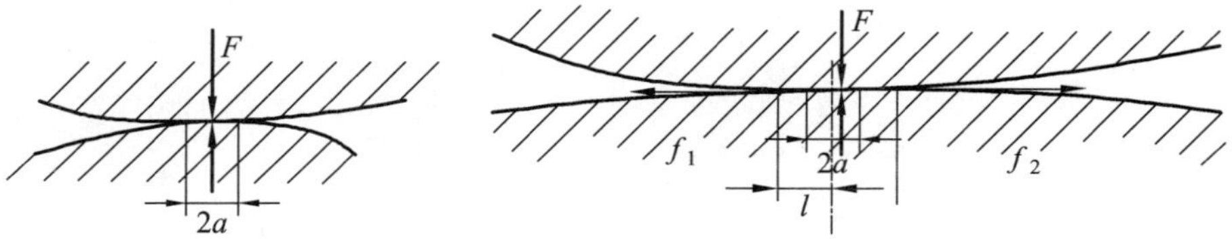

图 2.29　接触表面受力

弓网系统滑动过程中，微观峰之间的摩擦系数的表达为

$$u = \frac{f}{F} \tag{2-7}$$

式中　u——摩擦系数；

f——摩擦力；

F——接触峰的正压力。

在弹性力学中，存在：

$$\sigma = \frac{f}{s} = E\varepsilon = E\frac{\Delta l}{l} \tag{2-8}$$

式中　σ——为剪切应变；

f——摩擦力；

s——作用面积；

E——杨氏模量；

ε——为应变；

Δl——长度变化量；

l——长度。

由式（2-7）和式（2-8）可以得到：

$$u=\frac{\pi}{4}\frac{lE\Delta l}{F} \tag{2-9}$$

由式（2-9）可知，摩擦系数随接触斑半径的增加而增加。根据接触斑点电阻模型可知，随着接触斑点半径的增大，弓网受流面积增大，其接触电阻将会减少。微观接触斑点的收缩电阻与微观接触峰之间的摩擦系数应存在着如下关系：

$$R_C \propto \frac{1}{\mu} \tag{2-10}$$

滑动摩擦过程中，速度在滑动接触过程对摩擦系数的影响如图2.30所示，摩擦系数先减小然后再增大后再减小的规律[45]。

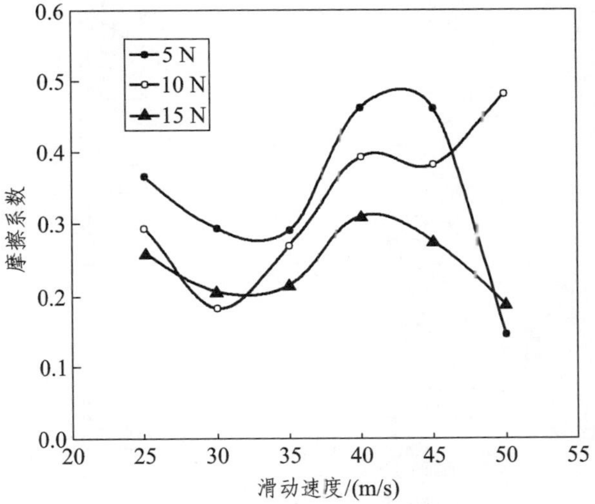

图 2.30 速度对摩擦系数的影响

从图2.30和式（2-10）可解释接触电阻随速度变的化关系，接触电阻随速度的增加应为先增大后减小，然后再增大。

上述分析和推理表明：随着速度的增加，接触面摩擦系数将减小，接触面所受到的剪切应力减小，接触峰在剪切立力的作用下，发生弹性形变和塑性形变，接触峰开始变尖，接触电阻加大，随着速度更进一步的提高，摩擦系数开始变大，剪切应力加大，接触峰变得平坦，同时氧化膜也在摩擦力的作用下部分被破坏，于是接触电阻又开始下降。但是随着弓网之间速度的进一步提高，弓网之间的黏着度下降，当下降到一定值后，弓网之间的接触面又会减少，电阻逐渐上升，甚至出现燃弧状态。上述原因可能是造成接触电阻先增大后减小，再增大的原因。

上述变化过程中接触电阻存在极小值的情况，这个极小值可能为弓网系统的最优接触状态。根据图 2.26 和图 2.27 的实验结果，可以得到其接触电阻极小值与动车速度，牵引电流的关系，如图 2.31、图 2.32 所示。图中可以得出，随着列车运行速度的提高，接触电阻的极小值也相应增大。其接触电阻越大，电流越大，接触电阻的极小值越小。

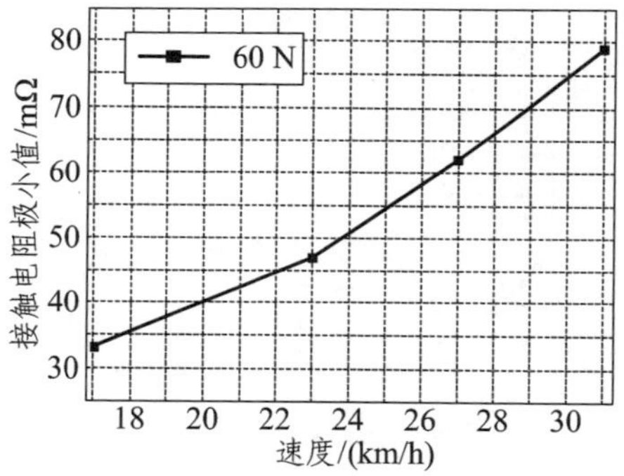

（a）接触电阻极小值与动车速度的关系

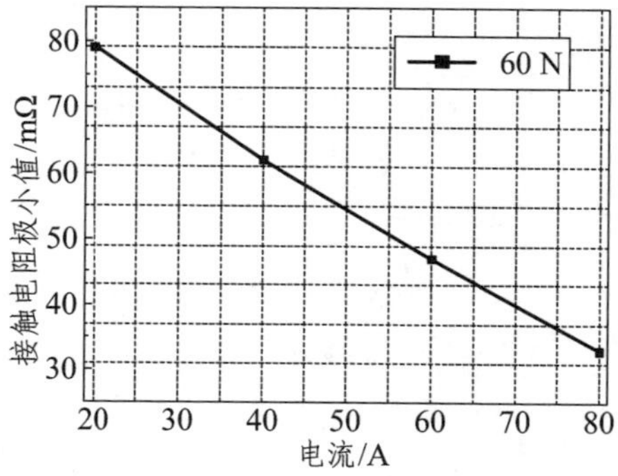

（b）接触电阻极小值与牵引电流的关系

图 2.31　接触压力为 60 N 时接触电阻极小值

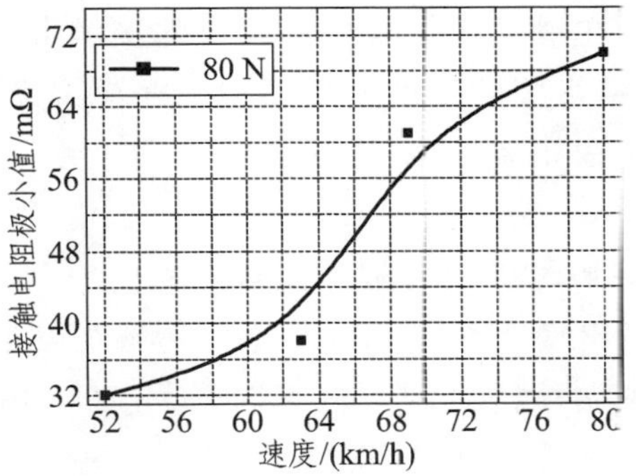

（a）接触电阻极小值与动车速度的关系

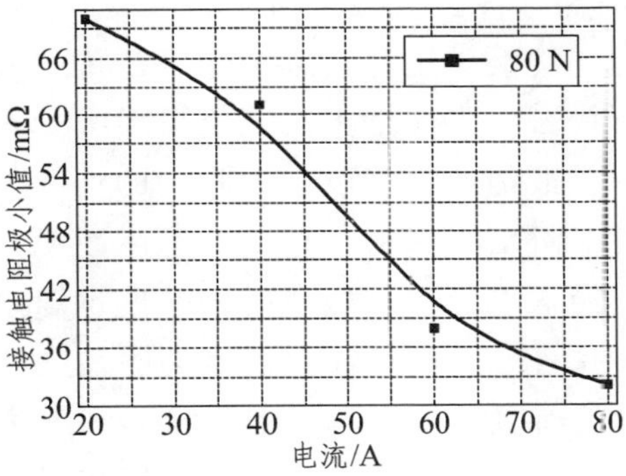

（b）接触电阻极小值与牵引电流的关系

图 2.32　接触压力为 80 N 时接触电阻极小值

弓网系统的动态接触电阻不仅与弓网系统的接触压力、牵引电流有关，还与动车（列车）的运行速度有关。弓网系统的接触电阻与动车（列车）运行速度不再是单调递减的关系，而是弓网系统接触电阻随着动车（列车）运行速度的增加出现两个极值，即随着速度的增加，接触电阻先增加后减小再增加。这一过程说明了滑动接触电阻存在一个最优值；在接触压力相同的情况下，随着接触电流增加，呈现接触电阻出现极值时对应的速度减小；随着接触压力的增大，相同电流下接触电阻出现极值时的速度也随之增加。

弓网在滑动接触过程中，由于受电弓滑板、接触网导线硬点、导线不平顺性等因素的影响，弓网之间在高速滑动过程中不可避免地存在振动，使得滑动接触体的实际接触力小于弓网之间施加接触力，甚至出现分离现象。在滑动接触时弓网系统的接触电阻还应考虑滑动速度的影响。因此弓网系统的接触电阻模型中还应考虑弓网的滑动速度。

动车速度、牵引电流、接触压力对弓网系统接触电阻的影响规律是：

a）弓网静态接触时接触电阻随接触压力的增加单调减少；弓网接触电阻的变化拐点出现在 70 ~ 80 N，之后再增加接触压力对改善接触电阻并不明显，说明弓网之间在低速时采用 70 ~ 80 N 的接触比较合适，这个结论与现行通过离线率得到的最优接触压力一致；接触电阻随着牵引电流的增加而减小。

b）弓网滑动接触时接触电阻与动车（列车）运行速度不再是单调递减的关系，此时，接触电阻随着运行速度的增加出现两个极值，即随着速度的增加，接触电阻先增大后减小再增大，这一过程说明了滑动接触电阻存在一个最优值；接触压力相同的情况下，随着接触电流的增大，呈现接触电阻出现极值时对应的速度减小；随着接触压力的增大，相同电流下接触电阻出现极值时的速度也随之增大。

由此可见，在弓网的运动过程中，弓网的最佳接触压力与机车运行的速度、牵引电流有关。对弓网动态电接触的研究有利于寻找弓网的最佳匹配接触压力，为今后研制自适应弓网接触压力控制器提供理论支持和实验基础。

2. 牵引电流对动态接触电阻的影响

接触压力设为 80 N，滑动速度分别设为 10 km/h、20 km/h、30 km/h 和 40 km/h 时，测量随电流值分别为 20 A、40 A、60 A、80 A 变化的动态接触电阻值。图 2.33 为四种不同速度条件下动态接触电阻随电流变化的曲线。

由图 2.33 可知：随电流增大动态接触电阻减小且下降趋势逐渐变缓；相同电流下，速度越大，动态接触电阻也越大；速度越大时曲线的下降趋势也越陡峭。随着牵引电流的增加，导电斑点的收缩电阻产生的焦耳热增加，触点温度随之升高，使得导电斑点接触材料硬度降低，则导电斑点接触半径增大，使导电斑收缩电阻变小，导致接触电阻减小。所以接触电阻总体呈下降趋势。

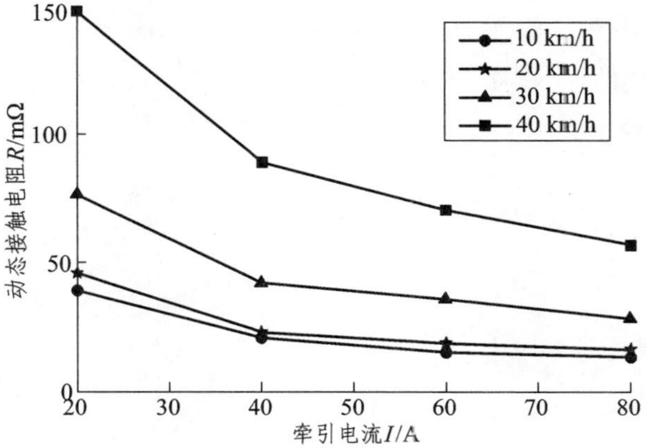

图 2.33　不同速度下动态接触电阻随电流变化的曲线

同时，随电流的增大接触电阻下降趋势逐渐变缓，这可能由五方面原因所致：

a）金属材料的硬度和温度是负指数关系，所以当温度达到一定值后，材料硬度的下降速度会变缓。

b）当导电斑点截面足够大时，导电斑点由弹性接触变为刚性接触。

c）由于浸金属滑板内金属材料的存在，随着电流的增大，在接触表面形成氧化膜，而氧化物的导电性能比金属差，削弱了接触面导电斑的实际接触效果，导致接触电阻整体呈现下降变缓的趋势。

d）温度随电流增大逐渐升高，使导电斑点自身材料和氧化膜的电阻率增加。

e）磨损过程中，随电流的增大，滑板温度升高使碎片磨粒黏着性增强，实际的接触点减少，也会导致电阻下降变缓。

速度越大，动态接触电阻随电流增大而减小的下降趋势越快可能是因为：弓网之间的摩擦磨损会使接触斑点间随电流增大形成的氧化膜脱落，然后会重新形成新的氧化膜，之后再被磨损掉，如此周而复始，当速度越大时，氧化膜的磨损则越快，则其对于接触电阻随电流增大而减小的阻碍作用就越小。

3. 接触压力对动态接触电阻的影响

牵引电流设置为 20 A，滑动速度设置为 20 km/h，接触压力依次设为 40 N、60 N、80 N 和 100 N，测量相应电阻值，动态接触电阻随接触压力变化曲线如图 2.34 所示。

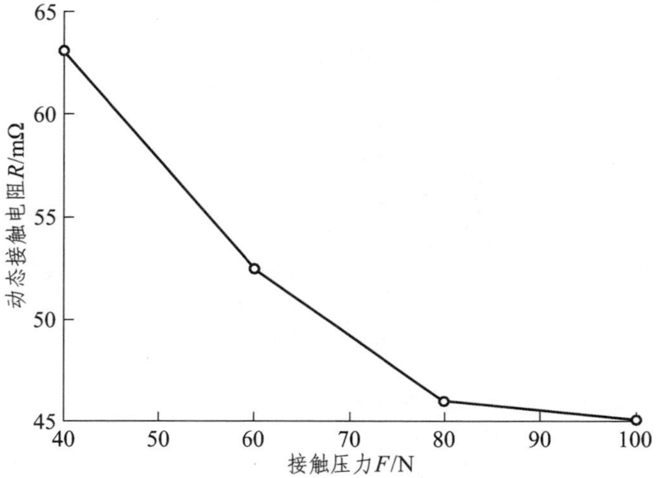

图 2.34　动态接触电阻随接触压力变化的曲线

由图中可见动态接触电阻随着接触压力的变大而减小，且减小趋势逐渐变缓，当接触压力达到 80 N 附近时，动态接触电阻趋于稳定。这个拐点和实际列车运行时弓网间的接触压力相近。

在接触过程中，受到接触压力的作用，导电斑点发生弹性形变，根据赫兹弹性接触理论可知，其导电斑点接触面半径增大，则导电斑收缩电阻变小，进而接触电阻降低，随着接触压力的进一步增加，当导电斑半径增加到一定值后，弓网之间的导电斑点由弹性接触变为刚性接触，导电斑的接触半径不再随着接触压力的增大而增大，几乎保持一个恒定值。因此动态接触电阻随接触压力的变化会如同试验曲线所展示出来的趋势。

2.4　弓网电接触温升

在弓网电接触系统中，滑板温度的升高是由受电弓滑板与接触网导线载流摩擦释放热量引起的。滑板表面的热量来源由三部分构成，即弓网之间接触电阻产生的焦耳热、弓网相对滑动时产生的机械摩擦热和弓网离线时产生的电弧热。热量的积聚和电弧的发生对弓网间温度场会产生直接的影响。

2.4.1 焦耳热对滑板温升特性的影响

根据电接触理论，弓网滑动电接触平面实际上是凹凸不平的，真正发生接触的只是多个微小的点或面。此时，电流集中流过那些面积极小的导电斑点，电流线发生收缩效应引起收缩电阻；如果电流流过的导电斑点存在可导电的导电膜，则还存在膜电阻。收缩电阻和膜电阻两部分构成弓网滑动电接触的接触电阻。电流流过接触电阻产生焦耳热，使弓网载流情况下滑板表面温度升高。

为单独研究焦耳热的作用，排除摩擦热和电弧热的影响，设置弓网滑动速度为 0 km/h，即保持受电弓滑板与接触线相对静止。此时，接触压力设为 80 N，牵引电流为 80 A。使用红外热象仪拍摄的 15 min 内不同时刻红外图像如图 2.35 所示，时间分别为加载电流后 0.2 s，120 s，240 s，360 s，480 s 和 600 s。

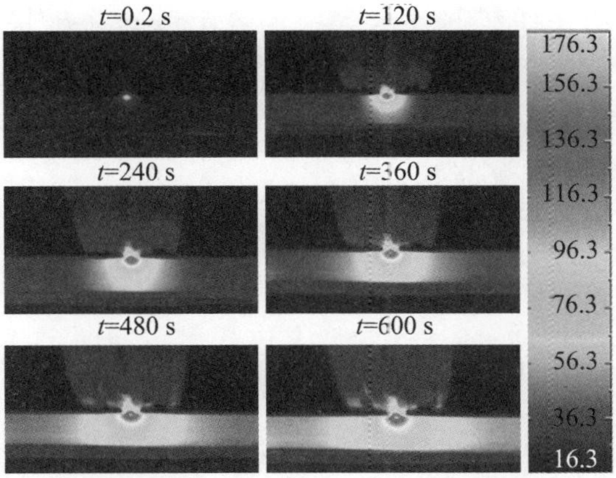

图 2.35 仅有焦耳热作用下滑板温升

试验之前的受电弓滑板整体为均匀的室温状态，随着试验进行，由弓网接触电阻引起的焦耳热在滑板内部成辐射状传导，呈现近高斯分布。滑板整体温度上升，高温区域逐渐扩大。最高温升区域集中在受电弓滑板和接触网导线的接触区域。越远离接触点，温升幅值越小，最终在滑板上形成了明显的温度梯度。

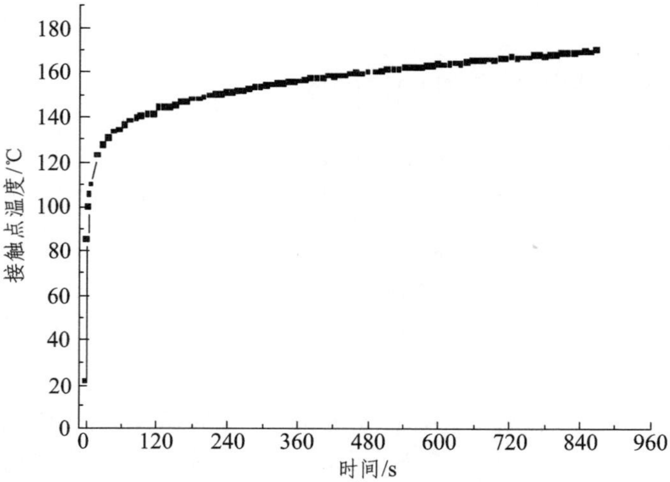

图 2.36　仅有焦耳热作用下接触点温度随时间的变化

弓网接触点温度随时间变化的曲线如图 2.36 所示。在弓网相对静止受流，即只有焦耳热源输入的情况下，接触点温度随时间变化的曲线较为平滑。初期曲线斜率较大，温度上升速率极快，每秒上升近 20 °C。在试验开始后 16s 接触点温度达到 120 °C。随着时间增加，温度增加趋势变缓，每秒升高约 0.04 °C，最终达到加热与散热的平衡，温度趋于稳定时接近 170 °C。

2.4.2　摩擦热对滑板温升特性的影响

受电弓滑板和接触网导线表面发生相对滑动摩擦，摩擦力做功转化为热能，对滑板起到加热作用。在高速滑动电接触中，电流引起的温升会改变接触表面的摩擦系数，温度过高还会产生塑性变形，在接触区域产生附加的应力应变，影响摩擦磨损，进一步加剧摩擦生热。

为单独研究摩擦热的作用，排除焦耳热和电弧热的影响，设置牵引电流为 0 A，此时滑板的温升只取决于弓网之间的相对滑动摩擦产生的热量（受电弓滑板保持静止，接触线相对滑板运动）。图 2.37 是 15 min 内仅有摩擦热作用下滑板温升的红外热像图。

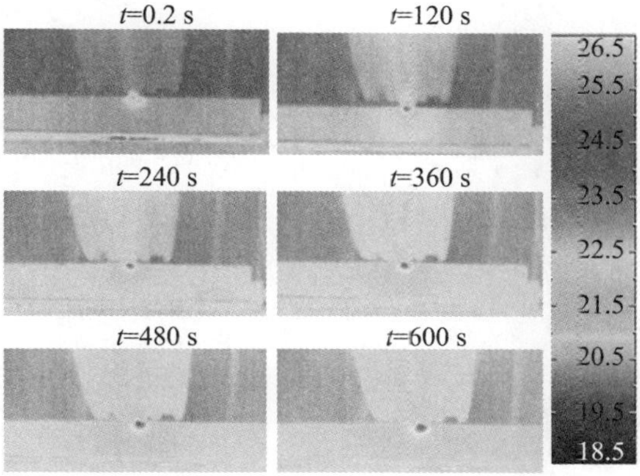

图 2.37 仅有摩擦热作用下滑板温升

图中红色和橙色区域为高温区，黄色区域为次高温区，绿色区域为中温区。可以看到，高温区和次高温区集中在受电弓滑板和接触线的接触区域，在整个摩擦过程中只有小范围的扩散，变化不大。而中温区范围则随时间变化扩大显著。这是因为此速度下弓网间摩擦产生的热量本就不多，仅对接触点附近区域有较明显的加热作用，向滑板内部传导的热量十分有限。

图 2.38 显示了仅存在摩擦热时，弓网接触点温度随时间的变化情况。在整个试验过程中，弓网接触点温度的波动明显，这是由于接触线不平顺使得弓网接触压力不稳定，改变了摩擦力做的功，导致输入系统的摩擦热不断变化。此外，由于该速度等级下摩擦产生的热量有限，且接触线因为圆盘的转动，不断带走接触区热量与环境发生热交换，经过 15 min 试验，接触点温度仅升高了 1 °C。可见在此速度等级下摩擦热对滑板温升幅值的贡献很小。

根据摩擦热公式，速度越高，单位时间单位长度接触线上产生的热量越多。但与此同时，由于速度提高，滑行相同距离所需的时间会减小，即滑板与导线的摩擦时间减小。在弓网间正压力和摩擦系数一定时，不考虑速度提高带来的弓网振动加剧，对应的总摩擦热量值基本保持不变。因此，随着速度增大，仅有摩擦热作用下的弓网接触点稳态温升基本不变。

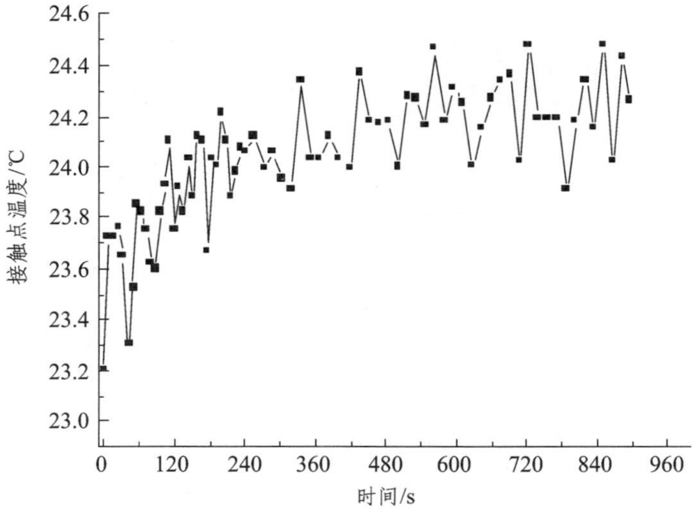

图 2.38　仅有摩擦热作用下接触点温升随时间的变化

2.4.3　电弧热对滑板温升特性的影响

弓网滑动过程中，接触导线不平顺、接触硬点等问题会引起接触压力变化，导致弓网离线。

若电流超过 1 A，加在受电弓滑板和接触线之间的电压超过 20 V，弓网间隙会击穿，产生电弧，电弧通过辐射和热传导作用，导致滑板表面瞬态温度升高。

电弧热会造成弓网接触点温度突增。为了探究电弧热对滑板温度分布的影响，使弓网进行“Z”字形运动（受电弓滑板做往复运动，接触线相对滑板运动）。图 2.39 是弓网接触压力为 80 N，牵引电流为 80 A，弓网相对滑动速度为 30 km/h 的 15 min 实验中，首次电弧产生后 5 s 内滑板温度变化的红外热像图。

对于图 2.39 中的区域 A 来说，在 0.4 s 时，接触线上出现了近 50 °C 高温，由于试验刚开始焦耳热和摩擦热都很小，因此将此温度骤升判断为电弧热的作用。需要注意的是此时电弧对滑板表面的加热情况处在拍摄盲区。1 ~ 1.8 s 内，接触线恢复与受电弓滑板表面的良好接触，同时把一部分电弧产生的高热量向滑板表面传导；在 2.6 s 时，接触线沿着滑板表面继续滑行，留下了两个明显的电弧热造成的热量聚集区，如图 2.39（d）和 2.39（e）所示。由于热量在纯炭滑板内部扩散需要时间，直到 4.2 s 区域 A 内积聚的热量才从拍摄盲区逐渐扩散，使图像上热量聚集区的温度上升，同时热量向低温处传导，使得热量聚集区边缘逐渐扩散并相互融合，形成了一个较大范围的局部高温区。

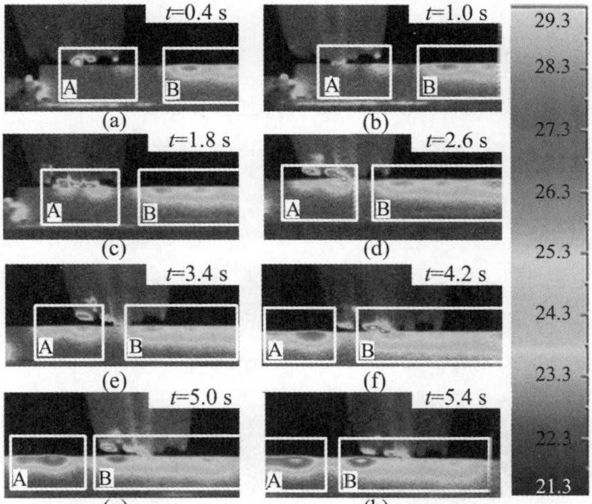

图 2.39 电弧热作用下滑板温度分布

由于图 2.39（b）中的区域 B 与图 2.39（f）中的区域 A 内滑板温度分布相似，认为区域 B 与区域 A 中滑板表面的热量聚集区均由电弧造成，且区域 B 的电弧产生早于区域 A。在 5.4 s 时，两个区域中由电弧造成的局部高温区逐渐融合，使较大范围内滑板温度上升。

从温升幅值角度来看，该次电弧产生 5 s 后使滑板表面温度升高了 1 ~ 6 °C，远小于电弧自身温度（6 000 K）。在试验的 15 min 内，产生了多次电弧，每次电弧产生后，滑板接触区温度均会突增。由于弓网做“Z”字形运动，在滑板不同位置产生的电弧造成的相互独立的高温区会向周围区域扩散，最终相互融合形成大范围高温区，在短时间内使滑板整体温度上升。

因此，对于滑板温升幅值来说，电弧热的影响是有限的。但对于滑板的摩擦磨损过程，电弧热的危害十分显著。由于其对滑板材料的作用瞬时而集中，一方面会引起滑板中低熔点元素熔化或蒸发，造成电弧侵蚀，引起弓网接触情况的恶化；另一方面，在滑板表面弧根处形成巨大的温度梯度，产生热应力，使得滑板材料发生裂纹，甚至导致滑板断裂。

2.4.4 三种热源联合作用对滑板温升特性的影响

图 2.40 是弓网接触压力为 80 N，牵引电流为 80 A，受电弓滑板保持静止，接触线以 30 km/h 的速度相对滑板运动 15 min 的红外热像图。此时弓网相对滑动摩擦，且回路中有电流，滑板温升是摩擦热、焦耳热和电弧热三者联合作用的结果。

如图所示，随着试验的进行，红色代表的高温区以弓网接触点为中心，其边缘扩展明显，黄色次高温区范围变化较小，绿色中温区在 600 s 时已经延伸到滑板两端。可以发现热量在滑板内部扩散较快，而且除了接触区的温升明显，滑板整体温升也十分显著。

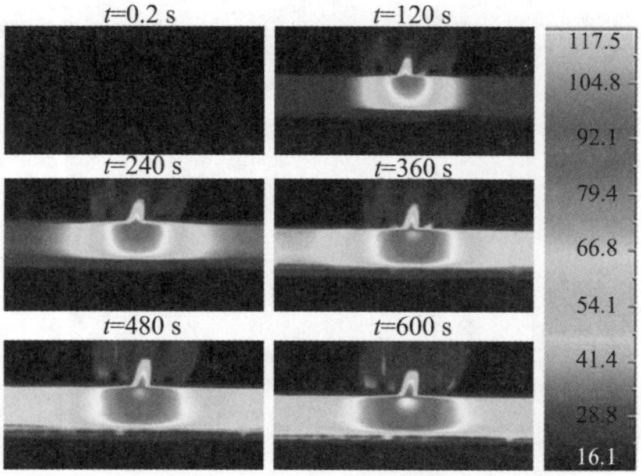

图 2.40 三种热源作用下滑板温升

图 2.41 显示了三种热源联合作用对弓网接触点温度的影响。如图所示，接触点在三种热源的联合作用下温升速率较快，在前 1 min 内每秒上升近 1 °C，但仍小于仅有焦耳热作用时的温升速率（每秒上升 20 °C）。80 s 后温度上升幅度变缓，并且出现局部扰动和宏观波动现象。随着时间增加，滑板温度稳定在 130 ~ 140 °C，低于仅有焦耳热

源输入下滑板温度稳定时的 170 °C。

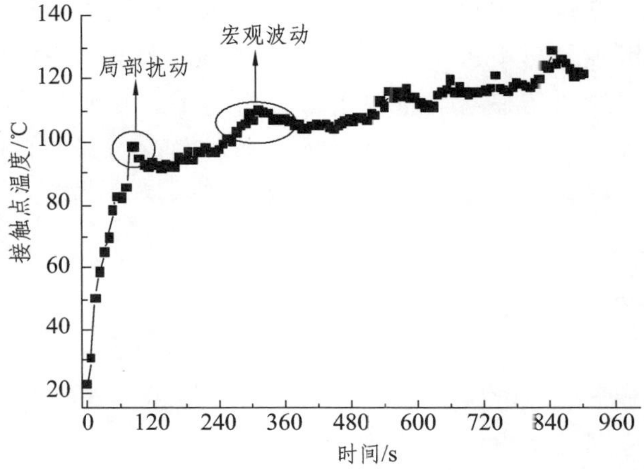

图 2.41　三种热源作用下接触点温升随时间的变化

三种热源情况下接触点温升是电弧产生、焦耳热作用、摩擦行为和传热过程综合作用的结果。在试验初期，接触点温度上升比较迅速，此时焦耳热的影响占据主导作用。当弓网离线产生电弧，释放大量热量，引起接触点温度瞬间升高，造成温度曲线图上的多次局部扰动。

随着时间增加，接触点温度曲线还出现了多次宏观波动现象。这可能是由于两个原因：一是因为弓网间接触压力不稳定，引起接触电阻的变化，导致输入系统的焦耳热改变；二是温度升高，暴露在空气中的接触导线发生氧化反应形成氧化膜，在摩擦力和剪切力作用下氧化膜又会破裂。氧化膜的生成和破裂使接触电阻变化，同样改变了焦耳热源的输入。

与仅有焦耳热输入时接触点温升幅值相比，三种热源联合作用下最终的稳态温升幅值反而变小。这是由于一方面，电弧产生时刻正是弓网离线时刻，弓网脱离接触导致部分摩擦热和焦耳热的损失；另一方面，三种热源联合作用时弓网相对滑动，接触导线通过与滑板之间的摩擦会带走热量，对滑板有一定的冷却功能。

与仅有摩擦热时接触点温升情况相比，通入电流后，弓网接触点的稳态温升至少提高了 100 °C。可见电流是引起滑板温度升高的主要原因。

与仅有焦耳热时的滑板温度分布变化情况，三种热源都存在时滑板温度扩散速度快，扩散范围广。根据热传导理论，滑板内部的自由电子运动在滑板导热中占主导作用。当相邻自由电子碰撞时，能量大的自由电子把能量传递给能量较小的自由电子，实现能量扩散。因此，可能是因为接触线与滑板之间的摩擦行为对滑板内部的自由电子存在力的作用，使得自由电子运动加剧，加速了热量的扩散。

2.5 小　结

本章详细介绍了电接触分类与原理以及弓网系统电接触特点，归纳和总结了弓网接触电阻、弓网接触面热效应和弓网系统模拟试验装置的研究成果，得到了不同影响因素对弓网接触电阻、弓网接触面温升的影响规律。

a）弓网静态接触时接触电阻随接触压力的增加单调减少；弓网接触电阻的变化拐点出现 70 ~ 80 N，之后再增加接触压力对改善接触电阻并不明显，说明弓网之间在低速时采用 70 ~ 80 N 的接触比较合适，这个结论与现行通过离线率得到的最优接触压力一致；接触电阻随着牵引电流的增加而减小。

b）弓网滑动接触时接触电阻与动车（列车）运行速度不再是单调递减的关系，此时，接触电阻随着运行速度的增加出现两个极值，即随着速度的增加，接触电阻先增大后减小再增大，这一过程说明了滑动接触电阻存在一个最优值；接触压力相同的情况下，随着电流的增大，呈现接触电阻出现极值时对应的速度减小；随着接触压力的增大，相同电流下接触电阻出现极值时的速度也随之增大。

c）由于接触电阻产生焦耳热会使材料硬度降低，从而导致接触斑点接触面积变大，所以当压力和速度不变时，弓网动态接触电阻随电流的增大而减小，且下降趋势逐渐变缓。由于接触压力会导致导电斑点发生弹性形变，使导电斑点接触面积变大，所以弓网动态接触电阻随接触压力的增大而减小，且下降趋势逐渐趋于平缓。

d）焦耳热对滑板温升幅值的影响占据主导作用，摩擦热的影响有限，电弧对滑板有局部加热作用，焦耳热、摩擦热、电弧热三者联合作用下接触点温升幅值比仅有焦耳热时接触点温升幅值小。接触导线通过与滑板之间的摩擦带走热量，对滑板有一定的冷却功能。抑制弓网电弧并不仅是因为其会造成滑板温升，更重要的是它对滑板材料的作用瞬时而集中，会引起电弧侵蚀和滑板裂纹，导致滑板磨损加剧甚至影响列车安全运行。

参考文献

[1] 吴积钦. 受电弓与接触网系统[M]. 成都：西南交通大学出版社，2011.

[2] 荣命哲. 电接触理论[M]. 北京：机械工业出版社，2004.

[3] HOLM R. Electric contacts: theory and application [M]. Springer Science & Business Media，2013.

[4] 郭凤仪，马同立，陈忠华，等. 不同载流条件下滑动电接触特性[J]. 电工技术学报，2009，24（12）：18-23.

[5] MANORY R. A novel electrical contact material with improved self-lubrication for railway current collectors[J]. Wear, 2001, 249(7): 626-636.

[6] HE D H, MANORY R, SINKIS H. A sliding wear tester for overhead wires and current collectors in light rail systems[J]. Wear, 2000, 239(1): 10-20.

[7] 陈忠华，石英龙，时光，等. 受电弓滑板与接触网导线接触电阻计算模型[J]. 电工技术学报，2013，28（5）：188-195.

[8] 吴积钦. 受电弓—接触网系统电接触特性研究[D]. 成都：西南交通大学，2009.

[9] SENOUCI A，ZAIDI H，FRENE J，et al. Damage of surfaces in sliding electrical contact copper/steel[J]. Applied surface science，1999，144: 287-291.

[10] BUCCA G, COLLINA A, MANIGRASSO R, et al. Analysis of electrical interferences related to the current collection quality in

pantograph–catenary interaction[J]. Proceedings of the Institution of Mechanical Engineers, Part F: Journal of Rail and Rapid Transit, 2011, 225(5): 483-500.

[11] 吴杰，高国强，魏文赋，等. 弓网系统滑动电接触特性[J]. 高电压技术，2015，41（11）：3635-3641.

[12] 程礼椿. 论接触电阻模型与应用问题[J]. 高压电器，1993（2）：34-40.

[14] MALUCCI R, et al. Multispot Model of Contacts Based on Surface Features[C]. 15th Int Conf on Electric Contacts, 1990.

[15] GREENWOOD J A, WILLIAMSON J B P. Contact of nominally flat surface[C]//Proc of the Royal Society. London, England: The Royal Society, 1966:300-319.

[16] 白金花，火文辉，等. 基于弓网电接触界面电阻模型的受流质量研究[J]. 兰州交通大学学报，2014（3）：11-15.

[17] Wang W，Dong A，Wu G，et al. Study on characterization of electrical contact between pantograph and catenary[C]//2011 IEEE 57th Holm Conference on Electrical Contacts (Holm). IEEE，2011: 1-6.

[18] 李春茂，朱宁俊，吴广宁，等. 弓网系统动态接触电阻数学模型的研究[J]. 高电压技术，2015，41（11）：3554-3560.

[19] 王英，刘志刚，黄可，等. 计及机械和电气特性的弓网表面热流分析和计算[J]. 铁道学报，2014（7）：36-43.

[20] 董霖，李传喜，陈光雄，等. 弓网载流摩擦耦合温度场的仿真研究[J]. 中国铁道科学，2014，03：102-106.

[21] WALTERS S, RACHID A, MPANDA A. On modelling and control of pantograph catenary systems[C]//International Conference On Pantograph and Catenary Interaction Framework for Intelligent Control. Amiens, France: IEEE, 2011:1-6.

[22] NITUCA C. Thermal analysis of electrical contacts from pantograph-catenary system for power supply of electric vehicles[J]. Electric Power Systems Research, 2013, 96: 211-217.

[23] Ocoleanu C F, Gh M, et al. Numerical study of thermal field of pantograph contact strip-contact line wire assembly[C]//4th WSEAS International Conference on energy planning. energy saving. environmental education (EPESE'10).

[24] PLESCA A. Thermal analysis of sliding electrical contacts with mechanical friction in steady state conditions[J]. International Journal of Thermal Sciences, 2014, 84: 125-133.

[25] GLISES R, BAUCOUR P, VAUDREY A, et al. Electrothermal modelling of the railroads catenaries[J]. IET Electrical Systems in Transportation, 2012, 2(3): 110-118.

[26] 王英，刘志刚，等. 升降弓电接触的接触线暂态热流建模与验证[J]. 仪器仪表学报，2014（12）：2663-2672.

[27] 吴积钦，钱清泉. 弓网系统电弧侵蚀接触线时的热分析[J]. 铁道学报，2008，30（3）：31-34.

[28] 郭蕾，李群湛，解绍锋，等. 在线防冰过程中电气化铁路接触网的温度场[J]. 西南交通大学学报，2013，48（2）：230-235.

[29] 卜俊，丁涛，陈光雄. 温度对受电弓滑板材料磨损的影响[J]. 润滑与密封，2010，35（5）：22-25.

[30] 陈惠娟，许志红. 受电弓三维温度场仿真分析[J]. 福州大学学报（自然科学版），2011（02）：227-232.

[31] 戴利民，林吉忠，丁新华. 滑板材料受流摩擦时接触点瞬态温升对磨损性能的影响[J]. 中国铁道科学，2002（02）：111-117.

[32] 戴利民，林吉忠，刘越，等. 受电弓滑板受流摩擦中体温升的模拟计算分析[J]. 铁道学报，2002，24（5）：56-61.

[33] 陈忠华，康立乾，李本君，等. 弓网系统受流摩擦下滑板温度分析与计算[J]. 高压电器，2012，48（5）：1-5.

[34] 胡艳，董丙杰，黄海，等. 碳滑板电滑动温升及其对滑板磨损影响的试验研究[J]. 摩擦学学报，2015，35（6）：677-683.

[35] VICTOR BJORK, et al. Final Report on Carbon Strip Challenge[R]. Brussels, Belgium: Bombardier, 2010.

[36] LANDI A, MENCONI L, SANI L. Hough transform and

thermo-vision for monitoring pantograph-catenary system[J]. Proceedings of the Institution of Mechanical Engineers, Part F: Journal of Rail and Rapid Transit, 2006, 220(4): 435-447.

[37] B TELLINI, M MACUCCI, R GIANNETTI, et al. Line-pantograph EMI in railway systems [J]. IEEE Instrumentation and Measurement Magazine, 2001: 10-13.

[38] SURAJIT MIDYA, DIERK BORMANN, THORSTEN SCHUTTE, et al. Pantograph Arcing in Electrified Railways—Mechanism and Influence of Various Parameters—Part I: With DC Traction Power Supply [J]. IEEE Transaction on power delivery, 2009, 29(4): 1931-1939.

[39] RAWLINS C B, PAPILIOU K O, DIANA G, et al. On the measurement of overhead transmission lines conductor self-damping [J]. IEEE Transactions on Power Delivery, 2000, 15 (4): 1329-1331.

[40] HIROSHI TSUCHIYA. Development of a new pantograph contact strip for ultrahigh-speed operations [J]. Railway technology avalanche, 2006, 8:83-83.

[41] 李鹏，杜三明，孙乐民，等. 载电条件下铬青铜/纯铜摩擦副摩擦磨损性能研究[J]. 摩擦学报，2003，23（3）：250-252.

[42] 姜国强，郭凤仪，王智勇，等. 基于磨耗稳定态的高性能摩擦磨损实验机研制[J]. 中国工程机械学报，2009，7（1）：100-104.

[43] 杨志鹏，李华伟，孙忠国. 基于弓网电弧模拟试验装置的电弧参数测量及分析[J]. 北京交通大学学报，2012，36（2）：111-115.

[44] DING T, CHEN G X, WANG X, et al. Friction and wear behavior of pure carbon strip sliding against copper contact wire under AC passage at high speeds[J]. Tribology International, 2011, 44(4): 437-444.

[45] H ZHAO, G C BARBER, J LIU. Friction and wear in high speed sliding with and without electrical current [J]. Wear, 2001, 249(6): 409-414.

3 弓网载流摩擦磨损

摩擦是日常生活中最普遍的现象，任何运动和位移都将伴随着摩擦。虽然“摩擦”这个术语已众所周知，但由于摩擦现象的本质非常复杂，很少人能了解它的真正含义。内摩擦被认为会阻碍一个物体自身的相对位移，以此区分于物体外摩擦或后面要介绍的摩擦。最初，在正压力和接触界面的剪切作用下，可认为是摩擦产生了实际接触面积。环境是影响接触面积形成的另一个重要因素，其结果产生了各种表面效应和多种摩擦机理。

两个相接触的物体相对移动时产生了滑动摩擦。接触区域内的表面速度随着运动幅度和方向的改变而改变，发生在薄表面层内的摩擦过程对表面速度起着决定性作用。存在着两种主要的互相独立的摩擦机理：黏结和变形。虽然这些机理的不相关性是公认的，但两种摩擦模型均基于基本概念。

3.1 摩擦与磨损

3.1.1 摩擦定律

当两个物体相接触时，为了使它们之间产生相对位移，必须有切向力的作用。当切向力从零增加至一有限值时，接触区域内将产生微位移，但此时接触的两个物体作为一个整体保持不动，直到切向力达到被称为静摩擦力 F_s 的极限值，所施加的切向力的中间值 F_{int} 定义为局部静摩擦力。

显然，存在着一种力以阻止打破两接触物体的静止状态和早期运动状态。这个力值是一个非零的有限值，这个主要事实是摩擦的基本定理，可以表示为当两个固体形成接触时存在静摩擦力。静摩擦是区分外摩擦和由无穷小切向位移产生的内摩擦的主要特征。而且，没有静摩擦，这个世界将是神秘怪异的：人们虽然穿着合脚的鞋却无法行走；放在桌子上的书将慢慢滑落，就像它沿着斜坡下滑。车辆的轮胎将打滑。

当物体开始移动时，其运动阻力开始减少但不会完全消失。如果运动条件保持不变，则运动的摩擦阻力基本保持恒定，阻碍运动的现象称为动摩擦，阻力称为静摩擦力 F_k。静摩擦力和正压力之间的关系通常被称为静摩擦系数。Leonardo da Vinci（1452—1519）认为光滑表面的摩擦系数是一个常数并等于 0.25。这个观点在科学界被长期接受。Guilliom Amontons（1663—1705）认为铁、皮革、铅和木材的摩擦系数等于 1/3。事实上，摩擦系数的变化范围很广，轻载荷下滚动轴承的摩擦系数为 0.001，完全洁净的金属在真空中接触时，接触表面的摩擦系数可大到几十。

通常，在大气中正常的摩擦条件下，摩擦系数在 0.1 ~ 1 这个相对狭窄的范围内变化。稳定的摩擦系数是第一摩擦定律的本质内容，它与摩擦系数的大小无关。第一摩擦定律通常称为 Amonton 定律。有一个证明此定律的简单的实验：如果一个质量为 P 的物体（如一本书）放在一个平面上，则移动这个物体所需的力等于 F，为了移动 n 本摞在一起的书（如 $n = 2$），所需的切向力将增加 n 倍。因此，第一摩擦定律可以描述成摩擦力和正压力成正比。

当用 u 来表示上述定理中的摩擦系数，u 是一个和正压力无关的常数。第一摩擦定律可表示为

$$F = uP$$

不过，摩擦学创建者早就认识到这个定律只适用于特定的压力、速度、摩擦材料的组合和其他摩擦条件。当时，Amontons 认为摩擦力是取决于正压力、时间和滑动速度的复杂函数。第一摩擦定律对边界润滑或对各种无润滑的摩擦材料来说有足够的精确度。第二摩擦定律是很奇异的：摩擦力和名义接触区域的形状及尺寸无关。它通过古埃及人利用直角大石头建造的伟大的金字塔，断定拖动这些大石头和它们是否平放、相互依靠在一起或竖立没有关系。从 Leonardo da Vinci

建立起卷绳和直绳具有相同的滑动阻力这个观点已过去了很多年。通过重现了 Leonardo da Vinci 的部分工作，表明让物体在平面上移动所需的力和摩擦面的尺寸无关。这个现象的原因长期以来被忽略，直到 Amontons 通过实验证实摩擦和摩擦体之间的名义接触面积无关。Amontons 的这个观点并没有被法国皇家科学院所接受，它们指派资深学者 Philippe de La Hire 来证实 Amontons 的实验。额外的实验（1699—1700 年）确认了 Amontons 的摩擦学第二定律和公式。摩擦学第二定律是有预见性的现代理念，即固体是离散接触的。用现在的术语来说，Amontons 的奇异观点源于固体实际表面是粗糙的，它们无法在整个名义面积上接触，而只能在一些离散斑点上接触。

和名义接触面积相比，接触斑点的总面积（实际接触面积，在后面的章节中将更为详细的讨论）是很小的。如果名义接触面积是定值，则实验表明实际面积随载荷线性增加。可以对样品的不同面进行排列，使得实际接触面积的保持只取决于载荷。因此可知为什么摩擦不取决于名义接触面积。

归功于 Coulomb（1736—1806）的第三摩擦学定律对前两个定律进行了补充：摩擦力和滑动速度无关。这个定律和其他定律相比缺少证实。Coulomb 在他的实验中偶然观察到摩擦力随速度变化增加或减少。尽管如此，当假定摩擦时接触温度没有发生很大的变化、接触区域的特征保持不变以及在合理的速度范围内，这个定理是正确的。总之，应该注意到摩擦学定律是很好的经验法则，它使人们能够将摩擦应用于各种场合。

3.1.2 磨损定律

当固体表面做相对滑动运动或旋转运动时，可以观察到一个表面或所有表面的材料被除去的现象。这个过程定义为磨损。磨损过程通常用磨损率来表示，且并不存在统一的标准来表示磨损率，磨损率的倒数称为磨阻，磨阻是材料在一定摩擦条件下抵抗磨损的能力。有时在使用任意标准时采用相对磨阻。

磨损是一种非常复杂的现象，它包含了很多相关的机理。不过时常存在着一种决定磨损方式和磨损程度的主要机理。磨损受到如载荷、滑动速度、温度、材料、润滑、环境等诸多因素的影响。磨损是一种随时间发展的过程，摩擦时的磨损可以描绘成在恒定载荷和滑动速度条件时的时间函数。曲线上每一点的斜率就是磨损率，磨损可划为三个阶段。曲线的第一部分是磨损的起始阶段，它只占摩擦装置预期寿命的很短的时间。这个阶段的特征是摩擦系统的不稳定状态，起始的磨损率很高，然后逐渐降低。这个阶段称为磨损系统的磨合，即发生摩擦面之间的相互适应，直到达到所谓的平衡粗糙度。摩擦和磨损改变以至于摩擦系统转化为稳定状态。第二阶段持续较长的时间，其特征是处于稳定的摩擦状态，磨损率相对低而稳定。这个阶段发生在摩擦体完成其磨合阶段而进入正常运行的阶段。随着这个阶段的发展，磨损逐步加剧（几乎呈线性），损伤摩擦表面，改变摩擦副的形状和配合间隙。当磨损率大大增加并出现毁坏性磨损时，运行条件将发生显著的改变。值得注意的是此时实际的摩擦系统的毁坏性磨损重新启动，运行中会有所停顿，因为又发生了新的小面积的磨合条件。磨损的三个阶段可以简述为表面的相互影响、表面层的变化和表面的破坏。这三个磨损阶段是相关的，并发生在各个接触斑点上。接触表面以机械方式和分子方式进行互相作用。机械作用包含粗糙峰顶的穿透和黏结。虽然摩擦装置的测试和运行表明存在一些典型特征，但和摩擦定律不同的是不存在磨损“定律”。普遍接受的磨损特性有磨损随载荷和运行时间的增加而加剧，摩擦材料越硬，磨损越轻等。这些规律已得到了实验验证，并可从 Holm 和 Archard 提出的简化模型中推导出来。

将硬颗粒或硬突起物压到固体表面上并使其移动而导致的磨损被称为磨料磨损。磨料磨损，也被称为磨蚀，是最常见的磨损类型；摩擦接点的剪切作用导致了黏着磨损。这种磨损的主要机理是黏着，它是摩擦的重要分量。这种磨损过程在黏着接点的形成、生长和断裂被认为具有和黏着摩擦完全一样的方式；广义地讲，侵蚀是一种由于环境作用而导致固体表面损坏的现象，在摩擦学中，侵蚀的狭义定义是包含了气体、液体或固体运动流的磨损方式。按照 ASTMG40 标准，侵蚀的定义是由于表面和流体、冲击液体或冲击固体粒子之间发生机械作用而导致固体表面不断损失原始材料。由于磨损是涉及各种不同基本机理的复杂过程，到目前为止，还缺乏对磨损方式的严格定义。因此，很难定义磨损的主要特征，并按此对磨损进行分类。在实际情况下，极少存在只有单独磨损方式的摩擦系统。

润滑是一种通过使用润滑材料而减少摩擦和磨损的过程。气体、液体和固体材料都可以作为润滑剂，只要它们具有后面要讨论的确定特性。不过，这个定义应更加明确。在很多场合中，保持恒定不变的摩擦（不是磨损）比减少摩擦更加重要。恒定的摩擦可以减少切削工具导轨的振动，保持被轧制的金属带有统一的进给速度或消除制动振动。

3.2 载流摩擦磨损

载流摩擦磨损（即受电摩擦磨损，或受流摩擦磨损）属于特殊工况下的摩擦磨损，是指处于电场或磁场中的摩擦副，在电流通过条件下摩擦副的摩擦磨损行为，它包括对润滑条件下及干摩擦条件下的摩擦磨损特性研究[1-3]。

人们很早就发现了摩擦中伴生的电现象以及外加电场或电流影响摩擦系数的事实。两种不同的材料在一起摩擦，就会使一种材料的电子脱离其轨道而被另一种材料俘获，俘获电子的材料将具有负电荷，失去电子的材料将具有正电荷。在 19 世纪 70 年代伟大的科学家爱迪生就利用了摩擦与电场的关系改进和完善了电话的发话器。摩擦产生电流，电荷周围的电场以及流过导线的电流所产生的磁场又会反过来影响摩擦，导致了摩擦副复杂的载流摩擦磨损现象[4]。

载流摩擦磨损通常是在高速、强电流作用下的摩擦磨损行为，是机械摩擦接触系统和电接触系统相互作用、相互影响的结果。载流摩擦磨损由于摩擦机理复杂、应用背景广泛，已成为当前摩擦学与材料学领域研究的热点之一。多年来已经开展了不少的研究工作，各国出现了载流摩擦磨损研究的高潮，研究人员在探讨载流摩擦磨损的机理及寻求提高耐磨性的途径方面做了一些研究工作[5-9]。

3.2.1 载流摩擦系统的特点

载流摩擦副和一般的机械摩擦副相比多了一个电接触系统，摩擦副运行中摩擦接触系统和电接触系统相互影响、共同作用，但表现出的摩擦磨损特性又并不是两个单一系统的简单叠加。因此载流摩擦研究的复杂性，影响因素的多样性和交叉性，是单一系统无法相比的。

载流摩擦系统与一般的摩擦学系统相比，主要有以下特点[7]：

1. 电因素介入摩擦系统

电场、电流及电弧等的作用都将影响摩擦副的摩擦学性能。

2. 复合强外场作用下摩擦磨损问题

载流摩擦磨损是电场、磁场、应力场和温度场等共同耦合作用的磨损，是摩擦副在强电流-复杂动载荷-电化学腐蚀等多因素耦合作用下的结果。

3. 复杂的动力学系统

滑动速度、接触应力及系统的刚度会对摩擦副之间接触动力学状态产生影响，例如电气化铁路中受电弓滑板与载流导线之间是柔性接触，这样机车车体的振动、接触导线的谐波振动，以及加载系统的刚度等因素，对于摩擦副的接触状态都将产生显著的影响。

4. 润滑状态对摩擦副的摩擦载流能力的影响

增加润滑与减小接触电阻是相互矛盾的，因此在载流条件下要对润滑剂的作用进行综合评估。

5. 磨损机制的多样性、时变性

在不同的材料、设备、工况和阶段等情况下出现了黏着磨损、磨粒磨损、氧化磨损、腐蚀磨损、电弧烧蚀和疲劳磨损等不同的磨损机制，而且具有时变性。

3.2.2 载流摩擦磨损的影响因素

早在 20 世纪 20 年代就开始了有关载流摩擦磨损的研究，其主要涉及的领域包括：电气化铁路、城市有轨电车、发电机、励磁电机的炭刷与电极、运载火箭升空过程中整沉装置等。目前，有关载流磨损的研究主要以试验研究为主，并辅以相关的数值分析和仿真。试验研究中除了需要考虑外界环境因素对接触副的影响外，还需考虑不同试验工况（电流、接触压力、速度等）对接触副载流磨损性能的影响。有关载流摩擦磨损的研究大致可以分为下几类：第一，试验参数对（电流、速度、接触压力等）对载流摩擦磨损的影响；第二，试验材料及电弧放电等对载流摩擦磨损的影响；第三，试验环境对载流摩擦磨损的影响。

1. 电流的影响

电流对摩擦副材料摩擦性能的影响可从以下两个方面解释：第一，电流通过摩擦接触面，产生接触电阻热和电弧热，引起接触面温度升高，导致材料表面软化，从而降低摩擦系数。同时，接触副表面温升高也会引起材料表面氧化，逐渐形成一层具有润滑作用的氧化膜，使摩擦系数再次降低；第二，电流产生的热量导致材料自润滑性能变差，也可能造成接触表面机械性能弱化，表面粗糙度增加，摩擦系数增大。故认为电流的增加会加剧摩擦副的磨损。多数专家认为非载流条件下，接触副以机械磨损为主，机械磨损对摩擦副材料所产生的磨损较轻；而载流时，除了有机械磨损还有电气磨损，且电气磨损产生的材料损耗远大于机械磨损。因此，载流条件下磨损量（率）比非载流时的要大很多。

Jia 等对铜基滑板材料/铜合金接触线的滑动磨损行为进行了研究，结果表明：在低电流下（小于 22 A），Cu-Ag-Cr 合金线的磨损率随着电流的增大而呈现缓慢增加的趋势；当加载电流较大（22 ~ 30 A）时，磨损率快速增加；而在大电流（>30 A）下磨损率又缓慢地上升。无电流时的磨损率较小，且随滑动距离的增加磨损率呈现较稳定的增加，其原因是：电流较小时，磨损率受速度和法向载荷的影响较大；而加载电流较大时，热磨损和电弧烧蚀严重，磨损率受速度和法向载荷的影响较小。

董霖等研究了地铁第三轨（不锈钢）系统的载流磨损，得出了受电弓材料的载流摩擦磨损特性，发现摩擦配副在无电流条件下时磨损量均最低，且随着负载、电流的增大而增大。董霖认为在滑动接触过程中，当电流通过时，由于接触副实际接触面积小，使得接触点的温度远大于周边温度，从而增大了热磨损；当电流较大时，电弧放电还会加剧接触副的烧烛磨损，同样加大了摩擦配副的磨损。电流增大，接触区温度升高，导致接触点处的材料出现软化、液化、甚至气化，从而使得摩擦因数降低[14]。

2. 速度的影响

同一载流摩擦副在不同速度等级下的载流摩擦磨损性能也有差异。有关速度对摩擦副载流摩擦磨损性能的影响，关注重点为速度变化对接触副摩擦系数、电弧放电能量和磨损率的影响。

Bouchoucha 研究了速度变化对铜-不锈钢配副载流摩擦磨损性能的影响。研究发现：低速时（$0.25 \leqslant v \leqslant 1.2$ m/s），摩擦系数和磨损率随着速度的增加而增加。中速时（$1.2 \leqslant v \leqslant 5$ m/s），摩擦系数和磨损率随速度的增加而减小。高速时（$5 \leqslant v \leqslant 7.2$ m/s），摩擦系数和磨损率保持在一个相对稳定的范围[15]。

宋联美等研究了 C/C 复合材料在不同滑动速度下的摩擦磨损性能。研究表明：当接触压力一定时，材料的摩擦磨损性能随滑动速度的增加先保持良好随后趋于恶化；随着摩擦副接触表面温度的升高，C/C 复合材料的基体开始因氧化而流失，炭纤维脱落形成磨屑，使得摩擦表面的磨粒磨损加剧[16]。

3. 接触压力的影响

多数研究认为：磨损率随接触压力的增加呈现 U 形变化。在研究接触压力对接触副摩擦磨损性能影响时，关注的焦点是接触压力对材料磨损量和载流效率的影响。

Yasar 研究了接触压力对铜-石墨粉末冶金炭刷载流摩擦磨损特性的影响。研究发现：接触压力过高时，炭刷或接触表面的磨损率将上升；当接触压力较小时会出现电弧放电且接触副间电压降将增加。当接触小于 3 N 或大于 12 N 时，材料的磨损最为严重；接触压力小于 3 N 时，材料主要以电弧烧蚀为主，接触压大于 12 N 时，材料的磨损主要以磨粒磨损为主；接触压力为 3 ~ 12 N 时，材料的磨损随着接触压力的增加而减小[17]。

凤仪等研究了接触压力对炭纤维-铜-石墨复合材料载流摩擦性能的影响。研究发现：当没有加载电流时（纯机械摩擦），复合材料的磨损体积与接触压力成正比；当加载电流时，复合材料的磨损体积随接触压力的增加呈现 U 形变化。当接触压力过小时，电刷跳动时产生的火花导致炭纤维-铜-石墨复合材料出现火花磨损，使得材料磨损严重；而当接触压力过大时，电刷和换向器之间所形成的润滑膜将被破坏，接触副间的犁削作用和黏着磨损又将使得材料的磨损体积迅速增加。在研究压力对碳纳米管-银-石墨复合材料接触电压降的影响时发现：当接触压力较小时（10 N/cm^2，5 N/cm^2），摩擦副因电刷跳动而产生火花，电弧侵蚀使得接触面粗糙度变大，复合材料电刷的电压降较大；而随着接触压力的增加，电火花出现的频次降低的同时增大了电刷和换向器的实际接触面积，进而使得电刷的接触电压降减小[18]。

4. 电弧放电的影响

当摩擦副因振动、覆冰等因素接触不良时，电弧放电可能形成。电弧对磨损的作用主要是温度的影响，电弧放电产生的高温导致了金属的熔化、气化，以及剧烈的氧化现象，而磨损率取决于电弧释放的密度和持续的时间长短。

T. Ding 等通过销-盘试验机研究了纯炭滑块与铜接触线对摩时，电弧放电对接触副摩擦磨损的影响。研究发现：电弧放电的强度随电流的增加而增大；滑块磨损体积的增加主要受接触副的高温和电弧放电的影响；在接触副温度相同的情况下，出现电弧放电时炭滑块的磨损量比没有出现电弧放电时的磨损量大。试验初期，接触副摩擦系数因磨屑的积累而增加，随着时间的增加接触副表面因焦耳热和摩擦热的聚集使得摩擦系数降低。在研究炭滑块与铜接触线高速相对滑动过程中炭滑块的电弧侵烛特性时发现：电弧放电对滑块的摩擦磨损有重要影响，接触副的摩擦系数随电弧强度的增加而降低；电弧放电时炭滑块的磨损率是没有电弧放电时的 3 ~ 14 倍；由电弧放电引起的电弧侵蚀和氧化磨损是滑板的主要磨损形式[19]。

冀盛亚等对铜基粉末冶金材料/络青铜摩擦副的载流摩擦学特性、起弧原因、电弧能量与载流效率和载流稳定性的关系，电弧侵蚀机理进行了研究与探讨。研究表明：电流、载荷、速度对电弧放电的能量有显著影响；电流是摩擦副之间产生电弧的必要条件，电弧放电能量随着电流的增加而增加；速度对电弧的强度和发生频率也有影响，都随速度的增加而增大；摩擦副表面的粗糙度对系统起弧有影响，表面越粗糙越容易起弧，电弧放电的能量也越高；同样表面越光滑其燃弧时间越长，电弧放电能量也越高。电弧能量大小影响系统载流效率和载流稳定性：放电频率较为均匀、电弧放电能量较小时，系统的载流效率及载流稳定性较好；电弧瞬时放电能量较高时，系统的载流效率会迅速减小[20]。

5. 材料的影响

不同材质的摩擦副，其摩擦磨损性能迥异。目前，针对不同的摩擦副材料，大量的试验被用于研究其载流摩擦磨损性能的差异。以求针对具体应用对象，找到性能最佳的材料配对。

Kubota 等试验对比了 3 种类型 C/C 复合材料，在相对滑动速度为 55.6 m/s、接触压力为 59N、电流在 100A ~ 500A 变化时 C/C 复合材料的载流摩擦磨损特性。研究结果表明：C/C 复合材料的磨损率正比于电弧放电量；与含有低强度炭纤维的 C/C 复合材料滑块相比，含有高强度炭纤维的 C/C 复合材料滑块有较小的导热性，并且更容易出现氧化热解和分解；在电弧放电工况下，有高强度炭纤维的 C/C 复合材料滑块更容易磨损。增强炭纤维在电弧放电的条件并没有减小磨损的作用[21]。

李克敏等采用粉末冶金法制备了 SiC/C-Cu 复合材料，并研究了载流条件下 SiC 颗粒含量对 SiC/C-Cu 复合材料摩擦磨损性能的影响。研究结果表明：C-Cu 复合材料中 SiC 颗粒含量的增加会使材料的导电率降低；随着 SiC 颗粒含量的增加，材料的磨损量呈先降低后升高的趋势；当 SiC/C-Cu 复合材料含 2%SiC（质量分数）时材料具有优异的抗载流磨损性能；随着速度和电流的增加接触副摩擦系数均呈先升高后下降的趋势[22, 23]。

李雪飞等在对比石墨粒度对 C/Cu 复合材料载流摩擦磨损性能影响时发现：与采用 150 μm 石墨颗粒制备的 C/Cu 复合材料相比，采用 45 μm 石墨颗粒制备的 C/Cu 复合材料有较好的力学性能和摩擦磨损性能，并且在抑制电弧产生方面性能更加优良。在对比 MoS_2 含量对铜基粉末冶金滑板载流摩擦磨损性能影响时发现：铜基粉末冶金材料中加入适量 MoS_2 对降低铜基粉末冶金/络青铜接触副摩擦系数和铜基粉末冶金材料磨损率有明显的作用[24]。

6. 环境对摩擦磨损的影响

电滑动接触所处的环境对接触副的摩擦磨损性能有重要影响，在特定环境下进行的载流摩擦磨损试验所得到的结论与一般环境中得到的结论往往有很大差异。

Bouchoucha 等研究了电场对铜/钢滑动电接触磨损特性的影响。研究发现：在有氧化反应发生的环境中（空气），电场和其方向对材料的摩擦磨损有重要影响；在没有氧化反应发生的环境中（氦气），电场对接触副的摩擦磨损性能没有显著影响。电场随着电流、速度、接触电阻的增加而增加，随着接触压力的增加而减小；在电滑动过程中，电场增加了位于正极的接触线表面氧化层的生成速率；但如果接触线位于负极，在其接触表面将出现铁的氧化物和硬的氧化络磨粒，送些硬粒子将加剧材料的磨损[25]。

Z.L. Hu 等研究了炭刷/铜换向器摩擦副中电流强度、湿度对炭刷磨损率的影响。研究表明：炭刷表面氧化膜的厚度随着电流的增加而增大。氧化膜对炭刷的磨损有重要影响：相对湿度为 10%时，炭刷表明不会形成氧化膜，炭刷磨损率也较高；相对湿度为 50%的环境中，炭刷表面可形成氧化膜，此氧化膜起到了润滑作用，炭刷的磨损率很低，但过厚的氧化膜又将导致接触电阻的增大进而使炭刷磨损率增加[26]。

孙乐民等对比研究空气和氮气环境下 C/C 复合材料载流摩擦磨损特性。研究发现：相对于空气环境下，在氮气环境下材料的摩擦系数比较高，但材料的磨损率比较低。这是由于空气中氧气的存在一方面加剧了碳滑板的氧化磨损，增大了滑板的磨损率；另一方面在接触副表面生成的氧化膜又使得接触副的摩擦系数降低[27]。

7. 其他因素对摩擦磨损的影响

H.J. Yang 研究了载流工况下炭滑块与铜银合金接触线对摩时，振动对炭滑块摩擦磨损的影响。研究发现：摩擦系数随振动加速度增加而减小，炭滑块磨损率及电弧放电能量随振动加速度的增大而增加；炭滑块的导电性能随振动加速度的增加而变差。试验还发现：增加炭滑块与接触线间的接触压力可减少电弧放电出现的频率并降低电弧放电的平均能量；滑块的磨损率随着接触压力的增加先增加后减小，滑块磨损率在接触压力等于 100 N 时最小；随着电弧放电能量的增加，滑块的磨损率稳步增加；当滑块与接触线的接触压力较小时，滑板的主要磨损机制为电弧侵蚀，并伴有黏着磨损和材料转移发生；当滑块与接触线接触压力较大时，滑块的主要磨损机制为机械磨损。在研究速度变化对滑块摩擦磨损影响时发现：电流为 250 A 相对滑动速度超过 250 km/h 时，滑块的主要磨损机制为磨粒磨损和电弧侵蚀磨损[28]。

陈光雄等研究了滑板与接触线对摩时滑块的倾斜角度对其摩擦磨损性能的影响。作者认为；与滑块没有倾斜角时相比，滑块存在倾斜角时其与接触线的接触面积将减小，在接触压力不变的情况下，滑块与接触线的接触压强将增大。接触压强增加有利于抑制电弧放电发生，进而减轻了滑块的磨耗；滑块与接触线的接触压力对电弧放电有重要影响，增加接触压力可以有效地抑制电弧并减小滑板的磨损。在观察电流波形时发现，电弧放电严重时电流的波形将出现扭曲[29]。

3.2.3 弓网载流摩擦磨损

列车运营速度大幅提高给人们出行提供便利的同时也带来了许多技术上亟须解决的问题，如轮轨关系中脱轨机理的研究、轮轨滚动接触疲劳研究、弓网异常磨损研究等。其中列车弓网异常磨损问题备受关注。列车提速后，弓网系统振动加剧，弓网稳定性变差，从而导致离线现象增加，电弧放电频繁。因而随着列车速度的提高有关受电弓滑板材料与接触线的异常磨损、弓网离线与离线电弧、弓网系统载流的稳定性和弓网的跟随性等问题更为凸显。因此，研究受电弓滑板/接触线动态磨损特性（接触电阻变化、温度变化、材料转移和材料异常磨损机理），一方面是对载流摩擦磨损基础理论体系的补充与完善，另一方面对揭示高速弓网的接触特性，提高机车的受流稳定性、减轻受电弓滑板材料的磨损有重要的现实意义和经济价值。

电气化铁路受电弓/接触网系统的载流摩擦磨损性能是直接影响弓网系统能否正常运行的关键因素，并直接影响电力机车的动力供应和接触副维修成本。因此，弓网系统的受流质量及摩擦磨损性能研究一直得到国内外学者的广泛关注。

载流摩擦磨损过程中，影响滑板和接触线磨损的因素众多，主要有：传输电流的大小、滑动速度、接触压力、材料表面接触状态、材料种类与特性、外界环境因素以及系统稳定性等。接触线/受电弓在运动中的磨损过程如图 3.1 所示。从该图中可以看出材料磨损是循环增加的过程，在众多因素的影响下接触材料将产生黏着磨损，当材料表面有硬质点存在时材料表面产生切削磨损，反复磨损过程中也将产生疲劳磨损，系统不稳定时也会产生振动冲击磨损。系统离线产生的高温可能使材料出现烙融、喷溅现象。

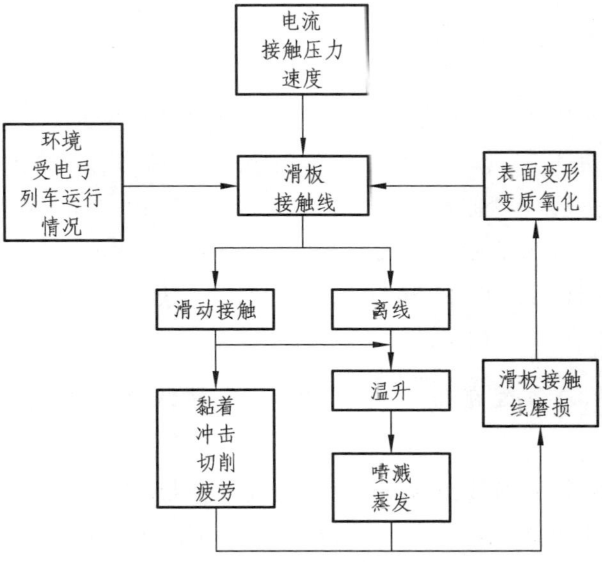

图 3.1　滑板与接触线磨损过程

3.3 弓网载流摩擦磨损特性分析

弓网载流摩擦磨损特性主要通过摩擦系数、磨损率以及表面微观形貌来共同表征，在探究各个影响因素对弓网载流摩擦磨损特性的影响时，应该分别对摩擦系数、磨损率、表面微观形貌展开分析。

1. 弓网载流摩擦磨损特性受接触力影响

影响电气化铁路列车运行速度的一项主要技术指标是弓/网间的受流质量，而受流质量主要受列车在高速运行下受电弓/接触网振动影响，振动过大则造成受电弓/接触线的离线，摩擦副材料的损伤，严重时造成接触网断线，以致造成事故。因此研究弓/网接触副的弹性及接触副间的接触力，对减小接触振动和降低摩擦副磨损有重要的意义。

1）不同弹簧刚度下，不锈钢/浸金属炭载流摩擦磨损试验

试验采用不锈钢作为盘试样，浸金属炭作为销试样，在直流销-盘摩擦磨损试验机上进行。在销试样顶端加上了支撑弹簧，通过改变弹簧的支撑刚度来改变销-盘间的接触刚度。本节通过研究不同支撑刚度下摩擦系数、销试样的磨损量（率），通过观察分析磨损后试样的表面形貌，分析其损伤机理。

不同弹簧刚度下，不锈钢/浸金属炭载流摩擦磨损试验是在直流摩擦磨损试验机上进行。每种工况均在法向载荷 $F_n = 80$ N、运行时间 $t = 1$ h 下完成。试验选取弹簧刚度 $k = 2\ 000$ N/m、12 000 N/m、19 000 N/m、25 000 N/m、35 000 N/m、46 000 N/m，以及刚性（∞）；电流强度 $I = 10$ A、30 A、50 A、70 A；滑动速度 $v = 30$ km/h、40 km/h、50 km/h、60 km/h、70 km/h。

2）不同法向载荷下受电弓滑板/接触线滑动接触过程中的摩擦磨损性能

通过研究弹簧刚度对受电弓/接触线摩擦磨损性能的影响，发现存在一个适当的弹簧刚度 $k = 19\ 000$ N/m，在此支撑刚度条件下，受电弓滑板/接触线配副的摩擦系数较小，销试样材料磨损量较低，且材料

表面损伤较轻。选取弹簧刚度 $k = 19\,000$ N/m，法向载荷 $F_n = 40$ N、80 N、120 N、160 N 和 200 N，速度 $v = 30$ km/h、50 km/h、70 km/h，电流 $I = 0$ A、10 A、30 A 和 50 A，研究不同法向载荷下受电弓滑板/接触线滑动接触过程中的摩擦磨损性能。

2. 弓网载流摩擦磨损特性受电弧影响

弓网电弧是指由于接触线的不平顺、接触网振动、受电弓弓头的振动、轨道的不平顺等多种因素的影响，受电弓滑板与接触导线在相对高速滑动中分离而产生的气体放电现象。弓网电弧对接触线和受电弓滑板的侵蚀会对接触线和受电弓滑板材料产生不同程度的损坏。电弧产生的磨耗造成接触线和受电弓滑板的凹凸不平，加剧接触表面电流不规则地分布，在接触表面产生过热点和小的熔接现象。机车的高速运行，使得熔接点瞬间脱落，造成接触线和受电弓滑板严重损坏。侵蚀和磨耗轻则影响弓网稳定受流，损坏接触导线和受电弓滑板，增加维修工作量，重则导致接触线断裂，造成机车运行事故。就载流摩擦磨损的过程中出现火花放电和电弧放电两种现象，我们展开如下实验，探究电弧对载流摩擦磨损特性的影响。

1）放电现象有无对摩擦磨损特性影响

机械振动或电滑动过程中不均匀磨损引起的销-盘摩擦副接触不平顺，将导致销-盘试样之间接触间隙增加，引起接触电阻变大，从而导致接触点处间隙电压的升高。当接触副间电压大于或者等于间隙气体的最小击穿电压时，间隙间气体开始电离产生正负离子，阴极负离子向阳极移动，形成电流，这个过程就是气体放电形成的过程。

2）不同放电现象对摩擦磨损特性影响

载流摩擦磨损的过程中会出现火花放电和电弧放电两种现象。在销-盘滑动电接触过程中，销-盘接触副离线，将导致接触副间气体被击穿，形成放电。接触副的极性、接触面积和材料特性是造成不同放电现象的主要原因。其放电强度随着电流和速度的增加而增大，随着法向载荷的增加而减弱，随着弹簧刚度的增加而先减弱后增强。

3. 弓网载流摩擦磨损特性受温度影响

弓网系统受电弓滑板在接触导线上高速滑过程中，电流的通过使得材料摩擦表面产生了电阻热和电弧热，加上本来的摩擦热使得摩擦副的表面温度显著升高，温度的增加导致摩擦副磨损的加剧。受电弓滑板/接触导线的摩擦磨损性能直接影响其使用寿命、材料的更换费用及电力机车的稳定运行。开展如下实验探究温度对弓网载流摩擦磨损特性的影响。

4. 接触副温升对受电弓滑板/接触线摩擦磨损影响

试验在改进的直流载流摩擦磨损试验机上进行，采用单销接触的模式，使用热电偶温控仪对加热器进行控制，实现不同温度下炭滑板/铜接触线摩擦副的载流摩擦磨损试验，配合高精度的红外测温仪，来研究温度及电流对摩擦磨损性能的影响，并用扫描电镜观察和分析磨损前后的滑板试样的表面磨痕形貌。试验选取参数：电流强度 I = 0 A、10 A、30 A、50 A、70 A；滑动速度 v = 70 km/h；温度 T = 100 °C、160 °C、220 °C、260 °C、300 °C 和室温；滑动距离 S = 30 km、60 km、90 km 和 180 km。

3.3.1 摩擦系数

1. 不同弹簧刚度下，不锈钢/浸金属炭载流摩擦磨损试验

图 3.2（a）显示了无电流时摩擦系数随弹簧刚度的变化。摩擦系数开始 5 ~ 10 min 有明显的上升趋势，随着时间的延续，增加的趋势开始减小，最后摩擦系数变得平稳，并趋向稳定。与此同时，发现刚性时摩擦系数最小，随着弹簧刚度的减小，摩擦系数逐渐减小。

图 3.2（b）显示了电流 I = 30 A 时摩擦系数随弹簧刚度的变化。刚性时，接触副振动剧烈，摩擦系数随时间变化波动较大，施加弹簧后，接触副振动减轻，摩擦系数变化曲线相对平缓。

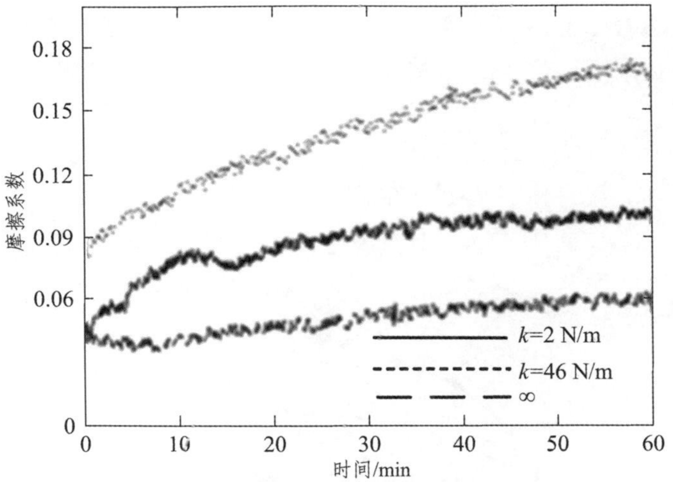

（a）无电流时摩擦系数随时间变化曲线

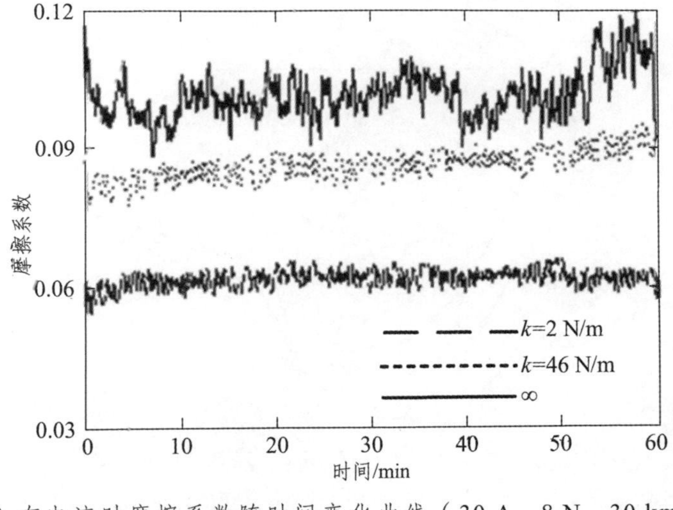

（b）有电流时摩擦系数随时间变化曲线（30 A，8 N，30 km/h）

图 3.2　不同刚度下摩擦系数随时间变化曲线

为了使图形便于观察，文中使用摩擦系数平均值进行表征。无电流时，摩擦系数增大的幅度较大，摩擦系数平均值不准确；而有电流时，摩擦系数随时间的变化曲线比较平缓，平均值基本反映此工况下的摩擦系数大小。图 3.3 显示了有电流时摩擦系数平均值随弹簧刚度的变化。有电流时，摩擦系数较小，一般在 0.10 左右波动。低速或小电流时，摩擦系数随着弹簧刚度的变化呈现上升的趋势，高速或大电流时摩擦系数随着弹簧刚度的增加，摩擦系数先减小后增大，最后趋向平缓。

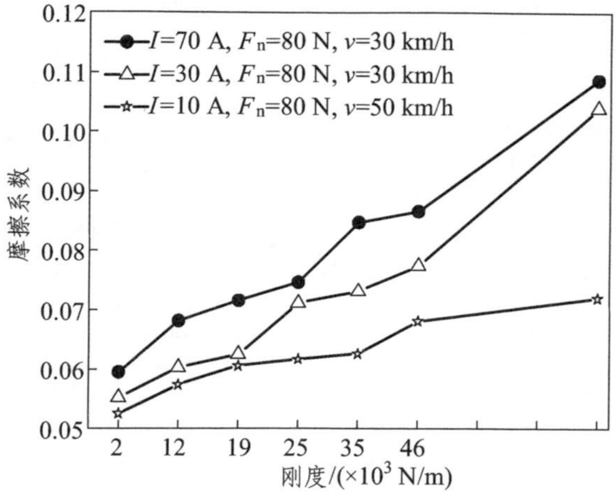

（a）低速或小电流时

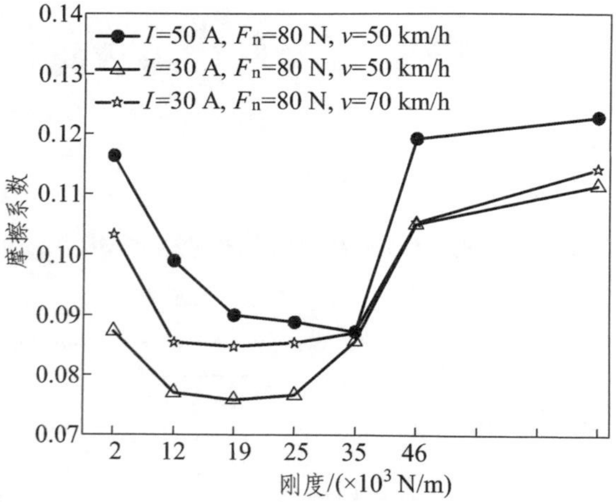

（b）高速或大电流时

图 3.3 有电流时摩擦系数随刚度的变化

2. 不同法向载荷下受电弓滑板/接触线滑动接触过程中的摩擦磨损性能

图 3.4 显示了载流时，摩擦系数随着法向载荷的变化。从图中可以看出，电流一定时，随着法向载荷的增加，摩擦系数不断减小，160 N

后开始基本趋于稳定。

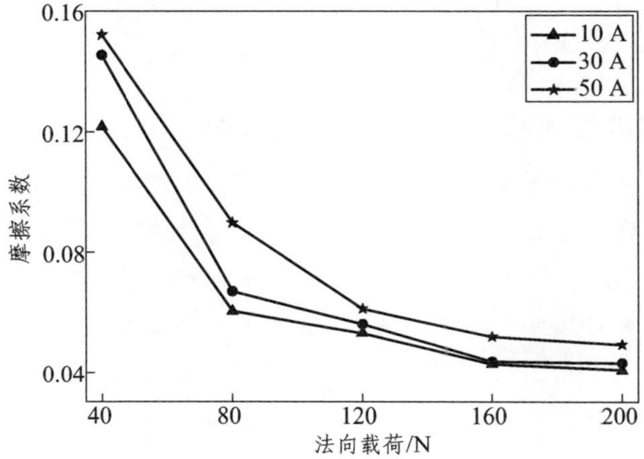

图 3.4 摩擦系数随法向载荷的变化（v = 50 km/h）

3. 放电现象有无对摩擦磨损特性影响

图 3.5 显示了接触副摩擦系数随放电现象的变化情况，从图中可以看出，摩擦系数随时间的变化存在一个上升的过程和一个稳定的阶段；无放电时摩擦系数随时间变化波动不大，有放电现象出现时摩擦

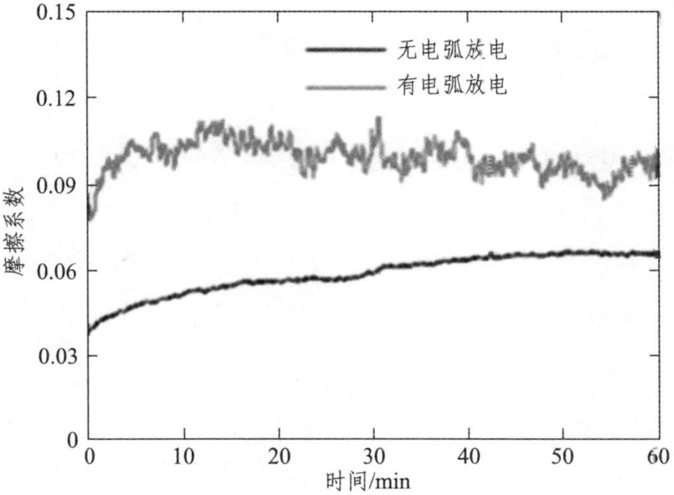

图 3.5 有无放电时摩擦系数的变化

（I = 30 A，F_n = 80 N，v = 70 km/h，k = 2 N/mm）

系数随时间的变化波动较大。其原因是放电现象产生后，摩擦表面的接触特性从初始状态转换为表面破坏状态，造成了摩擦系数上升，接触副间磨屑的形成及排出造成了摩擦系数的波动。

4. 不同放电现象对摩擦磨损特性影响

图 3.6 显示了不同放电现象下，接触副摩擦系数变化情况。刚开始摩擦系数有明显的上升趋势，随后时间的增加摩擦系数增加变得缓慢，最后基本趋向平稳，且随着时间增加摩擦系数波动幅度不大。因此，放电现象对接触副摩擦系数的变化特性的影响不明显。

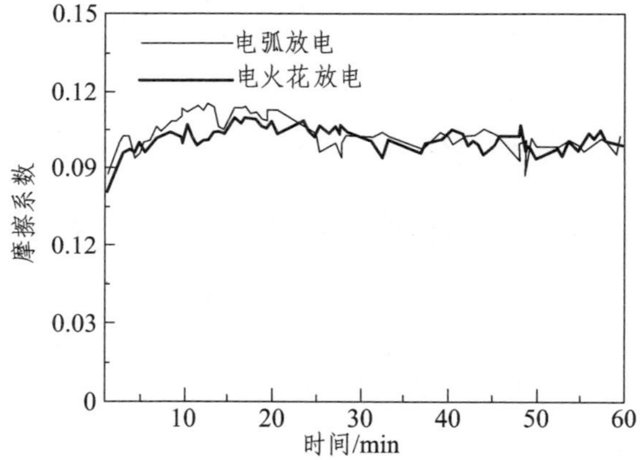

图 3.6 不同放电现象时摩擦系数随时间的变化

（I = 30 A，F_n = 80 N，v = 70 km/h，k = 2 N/mm）

5. 接触副温升对受电弓滑板/接触线摩擦磨损影响

图 3.7 显示了有、无电流时，摩擦系数随接触副温度的变化。有电流时，摩擦系数相对较小，一般在 0.936 6 ~ 0.134 2 波动。从图 3.7（a）中可以看出，无电流时，随着温度升高，起初摩擦系数稍微增加，160 °C 以后随着温度升高，摩擦系数开始减小，最后趋向稳定。从图 3.7（b）中可以看出，电流 I = 50 A 时，摩擦系数随着温度的升高开始迅速下降，260 °C 以后摩擦系数下降趋向平缓。其原因是：$T \leqslant 160$ °C 时，温度造成接触表面材料的软化，滑动摩擦的过程中发生材料的黏着，所以摩擦系数增大，随着温度的继续增加，$T \geqslant 160$ °C 时，表面材料在高温下被氧化，氧化膜的润滑作用使得摩擦系数开始减小，而

温度达到 300 °C 左右时，氧化膜的形成和破坏达到动态平衡后，摩擦系数基本趋向稳定。

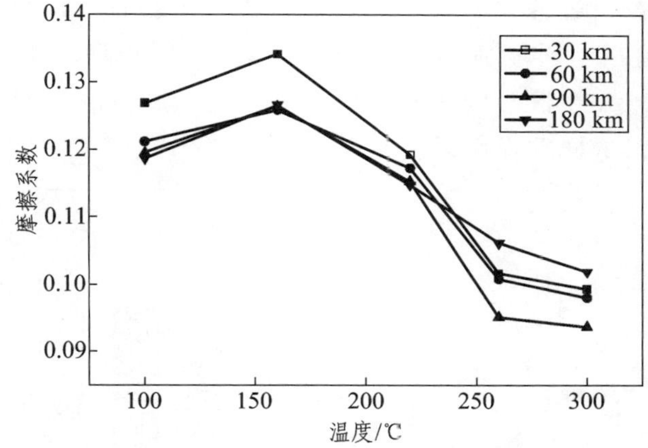

（a）$I = 0$ A

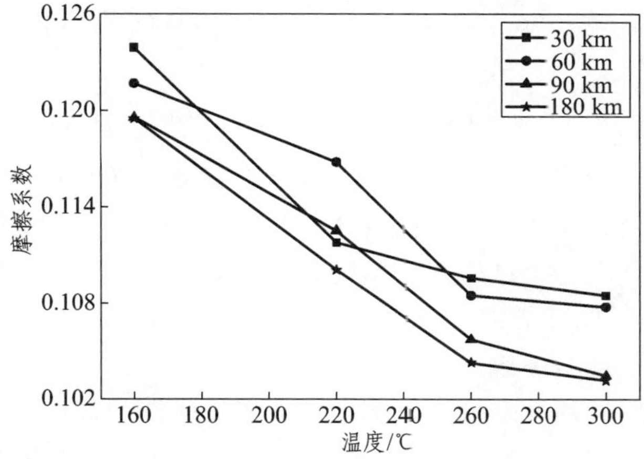

（b）$I = 50$ A

图 3.7 有无电流时摩擦系数随温度的变化
（$v = 70$ km/h，$F_n = 55$ N，$k = 19$ N/mm）

3.3.2 磨损率

1. 不同弹簧刚度下，不锈钢/浸金属炭载流摩擦磨损试验

图 3.8 显示了无电流时，销试样磨损率随弹簧刚度的变化基本呈

现增加的趋势。刚性时磨损率最高达到了 0.020 g/h，弹性条件下磨损率开始显著降低，一般在 0.007～0.014 g/h。刚性时，接触副振动较为剧烈，摩擦磨损过程中磨屑容易排出，新的接触面又开始磨损，循环往复，导致磨损不断增加；而弹性时销/盘试样间振动较小，接触较好，磨屑无法排出并在接触副间起到保护的作用，此时磨损相对较小。因此，刚性时销试样磨损率最高。

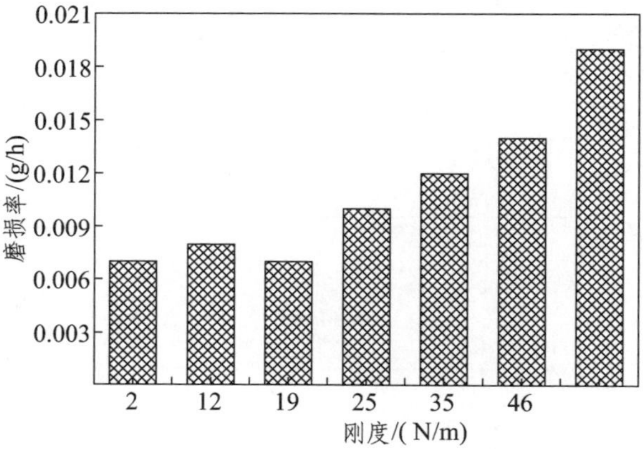

图 3.8　无电流时磨损率随刚度的变化（v = 50 km/h）

图 3.9 显示有电流时，销试样磨损率随弹簧刚度的变化。刚性条件下销试样磨损率最高，弹性条件下磨损率显著减小。低速或小电流时，刚性条件下的销试样磨损率是弹性时的 8~10 倍，且弹性下，销试样磨损率比较稳定，一般在 0.07 g/h 左右波动，当弹簧刚度 k = 19 000 N/m 时磨损率最小，仅仅为 0.022 g/h，如图 3.9（a）所示。高速或大电流时，刚性条件下销试样磨损率是弹性时磨损率的 2～5 倍。弹簧太软（k = 2 000 N/m）或太硬（k = 46 000 N/m）时销试样的磨损率（0.550 g/h 以上）都较大，且磨损率波动幅度较大。且磨损率随着弹簧刚度的增加先减小后增大，适当刚度 k = 19 000 N/m 时，销试样的磨损率最小，仅仅为 0.801 g/h，如图 3.9（b）所示。

试验发现，当 k = 19 000 N/m 时，销-盘试样间的振动微弱，振幅最小，此时销盘接触副间的结合最好，引起销-盘之间产生离线更少，导致接触副间的放电现象最弱，电弧放电引起的电弧烧蚀和高温氧化磨损是导致接触副材料磨损加剧的主要原因[2, 45, 54, 91, 127]。因此适当弹簧刚度（k = 19 000 N/m）时销试样磨损率最低。

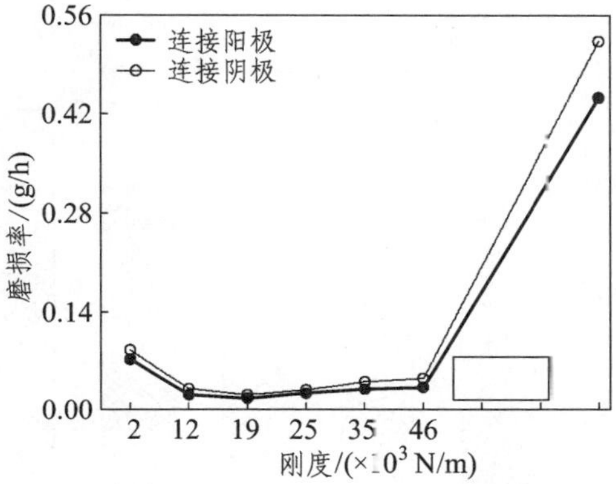

（a）低速度或小电流时

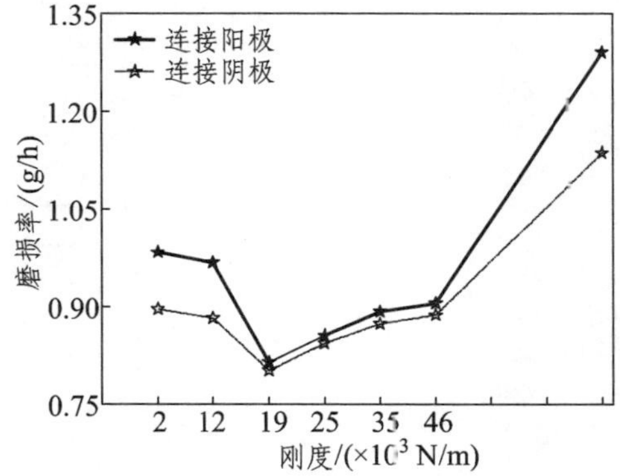

（b）高速或大电流时

图 3.9 有电流时磨损率随刚度的变化

2. 不同法向载荷下受电弓滑板/接触线滑动接触过程中的摩擦磨损性能

图 3.10 显示了有、无电流的情况下，销试样磨损率随着法向载荷的变化。从图 3.10（a）中可知，无电流时，销试样磨损率一般都很低（小于 0.024 g/h），且随着法向载荷的增加而增大。图 3.10（b）显示在电流为 10 A 时，销试样磨损率也很低（大约 0.03 g/h），且随法向载荷的增加，其增加趋势不明显。当电流为 30 A、50 A 时，销试样的磨损率较大（最高达到 0.696 g/h），且随着法向载荷的增加，磨损率

开始显著下降，在 160 N 以后销试样磨损率下降幅度变缓，且基本趋于稳定。

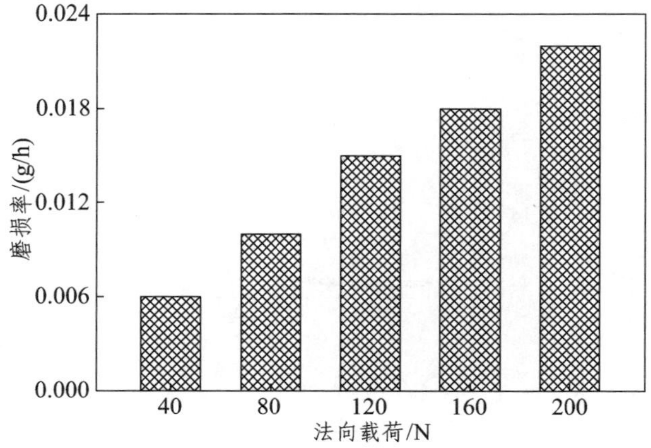

（a）无电流

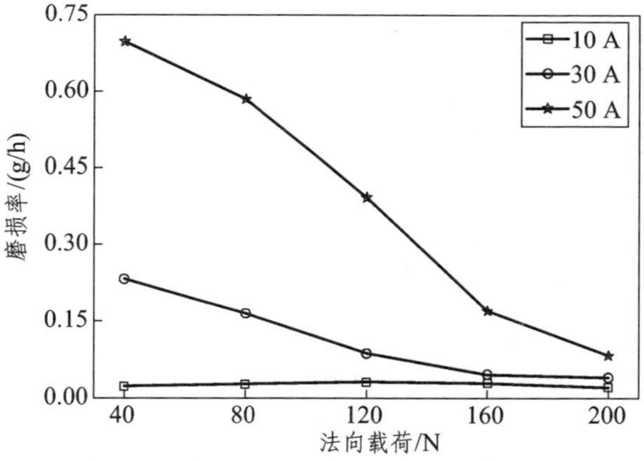

（b）有电流（阳极）

图 3.10　销试样磨损率随法向载荷的变化

3. 放电现象有无对摩擦磨损特性影响

图 3.11 显示了 $I = 30$ A，$F_n = 80$ N，$k = 12$ N/m 时，销试样磨损率随电弧放电的变化关系。从图中可以看出无放电现象发生时，销试样磨损率很低，仅仅只有 0.010 g/h，而有放电现象出现时，销试样磨损率明显增加，且放电越强销试样磨损率增加越大。当 $v = 70$ km/h 时，

销试样磨损率达到 0.784 g/h，几乎达到无放电现象时销试样磨损率的 70 倍以上。因此，放电现象在销试样磨损加剧过程中起着至关重要的作用，放电现象是导致材料磨损加剧主要的因素。

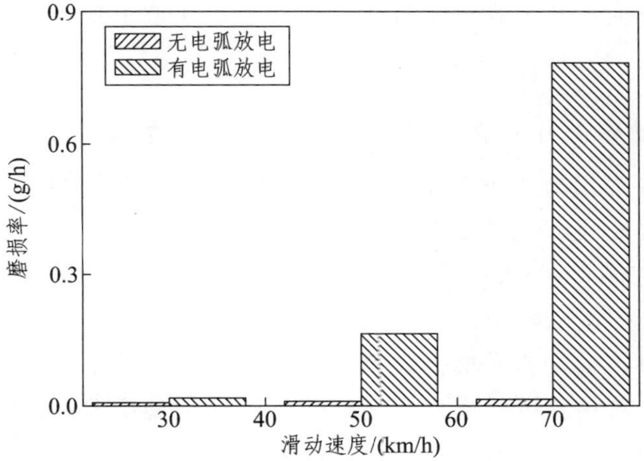

图 3.11　有无放电现象磨损率的变化
（$I = 30$ A，$Fn = 80$ N，$k = 19$ N/m）

4. 不同放电现象对摩擦磨损特性影响

不同放电现象对销试样磨损率的影响如图 3.12 所示。从图中可见，

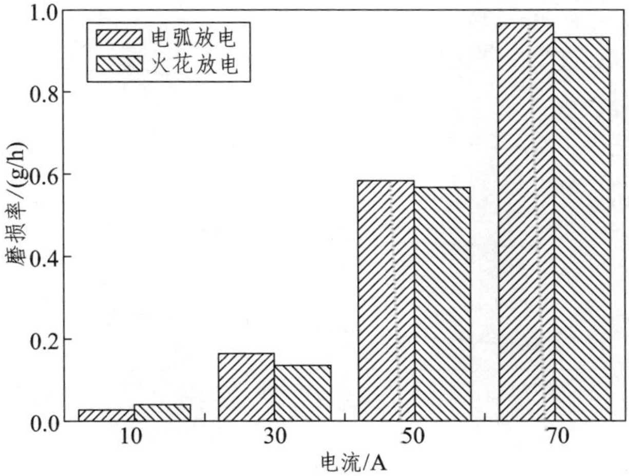

图 3.12　不同放电现象对销试样磨损率的影响
（$F_n = 80$ N，$v = 50$ km/h，$k = 19$ N/mm）

电流为 10 A 时，销试样磨损率很低（大约只有 0.040 g/h），而且火花放电时销试样磨损率略大于电弧放电时销试样的磨损率。随着电流的增加，销试样的磨损率明显增大（大于 0.150 g/h），当电流为 70 A 时销试样的磨损率几乎高达 1.000 g/h，而且电弧放电比火花放电产生的磨损率大。

5. 接触副温升对受电弓滑板/接触线摩擦磨损影响

图 3.13 显示有无电流下接触副温度对炭滑板磨损量的影响，有无电流时炭滑板的磨损量很低，如销-盘相对滑动 180 km 时，磨损量一般在 0.128 5 ~ 0.303 8 g 波动。从图 3.13（a）可以看出：无电流时，销试样的磨损量随着温度的升高，起初缓慢增加，当温度达到 160 °C 以后，增加的幅度明显增大，销试样磨损量也显著增加。温度增加导致材料表面软化和接触表面金属氧化，高速滑动摩擦的过程中剪应力造成了表层的撕裂和材料的剥层；随着剥落块和磨屑的排出，炭滑板材料的磨损量增加。图 3.13（b）显示了电流为 50 A 时，销试样磨损量随接触温度的变化，其变化规律与无电流时销试样磨损量的变化规律基本一致。

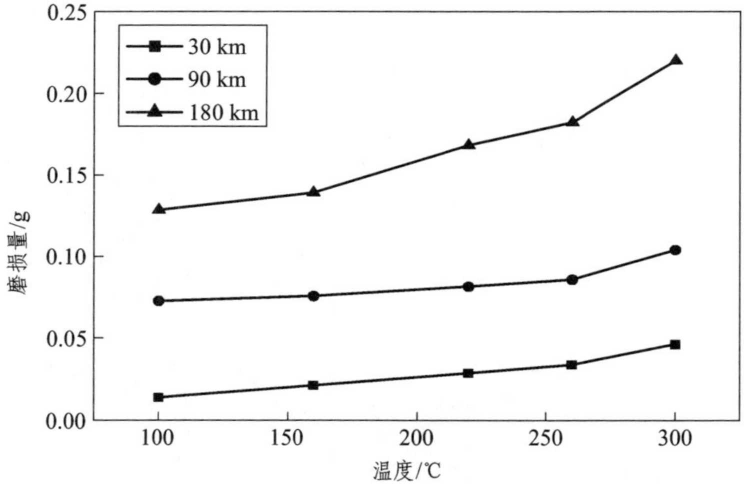

（a）$I = 0$ A

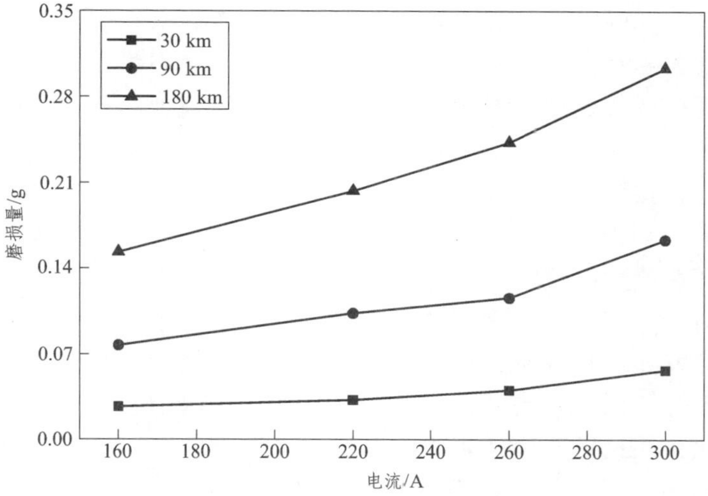

（b）$I = 50$ A

图 3.13　有无电流时，温度对炭滑板磨损量的影响
（$v = 70$ km/h，$F_n = 55$ N，$k = 19$ N/mm）

3.3.3　表面微观形貌

1. 不同弹簧刚度下，不锈钢/浸金属炭载流摩擦磨损试验

图 3.14 显示了两种工况下，销试样磨损表面微观形貌。

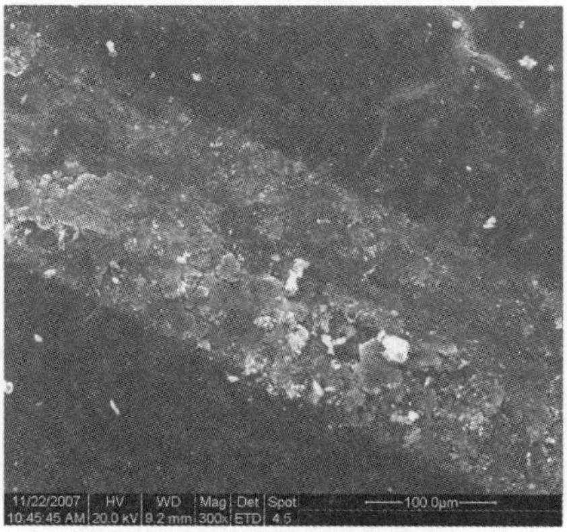

（a）10 A

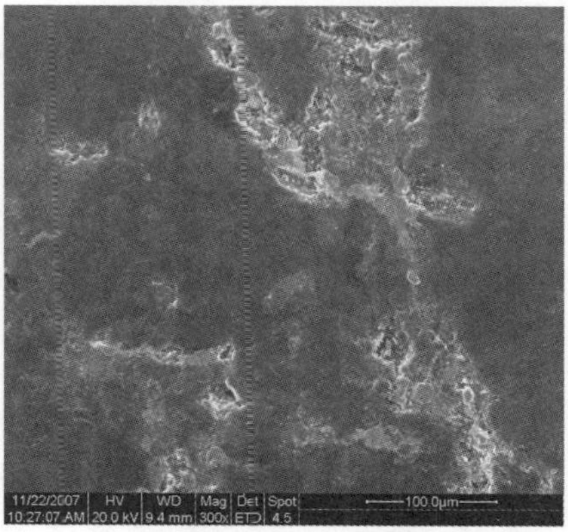

（b）50 A

图 3.14　磨损表面形貌 SEM 照片
（$F_n = 80$ N，$v = 50$ km/h，$k = 45\,000$ N/m，阳极）

从图中可以看出，低速或小电流时磨损表面出现明显的磨痕、磨屑和剥落的脆片，表明此时以磨粒磨损和黏着磨损为主；高速或大电流时出现明显金属的熔融聚积的光亮带、电弧烧蚀的麻点和黏着剥落后的小坑，表明此时以电弧烧蚀和氧化磨损为主。其原因是：低速或小电流时，接触副的高速运动的摩擦热和电流通过时的焦耳热引起表面的熔化和黏着，滑动剪切作用引起表面剥落、磨痕的出现和磨屑的形成；高速或大电流时，浸金属材料中金属铜（Cu）未均匀分布在炭基体材料中，有时会出现铜的集中带，试验中的电弧放电将此处的铜熔化或蒸发，就形成了金属熔融和聚积，并在接触表面形成电弧点蚀的麻坑；与此同时，磨损接触表面间发生了材料的转移，转移来的金属及氧化物在销试样表面熔化，凝结形成磨屑。

图 3.15 显示了销试样磨损表面 EDX 能谱图。不难发现磨损后表

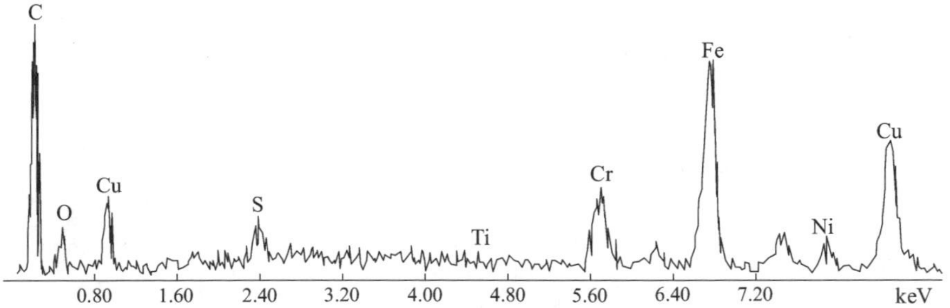

（a）剥落片状磨屑

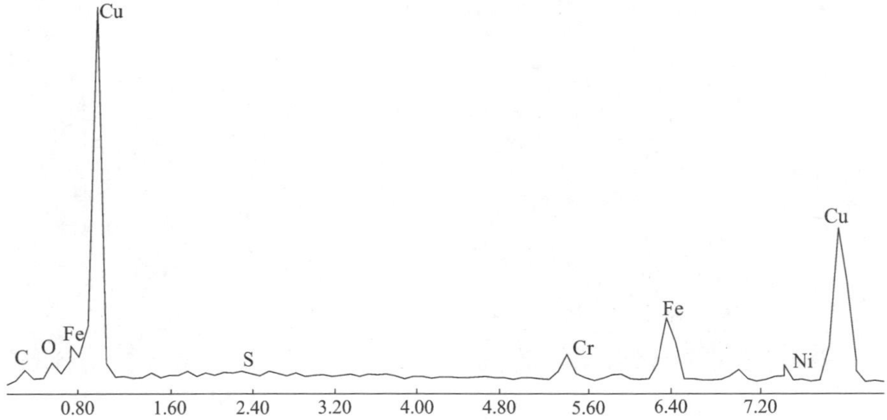

（b）电弧烧蚀的亮线

图 3.15 销试样磨损表面 EDX 图谱

面 Cu 峰、O 峰明显增强，且表面出现了从盘试样转移 Fe、Ni 和 Ti 元素。图 3.15（a）为剥落片状磨屑，高的 Fe 和 Cu 表明此处金属的含量较高，O 峰的升高表面氧化物在此处的集结，且再次表明了摩擦磨损过程中发生了严重的氧化磨损和电弧烧蚀，同时接触副材料表面之间发生了元素的转移。图 3.15（b）中 Cu 峰异常高出，很可能此处为浸金属炭材料的铜带区被电弧烧蚀出现的亮坑。

2. 不同法向载荷下受电弓滑板/接触线滑动接触过程中的摩擦磨损性能

图 3.16 显示了 I = 50 A、v = 50 km/h 时，销试样磨损表面形貌（SEM 图）随法向载荷的变化。从图中可以看出，在法向载荷 F_n = 40 N 时，表面有明显的电弧烧蚀的麻点和深坑，白色的光亮带和金属氧化熔凝[见图 3.16（a）]的迹象；且表面磨痕细小、轻微且有少量的磨屑存在。当 F_n = 80N 时，磨损表面电弧烧蚀亮坑稍有减小[见图 3.16（b）]。在 F_n = 120 N 时，表面电弧烧蚀的坑进一步减轻，而磨痕确变得严重[见图 3.16（c）]。当 F_n = 160 N 时，基本看不到明显的电弧烧蚀的痕迹，但表面磨痕稍有变宽，仅有少量的片状剥落[见图 3.16（d）]存在。在 F_n = 200 N 时，基本无电弧烧蚀的迹象，磨痕进一步变宽，且表面出明显深的剥落坑[见图 3.16（e）]出现。因此，随着法向载荷的增加，表面磨痕逐渐变宽，而电弧烧蚀的迹象逐渐减轻，适当法向载荷 F_n = 160 N 时，销试样表面磨损表面光滑、磨损最轻。

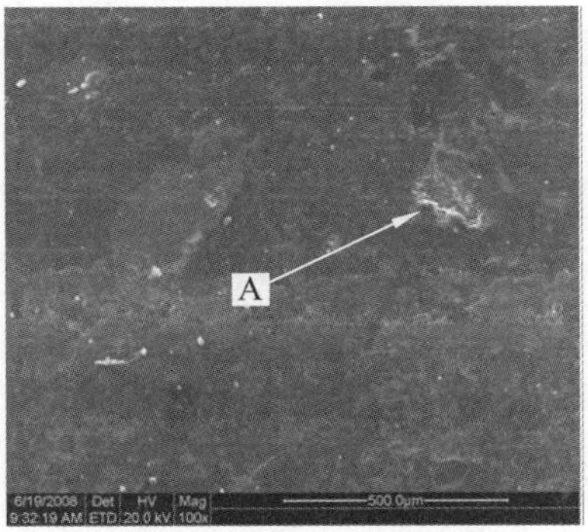

（a）40 N

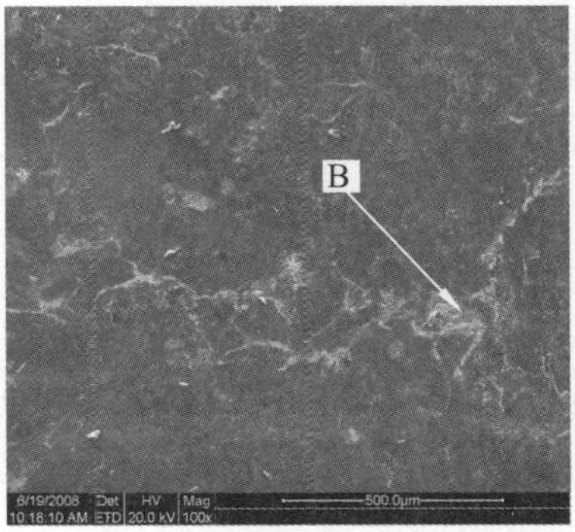

（b）80 N

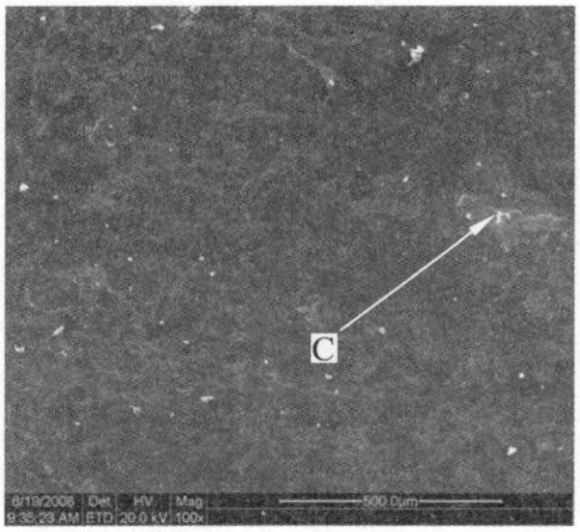

（c）120 N

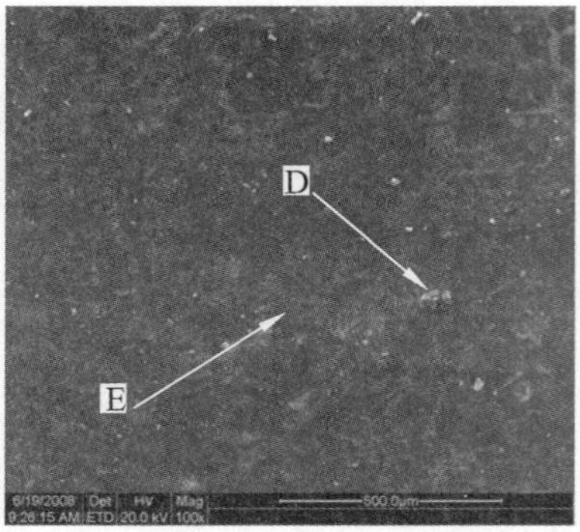

（d）160 N

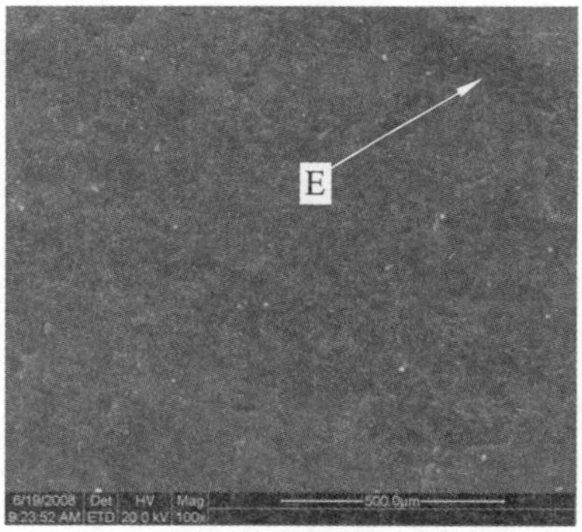

（e）200 N

图 3.16　不同载荷下销试样磨损表面 SEM 图片（$I = 50$ A，$v = 50$ km/h）

3. 放电现象有无对摩擦磨损特性影响

图 3.17 显示了 $v = 70$ km/h，$F_n = 80$ N，$k = 12$ N/mm 时，有无放电现象出现时，表面磨损形貌的变化。从图 3.17（a）看出磨损表面变得平滑，炭材料表面嵌入铜清晰可见，仅有大量的片状磨屑和表面金属磨平的痕迹。从图 3.17（b）看出，磨损表面有少量的犁沟和磨屑外，还存在电弧烧蚀形成的金属的熔凝，还有电弧侵蚀后留下的麻点和亮点。无电弧时，磨损表面比较平滑，磨损较轻；有电流时，磨损面形貌严重恶化，电弧烧蚀引起的材料剥落和颗粒的飞溅是接触副材料磨损加剧的主要原因。这也再次证明了图 3.11 得到的结论：无电弧时磨损率较小，有电弧时磨损显著增加。

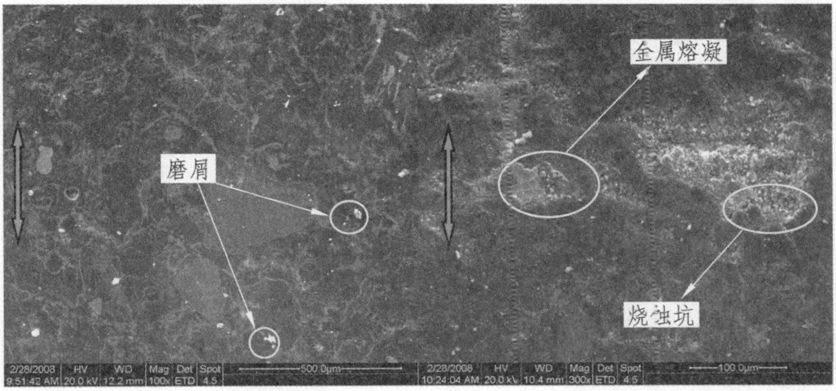

（a）无放电　　（b）有放电

图 3.17　有无放电现象磨损表面形貌

（100×）（v = 70 km/h，Fn = 80 N，k = 12 N/mm）

4. 不同放电现象对摩擦磨损特性影响

图 3.18 显示了 I = 30 A，Fn = 80 N，v = 70 km/h 时，不同放电现象发生时，销试样磨痕表面形貌的变化（箭头表示摩擦副相对运动方向）。

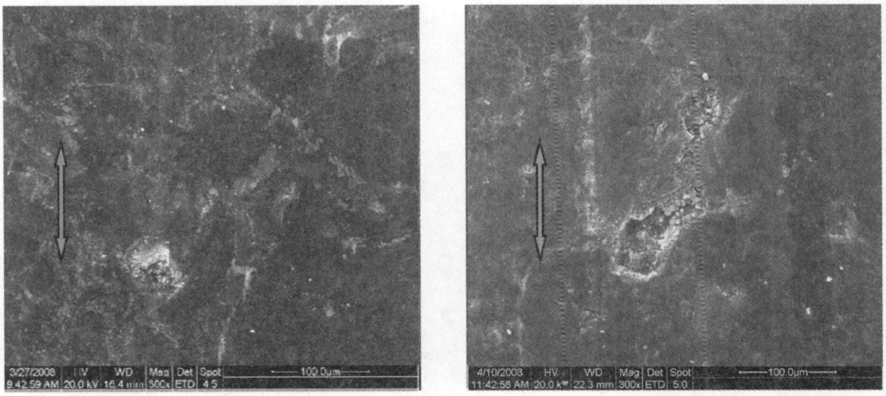

（a）火花放电时　　（b）电弧放电时

图 3.18　不同放电现象对磨损后销试样的表面形貌 SEM

（300×）影响（I = 30 A，F_n = 80 N，v = 70 km/h）

从图中可见，出现电弧放电的试样表面损伤比出现火花放电的试样表面损伤严重。火花放电出现时，销试样磨损表面有明显的金属及氧化物的熔凝与电弧烧蚀的光亮带，及大量的磨屑和轻微的磨痕。电弧放电发生时，试样磨损表面有明显的电弧烧蚀的深坑、麻点及明显的剥落坑，且两个相连的电弧烧蚀坑间出现清晰的裂纹，而表面磨屑相对较少，磨痕隐约可见。不同磨损表面形貌特征说明，火花放电出现时，摩擦副试样的磨损机制主要是电弧烧蚀和氧化磨损，伴随有轻微的磨粒磨损；电弧放电发生时，摩擦副试样的磨损机制主要是电弧烧蚀、氧化磨损、黏着磨损和轻微的磨粒磨损。其原因是：电弧放电时，弧光更为集中的发生在接触副附近或接触副间，电弧侵蚀引起了接触材料脆断脱落使得磨损增加，且表面温度较高引起材料表面的脆性剥落和掉块，随着磨屑的排出也导致了磨损的增加；而火花放电发射的流线和火花相对较远，对销试样材料侵蚀作用相对较少，所以磨损较电弧放电更为轻微。

5. 接触副温升对受电弓滑板/接触线摩擦磨损影响

图 3.19 显示了无电流时，销试样磨损后表面形貌扫描电子显微镜 SEM 照片。从图 3.19（a）中可以看出，磨损表面出现明显的磨痕和大量的磨屑，且有呈片状的脱落块和撕裂裂纹如图中 A、B、C 所示。随着温度的升高，磨损表面磨屑逐渐减少，且磨损表面渐渐光滑。

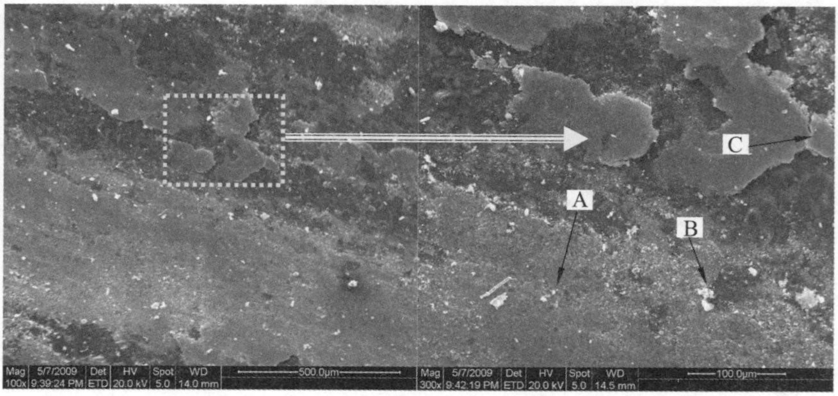

（a）100 °C

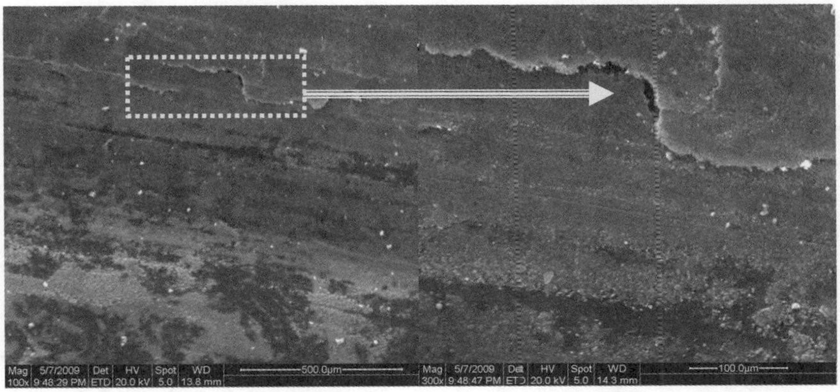

（b）300 °C

图 3.19　磨损表面 SEM 形貌随温度变化

（I = 0 A，v = 70 km/h，S = 180 km）

其原因是：一方面，温度的增加引起销-铜盘试样表层熔化和软化，在法向力和剪应力共同作用下形成层状的光滑的表面；另一方面，高温引起盘试样表层氧化，熔融金属氧化物在摩擦磨损的过程中向销试样转移，法向载荷使得部分磨屑掺杂、熔合到熔融金属及金属氧化物中，接触副在一定压力下的滑动摩擦使得销试样表层形貌变得致密、平滑，且磨屑也相对减少，如图 3.19（b）所示。而滑动过程中的切向力使得接触副材料表层撕裂、脱落形成裂纹和大量的剥落块。

图 3.20 显示了电流 I = 50 A 时，有无加热的销试样磨损表面 SEM 形貌。从图中可以看出，室温下，滑动摩擦方向上出现明显的犁沟、大量的磨屑和电弧烧蚀的亮线和深坑；将温度加热到 300 °C 后，磨损表面除了电弧烧蚀的亮点和深坑外，表面出现高温引起的材料的黏着和撕裂和剥落现象。

有电流时接触副发生放电现象，电弧烧蚀引起的侵蚀和氧化磨损使得销试样磨损量较大；而再加热使温度升高后，表面由于高温磨损造成材料的氧化、撕裂剥落和掉块，随着剥落块和磨屑的排出，导致销试样的磨损量更大，这也证实了图 4.17（b）中显示的有电弧与加热时，销试样磨损明显比仅有电弧烧蚀时销试样磨损量大。

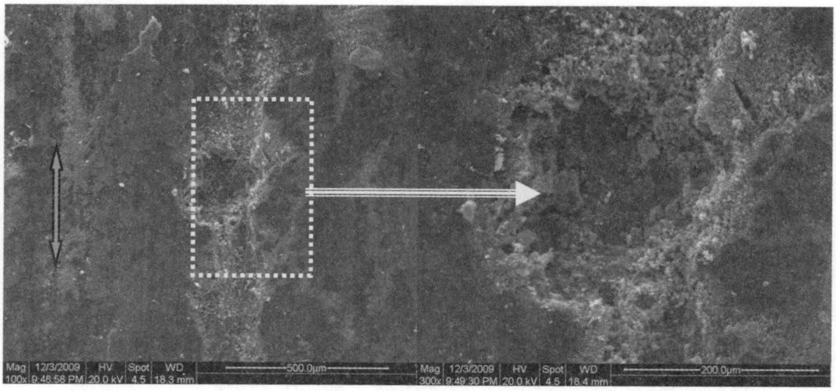

（a）23 °C

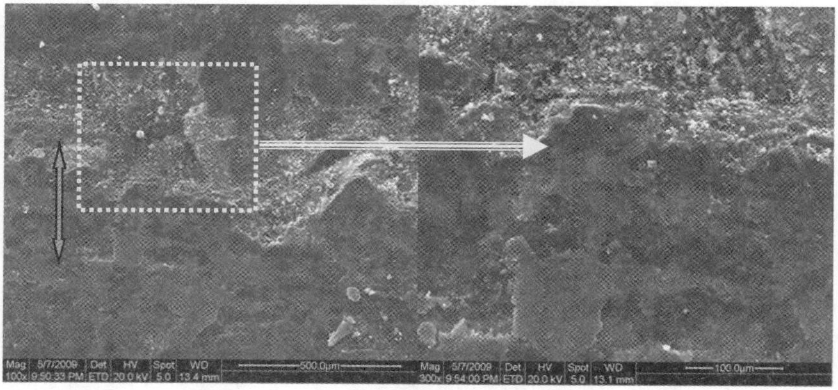

（b）300 °C

图 3.20　不同温度下，磨损表面形貌

（$I = 50$ A，$v = 70$ km/h，$S = 90$ km）

3.4　小　结

本章介绍了摩擦磨损定律以及载流摩擦磨损的特点和影响因素，针对弓网载流摩擦磨损，从其摩擦系数、磨损率和表面微观形貌等方面进行特性分析，主要得到以下结论：

a）低速或小电流时摩擦系数随着弹簧刚度的变化均呈现上升的趋势，高速或大电流时摩擦系数随着弹簧刚度的增加，摩擦系数先减小后增大，最后趋向平缓；电流一定时，随着法向载荷的增加，摩擦系数是不断的减小，160 N 后开始基本趋于稳定；无电流下随着温度升高，起初摩擦系数稍微增加，160 °C 以后随着温度升高，摩擦系数开始减小，最后趋向稳定，电流 $I = 50$ A 时，摩擦系数随着温度的升高开始迅速下降，260 °C 以后摩擦系数下降趋向平缓。

b）电弧放电引起的电弧烧蚀和高温氧化磨损是导致接触副材料磨损加剧的主要原因，适当弹簧刚度时销试样磨损率最低；无电流时，销试样磨损率一般都很低，且随着法向载荷的增加而增大，当电流为 30 A、50 A 时，销试样的磨损率较大，且随着法向载荷的增加，磨损率开始显著下降，在 160 N 以后销试样磨损率下降幅度变缓，且基本趋于稳定；随着电流的增加，销试样的磨损率明显增大，当电流为 70 A 时销试样的磨损率几乎高达 1.000 g/h。

c）摩擦磨损过程中发生了严重的氧化磨损和电弧烧蚀，同时接触副材料表面之间发生了元素的转移；随着法向载荷的增加，表面磨痕逐渐变宽，而电弧烧蚀的迹象逐渐减轻，适当法向载荷 $F_{\mathrm{n}} = 160$ N 时，销试样表面磨损表面光滑、磨损最轻；无电流时，磨损表面比较平滑，磨损较轻；有电流时，磨损面形貌严重恶化，同时电弧烧蚀引起的材料剥落和颗粒的飞溅是接触副材料磨损加剧的主要原因；不同磨损表面形貌特征说明，火花放电出现时，摩擦副试样的磨损机制主要是电弧烧蚀和氧化磨损，伴随有轻微的磨粒磨损；电弧放电发生时，摩擦副试样的磨损机制主要是电弧烧蚀、氧化磨损、黏着磨损和轻微的磨粒磨损。

参考文献

[1] I YASAR,A CANAKCI,F ARSHAN.The effect of brush spring pressure on the wear Behavior of copper-graphite brushes with electrical current[J]. Tribology International, 2007, 40(9): 1381-1386.

[2] 孙乐民，沈向前，张永振. 载流摩擦磨损规律研究[J]. 材料保护，2004，37（7）：131-133.

[3] M MILKOVIC, D Ban.Influence of the pulsating current

amplitude on the dynamic Friction coefficient of electro-graphite brushes[J]. Carbon, 1996, 34(10): 1207-1217.

[4] 李鹏，杜三明，孙乐民，等. 载电条件下铬青铜/纯铜摩擦副摩擦磨损性能研究[J]. 摩擦学学报，2003（3）：250-25.

[5] I T LANDLY. Contact wire wear on electric railroad[J]. AIEE, 1929, 10: 756-759.

[6] 李占君，孙乐民，张永振. 载流摩擦磨损研究现状及前景[J]. 铁道运输与经济，2005（1）：82-84.

[7] 董霖. 载流摩擦磨损机理研究[D]. 成都：西南交通大学，2008.

[8] Y C CHIOU, Y P CHANG, R T LEE. Tribo-electrification mechanism for self-mated Metals in dry severe wear process, part2: pure soft metals[J]. Wear, 2003, 254(7-8): 616 -624.

[9] J WANG, Y FENG, S LI, et al. Influence of graphite content on sliding wear Eharacteristics of CNTs-Ag-G electrical contact materials[J]. Transactions of Nonferrous Metals Society of China, 2009, 19(l): 113-115.

[10] TU J P, QI W X, YANG Y Z, et al. Effect of aging treatment on the electrical sliding wear behavior of Cu-Cr-ZralIoy[J]. Wear, 2002, 249(10): 1021-1027.

[11] 胡艳. 弓网系统在电滑动过程中材料转移特性的试验研究[D]. 成都：西南交通大学，2016.

[12] 丁涛. 电气化铁路受电弓/接触网摩擦磨损性能及电特性研究[D]. 成都：西南交通大学，2010.

[13] S G JIA, P LIU, F Z REN, et al. Sliding wear behavior of copper alloy contact wire against copper-based strip for high-speed electrified railways[J]. Wear, 2007, 262(7-8): 772-777.

[14] 董霖，李丰学，陈光雄，等. 有无电流工况下钢锅复合轨/受电靴的摩擦磨损特性[J]. 润滑与密封，2006（6），36-38.

[15] BOUCHOUCHA A, CHEKROUD S, PAULMIER D. Influence of the electrical sliding speed on friction and wear processes in an electrical contact copper-stainless steel[J]. Applied Surface

Science, 2004, 223(4): 330-342.
[16] 宋联美，张永振，上官宝，等. 碳/碳复合材料的载流摩擦磨损性能及机理[J]. 机械工程材料，2014（09）：76-80.
[17] YASAR I, CANAKCI A, ARSLAN F. The effect of brush spring pressure on the wear behavior of copper-graphite brushes with electrical current[J]. Tribology Intemational, 2007, 40(9): 1381-1386.
[18] 凤仪，张敏，徐吃. 外加载荷对碳纳米管-银-石墨复合材料电磨损性能的影响[J]. 中国有色金属学报，2005，15(10)：1483-1488.
[19] DING T, CHEN G X, BU J, et al. Effect of temperature and arc discharge on friction and wear behaviours of carbon strip/copper contact wire in a pantograph-catenary systems[J]. Wear, 2011, 271(9-10): 1629-1936.
[20] 冀盛亚，孙乐民，刘敬超，等. 电弧能量对铜基粉末冶金/络青铜摩擦副载流效率及载流稳定性的影响[J]. 润滑与密封，2010，35（11）：58-61.
[21] KUBO1 Y, NAGASAKA S, MIYAUCHI T, et al. Sliding wear behavior of copper alloy impregnated C/C composites under an electrical current[J]. Wear, 2013, 302(1-2): 1492-1498.
[22] 李克敏，上官宝，张永振，等. 铜基-石墨-SiC 复合材料的载流摩擦磨损性能研究[C]. 第十一届全国摩擦学大会，兰州，2013.
[23] 李克敏，张永振，上官宝，等. SiC/C-Cu 复合材料的载流磨损性能[J]. 粉末冶金材料科学与工程，2014（05）：77-83.
[24] 李雪飞，上官宝，张永振.石墨粒度对 C/Cu 复合材料载流摩擦磨损性能的影响[J]，热加工工艺，2011，40（24）：115-117.
[25] BOUCHOUCHA A, ZAIDI H, KADIRI EK, et al. Influence of electric fields on the tribological behavior of electrodynamical copper/steel contacts[J]. Wear, 1997, 203-204(96): 434-441.
[26] HU Z L, CHEN Z H, XIA J T. Study on surface film in the wear of electrographke brushes against copper commutators for variable current and humidity[J]. Wear, 2008, 264(y-2): 11-17.

[27] 张会杰，孙乐民，上官宝，等. 空气/氮气气氛下电流和摩擦速度对C/C复合材料载流摩擦磨损性能的影响[J]. 机械工程材料，2015，39（01）：94-97.

[28] 卜俊，丁涛，陈光雄. 温度对受电弓滑板材料磨损的影响[J]. 润滑与密封，2010，35（5）：22-25.

[29] 陈惠娟，许志红. 受电弓三维温度场仿真分析[J]. 福州大学学报（自然科学版），2011（02）：227-232.

4 弓网电弧

4.1 电弧基本概念

4.1.1 电弧现象

电弧是一种气体放电现象，电流通过某些绝缘介质（如空气）所产生的瞬间火花。电弧是一种自持放电现象，其大多数载流子为一次电子发射所产生的电子[1]。电弧的形成是触头间中性质子（分子和原子）被游离的过程。触头金属表面因一次电子发射（热离子发射、场致发射或光电发射）导致电子逸出，间隙中气体原子或分子会因电离（碰撞电离、光电离和热电离）而产生电子和离子。另外，电子或离子轰击发射表面又会引起二次电子发射。当间隙中离子浓度足够大时，间隙被电击穿而发生电弧。

电弧是一种气体放电现象，也是一种等离子体[2]。等离子体是与固体、液体、气体并列的物质第四态。以 50 000 K 为界，等离子体可分为高温等离子体和低温等离子体两大类，电弧属于后者，是一束高温电离气体，在外力作用下，如气流、外界磁场甚至电弧本身产生的磁场作用下会迅速移动（每秒可达几百米），拉长、卷由形成十分复杂的形状。电弧在电极上的滋生点也会快速移动或跳动。

弓网电弧是等离子体的一种形式。在弓网系统中，当受电弓和接触网间的电压超过空气的耐受力使空气电离变成导体也就是产生电弧。电弧一般在弓网表面产生，会对弓网系统产生损坏，如电弧的高温会使绝缘体融化或腐蚀。

4.1.2 电弧的物理过程

1. 电弧的组成

电弧通常分为三个区域：阴极区、弧柱区、阳极区，如图 4.1 所示。

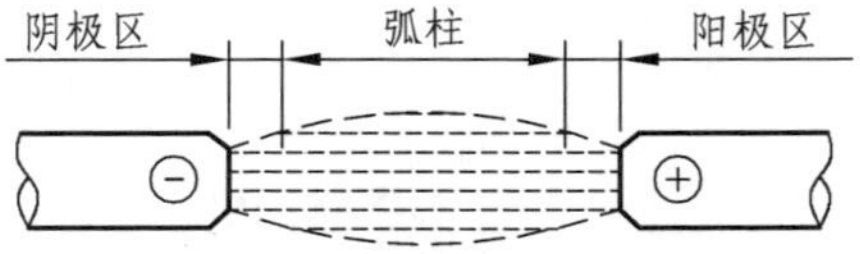

图 4.1　电弧结构图

其导电的机理是：阴极依靠场致电子发射和热电子发射效应发射电子；弧柱依靠其中粒子热运动相互碰撞产生自由电子及正离子，呈现导电性，这种电离过程称为热电离；阳极起收集电子等作用，对电弧过程影响常较小。在弧柱中，与热电离作用相反，电子与正离子会因复合而成为中性粒子或扩散到弧柱外，这一现象称为去电离。在稳定电弧放电中，电离速度与去电离速度相同，形成电离平衡。

能量平衡是描述电弧放电现象的又一重要定律。能量的产生是电弧的焦耳热，能量的发散则通过辐射、对流和传导三种途径[3]。改变散热条件可使电弧参数改变，并影响放电的稳定性。

1）电弧阴极和阴极区

电弧中的电流从微观上看是电子及正离子在电场作用下移动的结果，其中电子的移动构成电流的主要部分。阴极的作用是发射大量电子，在电场的作用下趋向阳极方向从而构成阴极区的电流。

电弧的阴极区对电弧的发生和物理过程具有重要的意义，形成电弧放电的大部分电子是在阴极区产生或由阴极本身发射的。电弧放电时，实际上并不是整个阴极全部参加放电过程，阴极表面的放电只集中在几个很小的区域，这个小区域称为阴极斑点，它是一个非常集中，面积很小的光亮区域，其电流密度很大，是电弧放电中强大电子流的来源。

阴极发射电子的机制有两种：热发射和场致发射。

2）电弧弧柱

阴极表面电子发射只形成阴极区的电流，弧柱部分导电需要在弧柱区域也能出现大量自由电子，这就需要使弧柱区的气体原子游离。气体原子游离的方式通常有电场游离和热游离两种。与可逆化学反应相似。在电弧中一方面由于热游离使得正离子与电子不断增多。同时也存在去游离的作用，使正离子和电子减少。去游离包括复合和扩散两种方式。弧柱的特性和物理过程对电弧起着重要的作用。开关电弧中主要研究的就是弧柱的特性。

3）电弧阳极和阳极区

可把阳极分为被动型和主动型两种。在被动型中，阳极只起收集电子的作用。在主动型中，阳极不但收集电子而且产生金属蒸气，因而也可以向弧柱提供带电粒子。阳极表面也存在阳极斑点。上述三个区域对电弧的作用因电弧的情况不同而不同。对于长度只有几个毫米的电弧，电弧电压主要由阴极区压降和阳极区压降组成，其中的物理过程对电弧起主要作用，这种电弧称为短弧。而对于长度较大的电弧，弧柱则起主要作用，阴极、阳极的过程不起主要作用甚至可以忽略，这种电弧称为长弧。在开关中的电弧一般属于长弧。

2. 电弧发生的条件

电弧的形成是触头间中性质子（分子和原子）被游离的过程。开关触头分离时，触头间距离很小，电场强度 E 很高（$E = U/d$）。当电场强度超过 3×10^6 V/m 时，阴极表面的电子就会被电场力拉出而形成触头空间的自由电子[4]。这种游离方式称为强电场发射。

从阴极表面发射出来的自由电子和触头间原有的少数电子，在电场力的作用下向阳极作加速运动，途中不断地和中性质点相碰撞。只要电子的运动速度 v 足够高，电子的动能 $A = mv^2/2$ 足够大，就可能从中性粒子中打出电子，形成自由电子和正离子。这种现象称为碰撞游离。新形成的自由电子也向阳极作加速运动，同样地会与中性质点碰撞而发生游离。碰撞游离连续进行的结果是触头间充满了电子和正离子，具有很大的电导；在外加电压下，介质被击穿而产生电弧，电路再次被导通。

触头间电弧燃烧的间隙称为弧隙。电弧形成后，弧隙间的高温使阴极表面的电子获得足够的能量而向外发射，形成热电场发射。同时在高温的作用下（电弧中心部分维持的温度可达 5 000 °C 以上），气体中性质点的不规则热运动速度增加。当具有足够动能的中性质点相互碰撞时，将被游离而形成电子和正离子，这种现象称为热游离。

随着触头分开的距离增大，触头间的电场强度 E 逐渐减小，这时电弧的燃烧主要是依靠热游离维持的。在触头开始分离时，作用在它们之间的接触压力将减少，接触面积也缩小，接触电阻和触头中放出的热量就增加。热量集中在很小的体积中，金属被加热到高温而熔化。在触头之间形成液态金属桥，最后金属桥被拉开，在触头之间形成过渡的或稳定的电弧。如果放电是稳定的，就是所谓的开断电弧[5]。放电稳定性与很多因素有关，如在开断的电流、触头电路的特性、触头分离的速度等。为了使电弧点燃，某一最低电流值是必需的。

a）电路开断时电弧的发生。

b）触头闭合时电弧的发生。

c）真空和气体间隙的击穿。

d）从辉光放电到电弧放电的转变。

e）从火花放电到电弧放电的转变。

4.1.3 电弧的特性

电弧是一种气体放电现象，也是一种等离子体。等离子体是与固体、液体、气体并列的物质第四态。以 50 000 K 为界，等离子体可分为高温等离子体和低温等离子体两大类，电弧属于后者。实际上，宇宙中约 90%的物质都是等离子体。

开关电弧的主要外部特征有：

1. 电弧是强功率的放电现象

在开断几十千安短路电流时，以焦耳热形式发出的功率可达 10 000 kW。与此有关，电弧可具有上万摄氏度或更高的温度及强辐射，在电弧区的任何固体、液体或气体在电弧作用下都会产生强烈的物理及化学变化[6]。在有的开关中。电弧燃烧时间比正常情况只多一二十毫秒，开关就会出现严重烧损甚至爆炸。在用灭弧能力很弱的隔离开关开断负荷电路时，电弧能使操作者大面积烧伤。

2. 电弧是一种自持放电现象

不用很高的电压就能维持相当长的电弧稳定燃烧而不熄灭。如在大气中，每厘米长电弧的维持电压只有 15 V 左右。在大气中，在 100 kV 电压下开断仅 5 A 的电流时，电弧长度可达 7 m；电流更大时，可达 30 m。因此，单纯采用拉长电弧来熄灭电弧的方法是不可取的。

3. 电弧是等离子体，质量极轻、极容易改变形状

电弧区内气体的流动，包括自然对流以及外界甚至电弧电流本身产生的磁场都会使电弧受力，改变形状，有的时候运动速度可达每秒几百米。设计人员可以利用这一特点来快速熄弧并预防电弧的不利影响及破坏作用。

两个电极在一定电压下由气态带电粒子，如电子或离子，维持导电的现象。激发试样产生光谱。电弧放电主要发射原子谱线，是发射光谱分析常用的激发光源。通常分为直流电弧放电和交流电弧放电两种。

电弧放电最显著的外观特征是明亮的弧光柱和电极斑点。电弧的重要特点是电流增大时，极间电压下降，弧柱电位梯度也低，每厘米长电弧电压降通常不过几百伏，有时在 1 V 以下。弧柱的电流密度很高，每平方厘米可达几千安，极斑上的电流密度更高。

电弧通常可分为长弧和短弧两类。长弧中弧柱起重要作用。短弧长度在几毫米以下，阴极区和阳极区起主要作用[7]。

根据电弧所处的介质不同又分为气中电弧和真空电弧两种。液体（油或水）中的电弧实际在气泡中放电，也属于气中电弧。真空电弧实际是在稀薄的电极材料蒸气中放电。这二种电弧的特性有较大差别。

电弧放电可用于焊接、冶炼、照明、喷涂等。这些场合主要是利用电弧的高温、高能量密度、易控制等特点。在这些应用中，都需使电弧稳定放电。目前的电子产品，如等离子电视、等离子显示器其显示原理也是依赖电弧放电。

4.2 弓网电弧产生的原因

弓网电弧因其所处环境的特殊性，与其他电弧存在很大的差异性：弓网电弧的两电极处于高速切向滑动和法向频繁振动状态；弓网电弧完全暴露于高速走行风形成的强气流场中；弓网电弧维持着弓网离线时动车组的能量供给，为保障受流质量，不可随意灭弧[8, 9]。如图 4.2、图 4.3 所示。导致弓网电弧发生的原因有很多种，涉及物理、化学、力学、材料等诸多学科，不同情况下产生的电弧可能是运动的，也可能是静止的。因此，弓网电弧对弓网系统设备的热侵蚀程度也不尽相同，应根据具体情况具体对待。当弓网之间发生机械分离，弓网之间的高电压、大电流分别大于生弧电压和生弧电流时，弓网系统中就会出现弓网电弧现象。产生弓网电弧的原因有很多，主要有以下几种情况：

图 4.2 弓网电弧

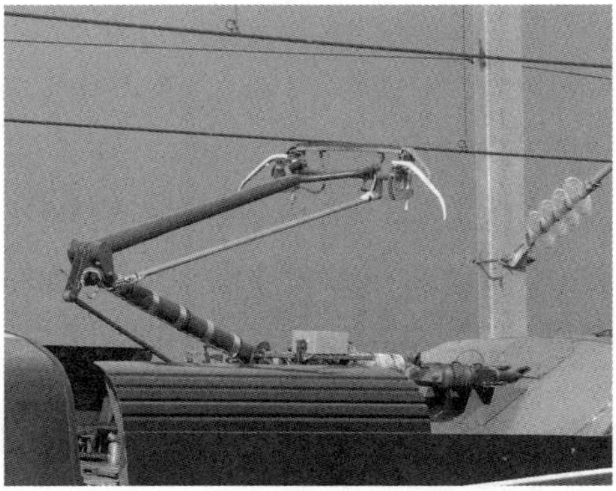

图 4.3 弓网系统

1. **滑动接触产生电弧**

当列车高速运行时，尤其近年来我国高速铁路最高运行速度达到 350 km/h，在弓网系统滑动电接触中，由于接触网周期性的波动及受电弓经过不规则的地方等原因将导致弓网系统产生垂直方向的振动，当弓网之间的接触压力为零时，弓网系统发生弓网机械分离情况，在高压的作用下，弓网间气体被击穿，导致弓网电弧的产生。根据现场实践表明，双滑板型受电弓的任意一列滑板与接触网导线分离时，即使另外一列滑板仍良好接触，机械分离的部分也会发生弓网电弧现象。当弓网恢复良好机械接触时，弓网电弧随即熄灭，如图 4.4 所示。

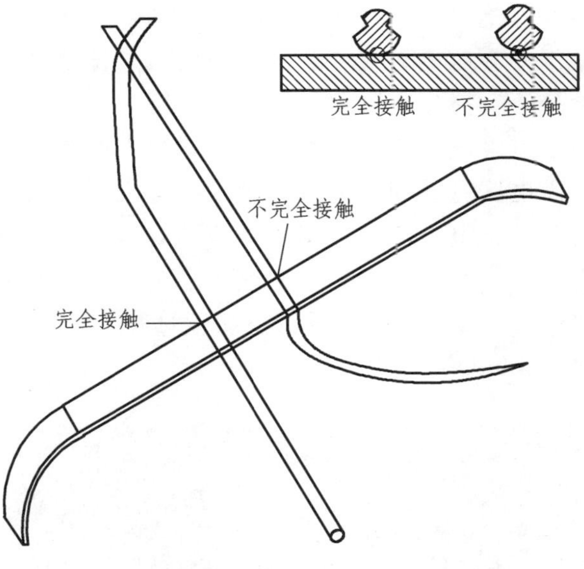

图 4.4　受电弓滑板经过绝缘锚段关节示意图

2. **受电弓升降操作产生电弧**

当车体相对地面静止时，列车进行升、降弓操作时应为无负荷或小负荷操作，此时列车主断路器处于分状态。受电弓与接触网在接触或分离瞬间，由于列车要接通或切断车载电压互感器等负载，弓网接触或分离瞬间易产生电火花。此类的电火花能量较小，故不会对弓网系统带来较大的负面影响。当由于某些原因导致列车主断路器处于闭合状态时，列车进行升、降弓操作时将产生较大的电流，弓网之间的高电压、大电流会导致强烈的静态燃弧，此类的电弧能量较大，对附近的接触网导线和受电弓滑板带来较大的负面影响，易造成受电弓和接触网的电烧蚀。

3. 受电弓经过接触网电气分段产生电弧

电气化铁路中接触网的电气分段主要有：绝缘锚段关节、绝缘锚段关节式电分相、分段绝缘器（见图 4.5）。由于我国铁路供电系统为单相工频交流电，铁路沿线接触网单相交流电在每隔一段距离处需要相间转换，电气分段装置主要起到接触网的机械连接、电气分离作用。当受电弓滑板经过绝缘节等过渡区时，两侧的接触线由有电区变为无电区或由无电区变为有电区，若列车主断路器处于断开状态时，列车经过电气分段处不会产生电弧现象。若列车因故障未能切断列车主断路器，列车在经过电气分段处时相当于带着很大的负载从有电区行驶到无电区或从无电区行驶到有电区，则受电弓滑板将从有电区的接触线拉出一条电弧。该电弧随着弓网之间的相对运动而燃烧，此种情况下为弓网动态燃弧。当弓网电弧遇到绝缘子时，弧柱发生一端停止运动而另一端仍继续运动，最终电弧由于弧柱过长、能量不足而被拉断，燃弧过程也将终止。

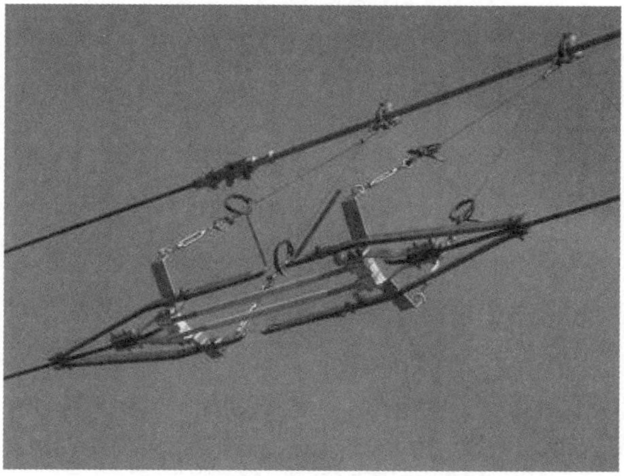

图 4.5　接触网上的分段绝缘器

4. 滑板或接触线表面有异物产生电弧

当受电弓滑板或接触网导线表面有异物覆盖时，如冰雪、煤烟、鸟屎等污垢，尤其是近年来空气中雾霾现象特别严重，容易导致受电弓滑板与接触网导线无法良好的接触，从而发生弓网电弧现象，如图 4.6 所示。

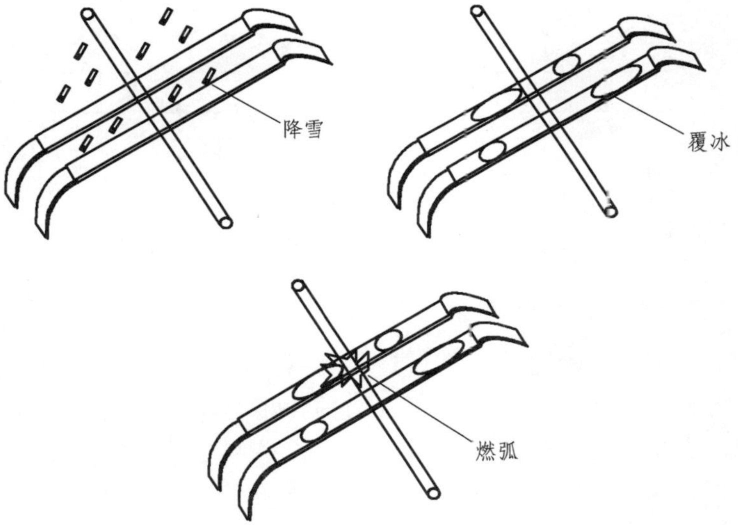

图 4.6　滑板表面有雪或覆冰时的弓网燃弧

5. 接触线表面为波状产生电弧

目前，在铁路运营线路上有一种 2 组 4 列式的金属滑板受电弓，其弓头相邻两侧滑板间距为 60 mm。由于接触网导线的垂直波动，在某种特定的情况下，因为接触网导线波动频率的原因，导致受电弓另一滑板发生机械离线，从而产生弓网电弧现象，如图 4.7 所示。由于铁路接触网导线有较大水平张力，故导线无较大的波动幅度，因此铁路沿线中接触线表面波状引起的弓网电弧现象并不多见。但在城市轨道交通运营中，接触网的波状磨损较为突出，因其受电弓滑板列数较多，当城市列车沿接触线滑行时，由于接触线表面波状引起的电弧较明显。此处需要说明，当列车由于某些原因要求升双弓时，双弓导致的波状接触线也易产生弓网电弧现象。

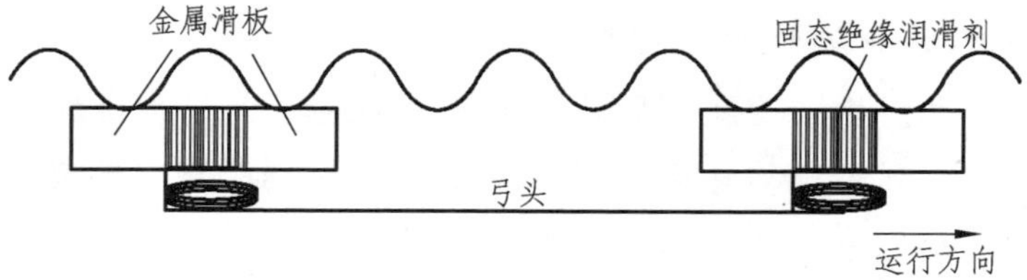

（a）接触线波谷与滑板接触

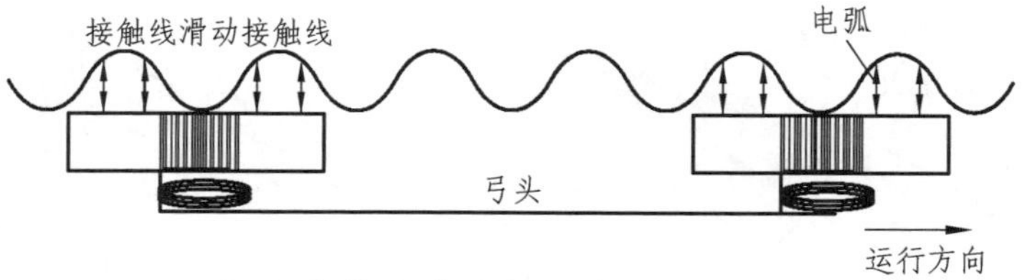

（b）接触线波谷与绝缘润滑剂接触

图 4.7　滑板与波状的接触线接触时的弓网燃弧现象

6. 接触线安装缺陷产生电弧

铁路沿线的接触网导线是通过承力索、吊弦等悬挂起来的。在接触网导线施工安装过程中，由于外力的作用容易导致接触线发生硬弯等现象。当受电弓滑板经过此类硬弯处，弓网之间的接触压力发生瞬间的变化，导致受电弓滑板与接触网导线的有效接触面积减小，甚至会发生滑板与接触线脱离现象，从而导致弓网电弧的产生，如图 4.8 所示。此类弓网电弧现象均发生在有规律的地方，因此便于工作人员及时发现，从而进行有效的抑制。

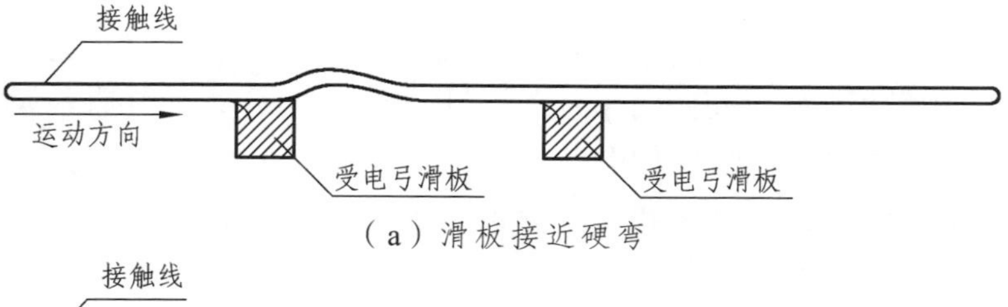

（a）滑板接近硬弯

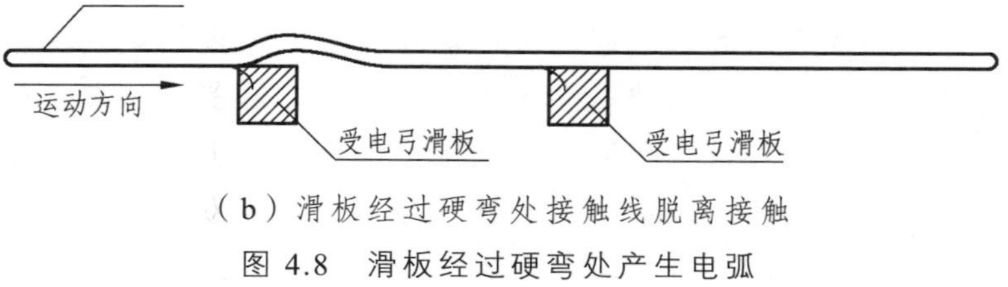

（b）滑板经过硬弯处接触线脱离接触

图 4.8　滑板经过硬弯处产生电弧

7. 受电弓或接触网材质的缺陷产生电弧

列车在铁路沿线上长期高速运行中，受电弓滑板和接触网导线容易发生机械磨损、电腐蚀、热腐蚀和化学腐蚀等情况，导致受电弓滑板和接触网导线表面的材料变化，造成材料内部中细小颗粒分布不均匀，即受电弓滑板和接触网导线材质发生缺陷，对弓网系统带来巨大的冲击，容易产生弓网离线电火花，严重时产生弓网电弧现象。

综上所述，导致弓网电弧发生的原因有很多种，包括物理、化学、力学、材料等诸多学科，但从重要性角度分析，弓网电弧的电气部分是研究重点，对抑制弓网电弧发生具有深远意义。弓网电弧因其所处环境的特殊性，与其他电弧存在很大的差异性。因此，需要针对弓网电弧的独特环境，建立弓网电弧数学模型研究弓网电弧内部特性。

4.3 弓网电弧电路模型

4.3.1 模型简介

电弧动态模型是大量科研工作者一直长期研究的对象，建立电弧动态模型对电弧现象的研究具有至关重要的意义。目前，国内外研究电弧动态模型主要集中于开关电弧和电弧炉等领域，主要采用的是一种着重研究电弧的外部特性，而无须考虑电弧内部的复杂物理过程，将电弧看作一个非线性电阻二端口元件的研究方法。将电弧等效为一个电路元件串入电路模型，构建电弧电路模型研究电弧动态特性[8, 10, 11]。

1. 电弧模型的理论分析

根据电弧的能量平衡理论，将电弧看作一个圆柱形的介质通道，电弧通过两极外部输入而获得能量，又通过气体对流、热辐射等方式向周围介质放出能量。实际上电弧电导值是随着电弧能量的输入和输出而发生变化，因此电弧是一个非线性的导体，可以用非线性的微分方程来描述，推导电弧动态模型的过程如下：

$$\frac{\mathrm{d}q}{\mathrm{d}t} = e \cdot i - p_{\mathrm{loss}} \tag{4-1}$$

式中　e——电弧电压的瞬时值（单位符号：V）；

i——电弧电流的瞬时值（A）；

q——单位体积电弧的能量常数；

P_{loss}——单位体积电弧的耗散功率（W）。

由于电弧电阻值非常小，故式（4-1）中电弧电阻用电弧电导表示，进一步转化为

$$\left(\frac{\mathrm{d}q}{\mathrm{d}g}\right)\left(\frac{\mathrm{d}g}{\mathrm{d}t}\right)=\frac{1}{p_{\text{loss}}^{-1}}\left(\frac{ge^2}{p_{\text{loss}}}-1\right) \tag{4-2}$$

$$\frac{1}{g}\left(\frac{\mathrm{d}g}{\mathrm{d}t}\right)=\frac{1}{g\cdot p_{\text{loss}}^{-1}\left(\frac{\mathrm{d}q}{\mathrm{d}g}\right)}\left(\frac{ge^2}{p_{\text{loss}}}-1\right) \tag{4-3}$$

式中　g——电弧电导的瞬时值（S）。

设

$$\theta=f\left(g,p_{\text{loss}},\frac{\mathrm{d}q}{\mathrm{d}g}\right)=\frac{g\cdot\left(\frac{\mathrm{d}q}{\mathrm{d}g}\right)}{p_{\text{loss}}} \tag{4-4}$$

则式（4-4）可变形为

$$\frac{1}{g}\left(\frac{\mathrm{d}g}{\mathrm{d}t}\right)=\frac{1}{\theta}\left(\frac{ge^2}{p_{\text{loss}}}-1\right)=\frac{1}{\theta}\left(\frac{e\cdot i}{p_{\text{loss}}}-1\right) \tag{4-5}$$

式（4-5）为电弧动态模型的表达形式，表达式中包含了电弧的主要物理特征，体现了电弧电压、电流、电导及电弧耗散功率之间的函数关系。但式中未对参数 θ 和 P_{loss} 做任何限制，因而在不同的假设条件下可以推导出相应的电弧动态模型。经典电弧电路模型有 Cassie 电弧模型和 Mayr 电弧模型。

2. Cassie **电弧模型**

早在 1939 年，克西在国际大电网会议上首次提出 Cassie 电弧模型，从宏观角度上研究电弧的外特性。建立 Cassie 电弧模型的假设条件为：

a）电弧的介质通道为圆柱形，且电弧温度均匀分布于横截面。

b）电弧的介质通道具有十分明确的界限，即直径。在直径以内电

弧电导很大，在直径以外电弧电导相当小。

c）电弧的直径随着电弧电流的变化而发生改变，但电弧温度在时间和空间上均不发生变化。

d）在大部分工频电流下，电弧的电压梯度始终保持为常数，即 $u_c =$ 常数。

e）电弧能量和能量散出速度与电弧横截面的变化具有正比例关系，且电弧能量散出与电弧周围的气流场有关。

按照假定条件有：

$$\frac{dq}{dg}=\frac{q_0 d(\pi r^2)}{\sigma_0 d(\pi r^2)}=\frac{q_0}{\sigma_0} \tag{4-6}$$

$$p_{loss}=(\pi r^2)p_0 \tag{4-7}$$

式中 r —— 电弧半径（m）；

q_0 —— 单位长度电弧所储存的能量（J）；

σ_0 —— 单位长度电弧的电导率（S）；

p_0 —— 单位长度电弧所耗散的功率（W）。

因此有：

$$\theta_c=\frac{g\cdot\left(\frac{dq}{dg}\right)}{p_{loss}}=\frac{(\pi r^2)\cdot\sigma_0\cdot\frac{q_0}{\sigma_0}}{(\pi r^2)\cdot p_0}=\frac{q_0}{p_0} \tag{4-8}$$

又设

$$u_c^2=\left(\frac{g}{p_{loss}}\right)^{-1}=\frac{(\pi r^2)\cdot p_0}{(\pi r^2)\cdot\sigma_0}=\frac{p_0}{\sigma_0} \tag{4-9}$$

$$\frac{1}{g}\left(\frac{dg}{dt}\right)=\frac{1}{\theta_c}\left(\frac{e^2}{u_c^2}-1\right) \tag{4-10}$$

式(4-10)为经典的 Cassie 电弧模型表达式。

式中 θ_c —— Cassie 模型的电弧时间常数；

u_c —— 电弧电压梯度常数（V）。

3. Mayr 电弧模型

1943 年，基于热平衡、热惯性、热游离三个基本原理，以局部热平衡方程的成立为前提，麦也尔提出了 Mayr 电弧模型。建立 Mayr 电弧模型的假设条件为：

a）电弧的介质通道也假设为圆柱形，但其直径是保持不变的。

b）电弧的温度随着弧柱轴心径向距离的增大而降低，且温度也随着时间而发生变化。

c）电弧的能量散出不考虑气体对流，主要依靠热传导和径向扩散。假设电弧的耗散功率为一常数，即 P_{loss} = 常数。

d）电弧柱中热游离程度，由沙哈方程式近似地确定，即

$$g = g_0 e^{\frac{Q}{Q_0}} \tag{4-11}$$

式中　g_0 —— 电弧电导常数；

Q_0 —— 电弧电阻改变 2.73 倍时所需要的能量（J）；

Q —— 单位体积电弧所积累的能量（J）。

其物理意义为：当电弧吸收或散出 Q_0 倍能量时，电弧电导 g 相应增大或减小 e 倍。

因为有：

$$\left(\frac{\mathrm{d}q}{\mathrm{d}g}\right) = \left(\frac{\mathrm{d}g}{\mathrm{d}q}\right)^{-1} = \frac{q_0}{g} \tag{4-12}$$

式中，q_0 为电弧特性的能量常数（J），q_0 与 Q_0 的关系为

$$Q_0 = 2\pi\int_0^r q_0 r\mathrm{d}r = \pi r^2 q_0 \tag{4-13}$$

将式（4-12）代入式（4-8）可以得到

$$\theta_{\mathrm{M}} = g\cdot\frac{\pi r^2 q_0}{g}\cdot\frac{1}{p_{\mathrm{loss}}} = \frac{Q_0}{p_{\mathrm{loss}}} \tag{4-14}$$

再把式（4-14）代入式（4-5），并考虑公式（4-12），最终推导得

$$\frac{1}{g}\left(\frac{\mathrm{d}g}{\mathrm{d}t}\right) = \frac{1}{\theta_{\mathrm{M}}}\left(\frac{e\cdot i}{p_{\mathrm{loss}}} - 1\right) \tag{4-15}$$

式（4-15）为经典的 Mayr 电弧模型表达式。

式中　θ_{M} —— Mayr 模型的电弧时间常数；

p_{loss} —— 电弧单位体积的耗散功率（W）。

4.3.2 弓网电弧模型

1. 弓网电弧模型的原理

通过对经典的 cassie 电弧模型与 Mayr 电弧模型进行改进，构建弓网电弧电路模型。基于能量平衡理论，建立了弓网电弧的动态模型，建模过程中考虑了弓网电弧的弧柱拉伸、压缩以及强气流吹弧的能量交换。下面将介绍搭建弓网电弧动态模型的主体思路：鉴于电弧电导的变化主要与电弧电流大小有关，因此在模型搭建中根据电弧电流的大小改变电弧电导，弓网电弧模型原理如图 4.9 所示，其表达式如式（4-16）所示。在电弧的大电流区域，弓网电弧呈现出非线性电阻 R_L 的特性，表达式为式（4-16）中第一个方程；在电弧电流过零点附近的小电流区域，弓网电弧呈现出非线性电阻 R_S 的特性，表达式为式（4-16）中第二个方程。这样，在电弧的大电流区域内 g_1 起主要作用，g_s 可以忽略；在电弧电流过零点附近的小电流区域内 g_s 起主要作用，g_1 可以忽略。

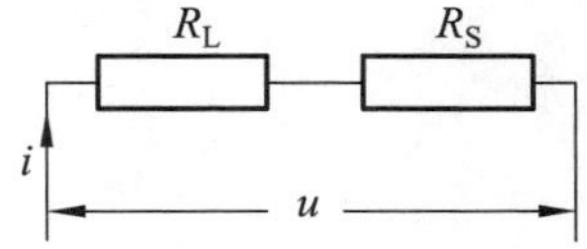

图 4.9　弓网电弧模型原理图

考虑到弓网电弧燃弧的实际过程中，电弧的电压梯度 U 和耗散功率 P 是随着燃弧时间而发生变化的，并不是一个常量，应与弓网电弧的弧柱拉伸、压缩以及强气流吹弧的能量相关。因此，需要把电弧电压梯度和耗散功率设置为变量，模型中加入两个输入变量用来改变电弧电压梯度和耗散功率。

$$\begin{cases} \dfrac{\mathrm{d}g_1}{\mathrm{d}t}=\dfrac{1}{\tau_1}\left(\dfrac{u^2g^2}{U_{(d、T)}^2 g_1}-g_1\right) \\ \dfrac{\mathrm{d}g_s}{\mathrm{d}t}=\dfrac{1}{\tau_s}\left(\dfrac{u^2g^2}{P_{(d、T)}}-g_s\right) \\ \dfrac{1}{g}=\dfrac{1}{g_1}+\dfrac{1}{g_s} \end{cases} \tag{4-16}$$

式中　u —— 电弧电压的瞬时值（V）；

g —— 电弧电导的瞬时值（S）；

g_1 —— 大电流区域的电弧电导瞬时值（S）；

g_s —— 小电流区域的电弧电导瞬时值（S）；

τ_1 —— 大电流区域的电弧时间常数；

τ_s —— 小电流区域的电弧时间常数；

$U_{(d、T)}$、$P_{(d、T)}$ —— 相应弧柱长度及弧柱温度状态下的电弧电压梯度和电弧耗散功率（V）（W）。

通过分析高速气流场对弓网电弧耗散功率的影响，得到在弓网电弧起弧阶段和燃弧阶段中，电弧单位长度的耗散功率与车速的关系。结合弓网间最大离线距离 d_{max} 与列车速度 $v_{车}$ 关系，得到弓网电弧在起弧阶段和燃弧阶段中，电弧耗散功率与列车运行速度的关系：

$$P_q = 0.5\times(318.24v_{车} + 11\,456.64) \tag{4-17}$$

$$P_r = \left(224.55v_{车} - \frac{1\,319.88}{v_{车}+51} + 11\,482.58\right)\times (4.571\times10^{-6}v_{车}^2 + 0.023v_{车} - 0.141\,1) \tag{4-18}$$

式中 P_q —— 弓网电弧起弧阶段中电弧耗散功率（W）；

P_r —— 弓网电弧燃弧阶段中电弧耗散功率（W）；

$v_{车}$ —— 列车运行速度（km/h）。

依据现场试验数据和有关文献，得到弓网电弧在起弧阶段和燃弧阶段中，电弧电压梯度 U 与列车运行速度 $v_{车}$ 的关系：

$$U_q = 0.5\times(6.857\times10^{-5}v_{车}^2 + 0.357v_{车} - 2.117) \tag{4-19}$$

$$U_q = (6.857\times10^{-5}v_{车}^2 + 0.357v_{车} - 2.117)\times (4.571\times10^{-6}v_{车}^2 + 0.023v_{车} - 0.141\,1) \tag{4-20}$$

式中 U_q —— 弓网电弧起弧阶段中电弧电压梯度（V）；

U_q —— 弓网电弧燃弧阶段中电弧电压梯度（V）；

$v_{车}$ —— 列车运行速度（km/h）。

将式（4-17）~（4-20）代入式（4-16）中，整理得

$$\begin{cases} \dfrac{dg_1}{dt} = \dfrac{1}{\tau_1}\left\{\dfrac{u^2g^2}{\left[0.5\times(6.857\times10^{-5}v_{车}^2 + 0.357v_{车} - 2.117)\right]^2 g_1} - g_1\right\} \\ \dfrac{dg_s}{dt} = \dfrac{1}{\tau_s}\left[\dfrac{u^2g^2}{0.5\times(318.24v_{车} + 11\,456.64)} - g_s\right] \\ \dfrac{1}{g} = \dfrac{1}{g_1} + \dfrac{1}{g_s} \end{cases} \tag{4-21}$$

式（4-21）为高速列车运行时，弓网电弧在起弧阶段中的动态模型。

$$\begin{cases}\dfrac{\mathrm{d}g_1}{\mathrm{d}t}=\dfrac{1}{\tau_1}\left\{\dfrac{u^2g^2}{\left[(6.857\times10^{-5}v_{车}{}^2+0.357v_{车}-2.117)\times(4.571\times10^{-6}v_{车}{}^2+0.023v_{车}-0.141\,1)\right]^2g_1}-g_1\right\}\\ \dfrac{\mathrm{d}g_s}{\mathrm{d}t}=\dfrac{1}{\tau_s}\left[\dfrac{u^2g^2}{\left(224.55v_{车}-\dfrac{1\,319.88}{v_{车}+51}+11\,482.58\right)\times(4.571\times10^{-6}v_{车}^2+0.023v_{车}-0.141\,1)}-g_s\right]\\ \dfrac{1}{g}=\dfrac{1}{g_1}+\dfrac{1}{g_s}\end{cases}$$

（4-22）

式（4-22）为高速列车运行时，弓网电弧在燃弧阶段中的动态模型。

2. **弓网电弧模型的搭建**

Simulink 是基于 Matlab 软件平台的一种可视化仿真工具，它提供了一个动态系统建模、仿真和综合分析的集成环境，因其具有仿真结构清晰、精细、灵活、效率高、贴近实际等诸多优点，而被广泛应用于线性系统、非线性系统的建模和仿真中。随着电力系统模块库的日趋完善，使得 Matlab/Simulink 在电力系统领域的建模变得简单有效。

根据推导得出的弓网电弧数学函数方程式，利用 Matlab 软件平台下的 Simulink 库中的电力系统模块建立弓网电弧动态模型。搭建的弓网电弧模型如图 4.10 所示。

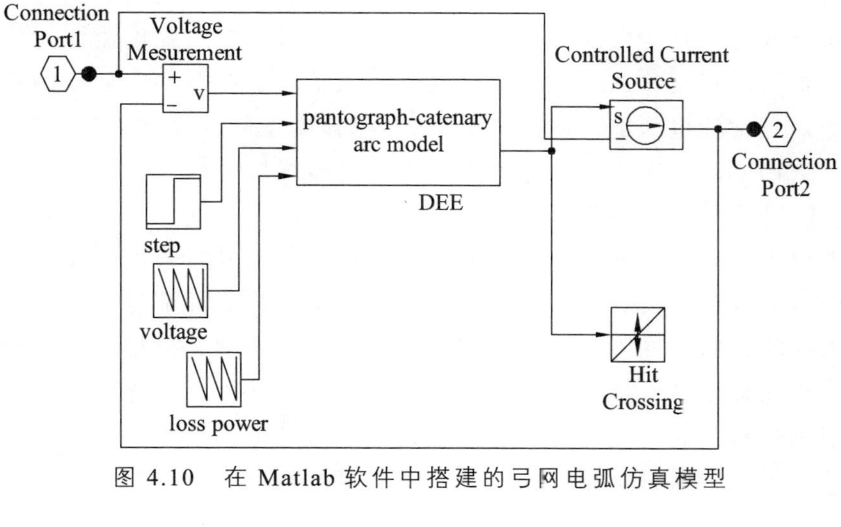

图 4.10　在 Matlab 软件中搭建的弓网电弧仿真模型

弓网电弧动态模型主要包括了微分方程编辑器（DEE）、阶跃信号（Step）、定值检测（Hit Crossing）、电压控制电流源（Controlled Current Source）、重复信号（Repeating Sequence）元件。下面介绍该电弧模型的工作原理。

弓网电弧发生时，由于电路是由闭合状态到断开状态（或由断开状态到闭合状态），因此，可以用电力系统中的断路器由闭合状态到断开状态（或由断开状态到闭合状态）来近似模拟弓网电弧现象。在Simulink仿真工具中，将弓网电弧模型的微分方程式输入到微分方程编辑器（DEE）模块来实现弓网电弧外部特性的模拟。微分方程编辑器模块有四个输入量：第一个输入量为电弧两端的电压 u（1）；第二个输入量为阶跃信号 u（2），用来设置弓网之间的分离（或闭合）动作时刻，当弓网之间处于闭合状态时，有 $\mathrm{d}\ln g/\mathrm{d}t=0$，此时弓网之间无电弧产生，电弧模型体现出电导特性，其值为 $g(0)$，当弓网之间处于分离状态时，弓网电弧模块体现出式（4-21）和式（4-22）的特性；第三个输入量为电弧电压梯度 U，考虑到弓网电弧电压梯度 U 随着车速 $v_{车}$ 的变化而改变，因此利用重复信号模块的特性进行对电弧电压梯度的改变；第四个输入量为电弧耗散功率 P，同理考虑到弓网电弧耗散功率 P 也是随着车速 $v_{车}$ 的变化而改变，利用重复信号模块的特性进行对电弧耗散功率 P 的改变。微分方程编辑器模块有一个输出量，即电弧电流 y。为了让搭建的弓网电弧模型具有符合公式的电弧特性，将仿真模型看作为电压控制电流源的形式，其中，可控电流源元件起到了模块的连接作用，输出电流受到输入信号的控制；定值检测模块的作用是检测电弧电流的过零点。由于电弧模型的计算方式为非线性，因此采用ode23单步算法进行求解更适合非线性系统。

搭建弓网电弧动态模型的主体思路是把电弧看成一个两端元件，不考虑电弧内部复杂的物理过程，只需要从外部进行输入电弧基本参数即可得到电弧的外部特性。因此，该模型中核心环节是微分方程编辑器模块，将弓网电弧数学方程式输入到此模块中，模型的外壳相当于一个黑盒模型，通过封装后的模块求解微分方程式，进行反复迭代求解未知数，即电弧电导，在运算过程中得到电弧电压、电流等外部特性，模型中通过电压控制电流源模块来影响电弧电流值的输出。图

4.10 中，微分方程编辑器的数学方程组为

$$\frac{\mathrm{d}x}{\mathrm{d}t}=\frac{u(2)}{tau\_1}\left\{\frac{u(1)^2\left[\dfrac{x(1)\cdot x(2)}{x(1)+x(2)}\right]^2}{u(3)^2\cdot x(1)}-x(1)\right\} \tag{4-23}$$

$$\frac{\mathrm{d}x}{\mathrm{d}t}=\frac{u(2)}{tau\_\mathrm{s}}\left\{\frac{u(1)^2\left[\dfrac{x(1)\cdot x(2)}{x(1)+x(2)}\right]^2}{u(4)}-x(2)\right\} \tag{4-24}$$

$$y=u(1)\cdot\frac{x(1)\cdot x(2)}{x(1)+x(2)} \tag{4-25}$$

式中 $u(1)$ ——第一个输入变量，即电弧电压 u，由电压表模块可以测得；

$u(2)$ ——第二个输入变量，即电弧开断状态，当弓网接触良好无电弧时 $u(2)=0$，当弓网分离产生电弧时 $u(2)=1$；

$u(3)$ ——第三个输入变量，即电弧电压梯度 U，通过利用重复信号模块的特性进行对电弧电压梯度的改变；

$u(4)$ ——第四个输入变量，即电弧耗散功率 P，通过利用重复信号模块的特性进行对电弧电压梯度的改变；

y ——输出变量，即电弧电流 i；

x ——电弧电导值，通过求解电弧模型数学方程组反复迭代计算得到；

$x(0)$ ——初始变量，即电弧电导初始值 $g(0)$；

$x(1)$ ——第一个状态变量，即大电流区域的电弧电导瞬时值 g_1；

$x(2)$ ——第二个状态变量，即小电流区域的电弧电导瞬时值 g_s；

tau_1 ——第三个状态变量，即大电流区域的电弧时间常数 τ_1；

tau_s ——第四个状态变量，即小电流区域的电弧时间常数 τ_s。

根据高速列车运行状态，弓网电弧可分为静态燃弧和动态燃弧；根据弓网分合动作状态，弓网电弧可分为接触燃弧和分离燃弧。文中在搭建弓网电弧动态模型的过程中，通过改变列车运行速度 $v_{车}$，可以模拟弓网静态燃弧和动态燃弧；通过弓网电弧模型中的“Step”模块控制弓网接触和分离的动作时间，可以模拟弓网电弧的接触燃弧和分离燃弧。

4.3.3 弓网电弧电气特性

依据建立的弓网电弧模型进行弓网电弧电气特性分析，研究了列车运行速度、升降弓过程对弓网电弧电气特性的影响。

1. 列车运行速度对弓网电弧电气特性的影响

采用 Matlab/Simulink 软件，建立了牵引供电系统等效仿真模型，研究了列车运行速度为 100 km/h、200 km/h、300 km/h 和 400 km/h 情况下的弓网电弧电气特性。计算过程中，假定列车的等值电感 LC 和等值电阻 RC 保持不变。

1）弓网电弧电流特性

图 4.11 为不同速度下弓网电弧电流随离线时间变化的波形。不同列车运行速度下，电弧电流波形几乎重合。在第一个燃弧周期，电流峰值出现最大值，为 1 080 A 左右；0.01 s 到 0.1 s 之间，正向电流峰值、负向电流峰值基本不变，为 1 044 A 左右。

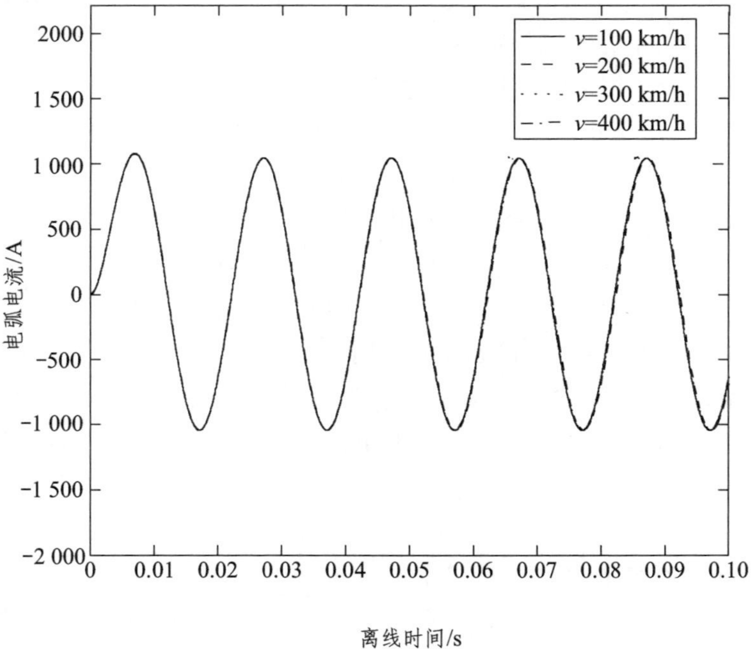

图 4.11　不同速度下弓网电弧电流波形随离线时间的变化波形

2）弓网电弧电压特性

图 4.12 为不同速度下弓网电弧电压随离线时间变化的波形。电弧起弧时，电弧电压迅速上升到最大值 U_1，即起弧电压，然后迅速下降到稳定燃弧电压 U_2，在半周期结束时，电弧电压又上升到熄弧电压 U_3。整体上，电弧电压波形明显偏离正弦波形，起弧电压 U_1、稳定燃弧电压 U_2、熄弧电压 U_3 随着离线时间和列车速度的增大而增大。

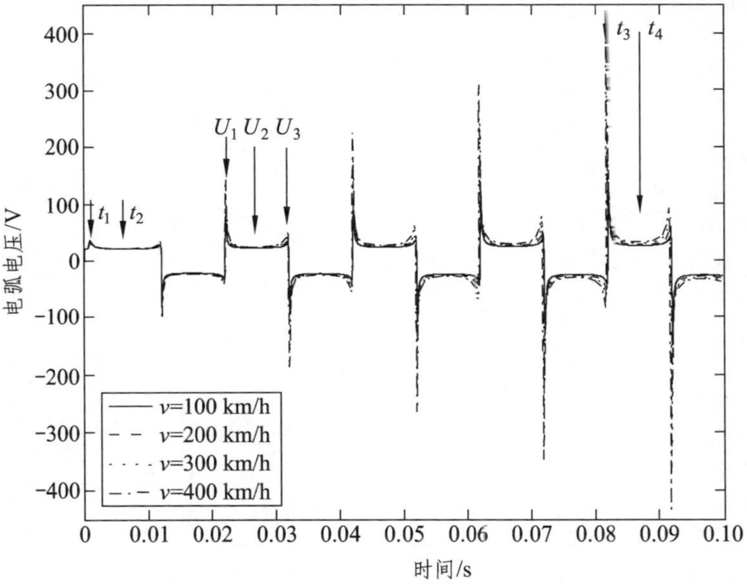

图 4.12　不同速度下弓网电弧电压波形随离线时间的变化曲线

为了更深入的研究在不同运行速度下，弓网离线时间对电弧电压的影响，分别提取每个燃弧周期内起弧电压 U_1，稳定燃弧电压 U_2 随离线时间的变化情况，如图 4.13（a)、(b）所示。同样，提取不同燃弧周期内，起弧电压 U_1 和稳定燃弧电压 U_2 随运行速度的关系，如图 4.13（c)、(d）所示。

从图 4.13（a）可以看出，同一速度下，弓网电弧起弧电压 U_1 随离线时间的增大而增大。在 0.02 s 时，起弧电压 U_1 出现转折，其中，列车速度为 100 km/h 的起弧电压曲线转折较明显。图 4.13（c）具体显示了 t_1 和 t_3 时刻正向起弧电压 U_1 随速度的变化趋势。t_1 时刻，不同速度（100 km/h、200 km/h、300 km/h 和 400 km/h）对应的起弧电压 U_1 分别为：35.45 V、35.86 V、36.28 V、36.58 V，电压变化较小；t_3 时刻，速度为 100 km/h、200 km/h、300 km/h 和 400 km/h 下的起弧电压 U_1 分别为：137.34 V、222.43 V、304.5 V、385.16 V，电压变化明显，速度每增加 100 km/h，起弧电压增加约 81 ~ 85 V。可见，离线时间越长，速度对起弧电压的影响越明显。

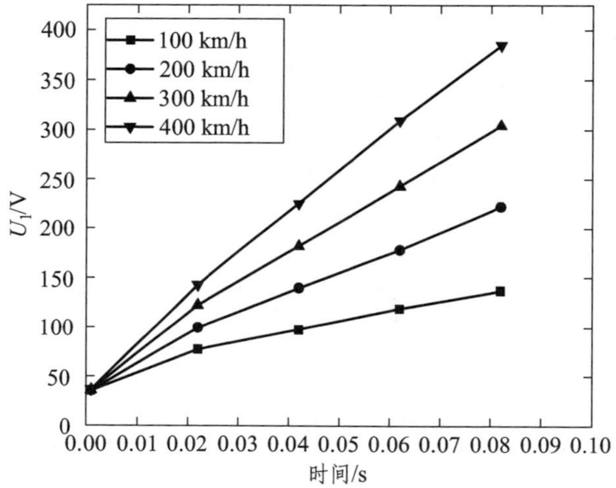

（a）

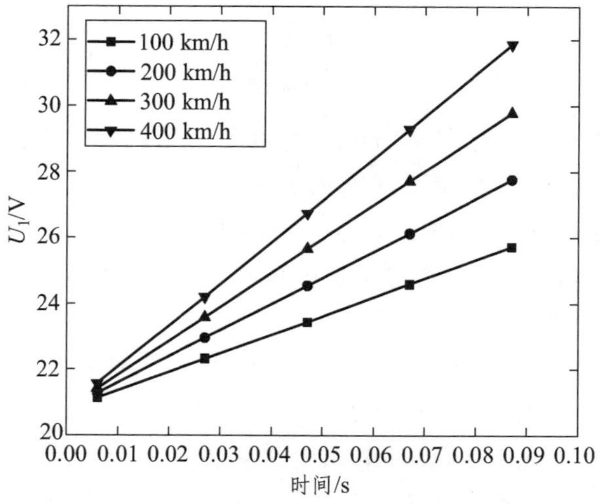

（b）

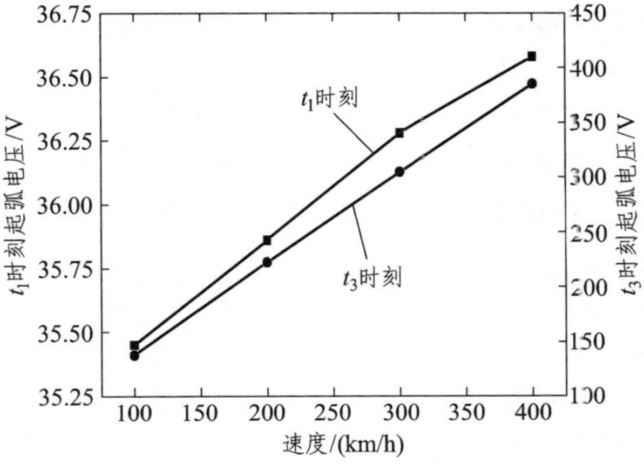

（c）

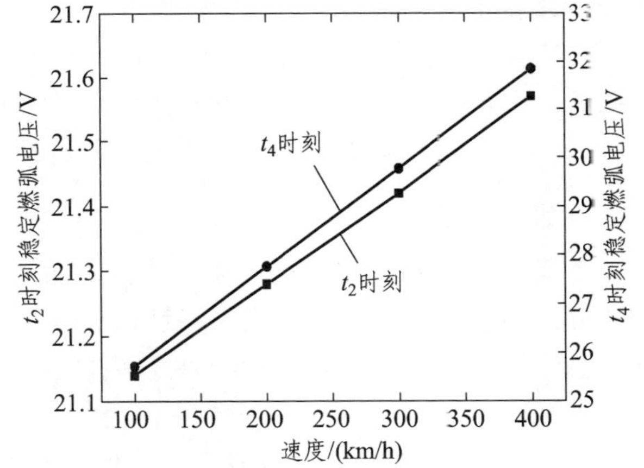

（d）

图 4.13　弓网电弧特定时刻电压变化趋势

图 4.13（b）表明，稳定燃弧电压 U_2 随离线时间呈现增大趋势，速度越大，增幅越大。在不同时刻，速度对稳定燃弧电压 U_2 的影响如图 4.13（d）所示，速度分别为 100 km/h、200 km/h、300 km/h 和 400 km/h 的情况下，t_2 时刻对应的稳定燃弧电压 U_2 为：21.14 V、21.28 V、21.42 V、21.57 V，变化幅度较小，速度每增加 100 km/h，电压增加约为 0.14 V，对应的电弧功率增加约为 146 W。同样，在 t_4 时刻，不同速度时的稳定燃弧电压 U_2 分别为：25.72 V、27.76 V、29.77 V、31.85

V，速度每增加 100 km/h，电弧电压增加约为 2.05 V，电弧功率约增加 2 140 W。可见，离线时间越长，电弧越长，电弧功率越大，速度对稳定燃弧电压的影响越大。

综上可得，燃弧 0 ~ 100 ms 内，列车运行速度从 100 km/h 增大到 200 km/h 时，弓网电弧起弧电压范围为 35 ~ 386 V，稳定燃弧电压范围在 20 ~ 30 V。通过仿真和实验得出的数据：弓网电弧起弧电压范围为 35 ~ 400 V，稳定燃弧电压范围为 5 ~ 40 V，其中以 20 V 左右为主。可以看出，仿真得出的数据与上述文献研究得出的数据一致。

弓网电弧对流耗散功率与列车速度和电弧长度的乘积成正比，所以对于同一离线时间，电弧耗散功率与列车速度成正比，当速度增大时，对流耗散功率增大，电弧的冷却效果变强，在电弧未熄灭之前，需要提供更多的输入能量维持电弧的燃烧，因此，电弧电压增大。同样，在同一列车速度下，电弧对流耗散功率与电弧长度成正比，当弓网离线时间增大，电弧被拉长，一方面对流耗散功率增大，电弧冷却效果增强，电弧电压增大；另一方面，电弧电阻增大，电弧弧柱的电压增大。

3）弓网电弧伏安特性

为了研究列车运行速度对弓网电弧电阻的影响，图 4.14 给出一个周期（0.042 ~ 0.062 s）内，弓网电弧的伏安特性曲线。其中，（a）、（b）分别为列车运行速度为 100 km/h、400 km/h 的伏安特性曲线以及对应的局部放大图 A、B。

从图 4.14 可看出，弓网电弧电压电流之间呈现高度非线性关系，电弧电阻等于电弧电压瞬时值和电弧电流瞬时值的比值。弓网离线时，电弧电压达到弓网间隙气体击穿电压，弓网电弧产生，电弧电阻迅速下降，电流开始增加，当电弧电流达到最大值之后，电弧电阻缓慢上升，电流下降。当电流即将过零时，电弧电阻迅速上升，此时若弓网间隙空气介质恢复强度小于弧隙上的电压恢复强度，则电弧重燃。在此过程中，电弧伏安特性曲线由两条曲线构成：图 4.14（a）的 1 和 2。曲线 1 反映了电弧电流增大时的特性，曲线 2 反映了电弧电流减小时的特性。曲线 2 在曲线 1 下方的原因是由于电极和弧柱气体的热惯性，使弓网电弧伏安特性曲线近似磁滞回线，一个周期内稳定燃弧阶段斜率为负。

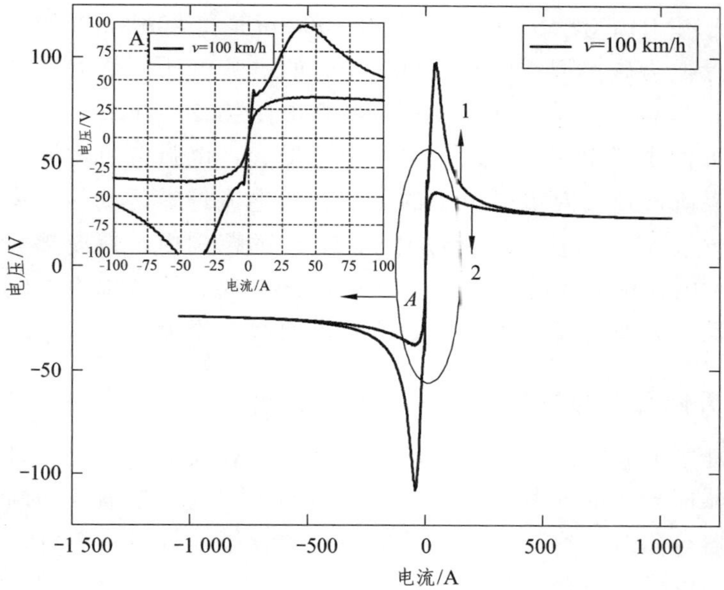

（a）速度为 100 km/h

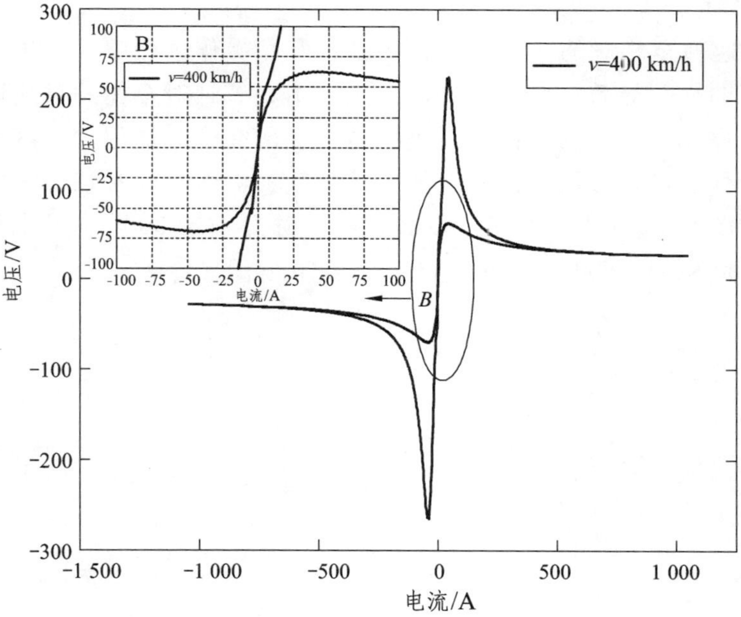

（b）速度为 400 km/h

图 4.14　电弧伏安特性曲线及局部放大图

对比图 4.14（a）、（b），速度为 100 km/h 和 400 km/h 的伏安特性曲线都近似为磁滞回线，但 400 km/h 的电弧电压幅值大。电弧电流最大时，运行速度为 100 km/h 的电弧电阻为 22.5 mΩ，运行速度为 400 km/h 的电弧电阻为 25.8 mΩ，速度增大，电弧电阻增大。为比较电弧过零阶段速度对电弧电阻的影响，对电流过零区域 A、B 的伏安特性进行放大，在电压为 – 50 V 到 50 V 的范围内，速度越大，曲线的斜率（电弧电阻）越大，速度为 400 km/h 时，该范围内的电压不对称。可见，列车运行速度增大，电弧电阻也会增大。

2. 升降弓对弓网电弧电气特性的影响[8, 12, 13]

高速列车进行升、降弓操作时应为无负载或小负载，此时列车的主断路器应处于断开状态，弓网接触瞬间引起列车接通或切断车载电压互感器等负载，容易产生弓网电弧现象，下面针对列车升、降弓过程中弓网电弧进行仿真分析。

1）升弓过程中弓网电弧仿真分析

高速列车相对地面静止时，在进行升弓操作过程中，由于接触网高电压的作用导致弓网电弧现象发生，本小节针对车体相对地面静止时升弓操作过程中的弓网电弧进行仿真，研究升弓过程中弓网电弧的电气特性。设置弓网电弧模型的主要参数：电弧时间常数 τ_1 = 1.2e^{-5}，τ_s = 8.95e^{-5}，电弧起始长度 1.2 cm，断开时刻 t = 0.00 s，初始电导 $g(0)$ = 10 000 S，仿真结果如图 4.15、图 4.16 所示。

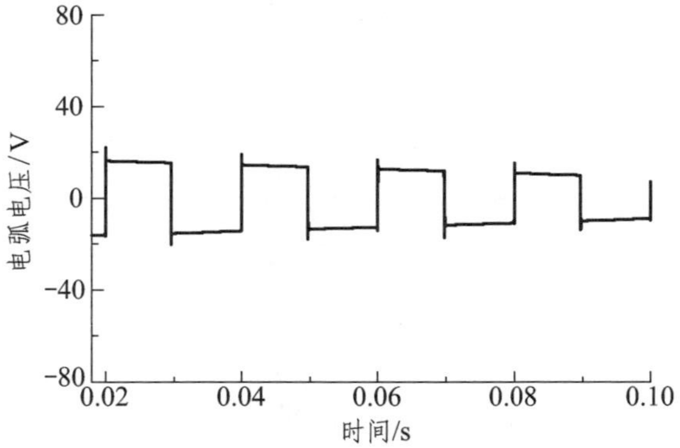

图 4.15　升弓过程中弓网电弧电压仿真波形

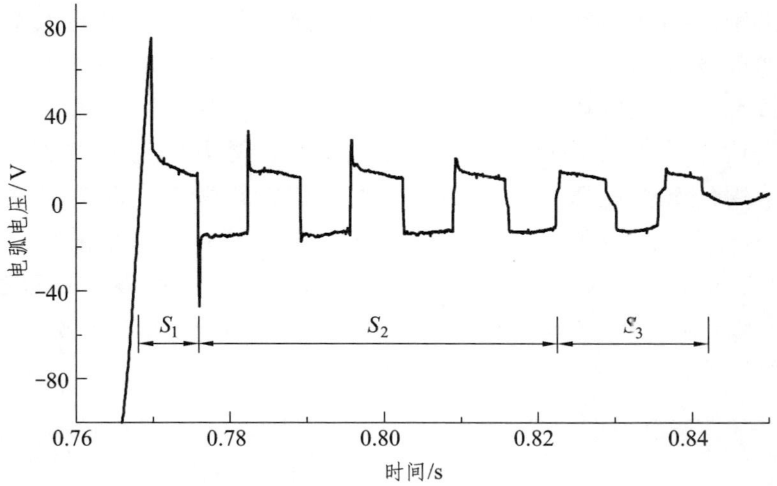

图 4.16　升弓过程中弓网电弧电压实测波形

弓网电弧电压、电流时域特性分析。

图 4.15 为升弓过程中弓网电弧电压仿真波形图，图 4.16 为升弓过程中弓网电弧电压实测波形图，通过图 4 15 和图 4.16 对比分析得，升弓过程中电弧电压仿真波形与实测波形整体趋势一致，在燃弧的整个过程中，电弧电压幅值随着燃弧时间的增加而减小，是由于在升弓过程中弓网电弧长度随着弓网间隙的减小而减小，电弧电压幅值随之也减小导致的；在燃弧的每个周期内，起弧过程中均有较明显的起弧电压，稳态燃弧过程中电压幅值变化较平缓，熄弧过程中熄弧电压不明显，每个周期的电弧电压整体形状类似“马鞍”型。通过上述对比分析可以再一次验证弓网电弧动态模型搭建及参数设置的合理性。

图 4.17 为升弓过程中弓网电弧电压、电流仿真波形图，从图中可以看出，列车升弓过程中弓网电弧电压幅值随着燃弧时间的增加呈减小趋势，在首次燃弧阶段中，电弧稳定燃弧电压幅值约为 18 V，随着弓网间隙的减小，弓网电弧的长度也减小，电弧电压幅值也随之减小。升弓过程中弓网电弧电压波形可大致分为三个阶段：空气击穿阶段、电弧反复重燃阶段和电弧熄弧阶段。在空气击穿阶段中，首次起弧电压幅值明显高于之后每个周期的电压幅值，电弧首次燃

弧是由于外加场强将弓网间隙击穿的结果，之后的弓网间隙击穿是温度和电场共同作用的结果，因此之后的起弧电压有明显的下降；在电弧反复重燃阶段中，电弧电流每半个周期要经过零值一次，弓网间气体介质的电导发生着周期性的改变，随着弓网间隙的减小，正负半周的起弧电压逐渐减小；在电弧熄弧阶段中，随着弓网间隙的进一步减小，电弧电压幅值也逐渐减小，最终，当弓网之间充分接触时，电弧随之熄灭，此时弓网间电压为零。在列车升弓过程中，弓网电弧电流波形呈现为正弦波，电流正半周峰值约为 180 A，负半周峰值约为 – 220 A。

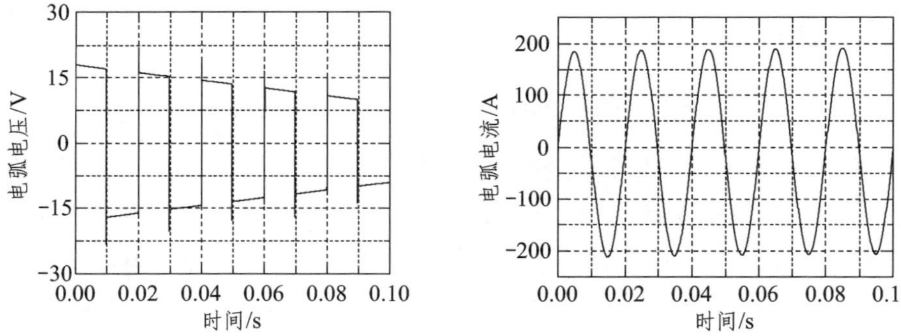

（a）弓网电弧电压仿真波形　　（b）弓网电弧电流仿真波形

图 4.17　升弓过程中弓网电弧电压、电流仿真波形

（1）弓网电弧伏安特性分析。

图 4.18 为升弓过程中弓网电弧伏安特性曲线图，从图（a）中可以看出，电弧电压、电流之间存在高度非线性，随着电弧电压幅值在各个周期内逐渐减小，电弧的伏安特性曲线在纵坐标方向也相应“变矮”，电弧电压峰值从首次燃弧阶段的±18 V 变化到最终熄弧阶段的±10 V，电弧电流峰值从首次燃弧阶段到最终熄弧阶段基本保持不变，但在每个周期内的正负半周却有不同，正半周期峰值约为 180 A，而负半周峰值约为 – 220 A，此现象与电弧电压及燃弧时间有关。从图（b）中可以看出，在电弧燃烧的一个周期内，电弧伏安特性曲线近似磁滞回线，并且在一个周期内含有两段斜率为负的特性曲线。

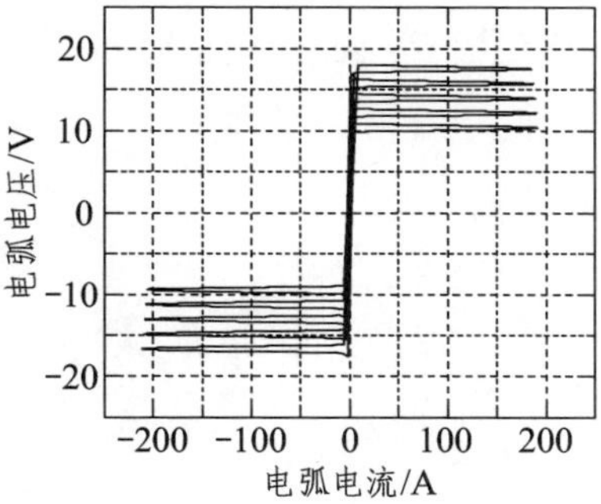

（a）弓网电弧全过程的伏安特性曲线

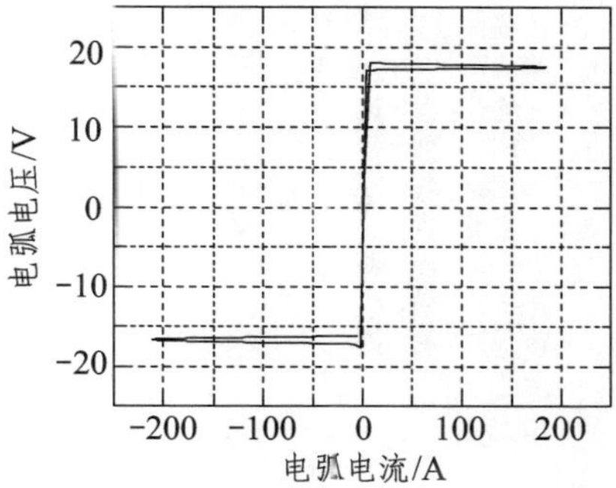

（b）弓网电弧某一周期的伏安特性曲线

图 4.18　升弓过程中弓网电弧伏安特性曲线

（2）弓网电弧电压、电流频域特性分析。

对升弓过程中弓网电弧电压进行频域分析，结果如图 4.19 所示。从图中可以看出，电弧电压频谱中基波分量和奇次谐波分量较多，并且谐波幅值随着谐波次数的增加而减小，3 次谐波分量约占 33.06%，5 次谐波约占 19.50%，7 次谐波约占 13.58%，9 次谐波约占 10.2%，更高次的谐波分量含量逐渐减少。

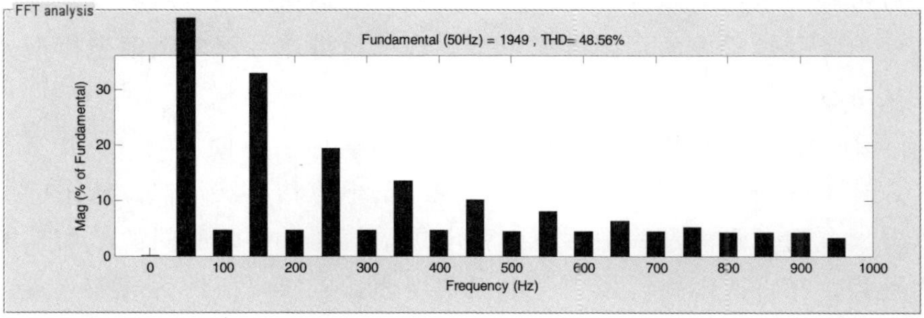

图 4.19　升弓过程中弓网电弧电压频域谱

对升弓过程中弓网电弧电流进行频谱分析，结果如图 4.20 所示。从图中可以看出，电弧电流频谱与电弧电压频谱的特性不同，电流频谱中直流分量和基波分量较多，奇次谐波分量较少，并且谐波幅值随着谐波次数增加而减小，直流分量约占基波含量的 6.66%，3 次谐波仅占 0.63%，5 次谐波仅占 0.23%，更高次的谐波分量含量更少。

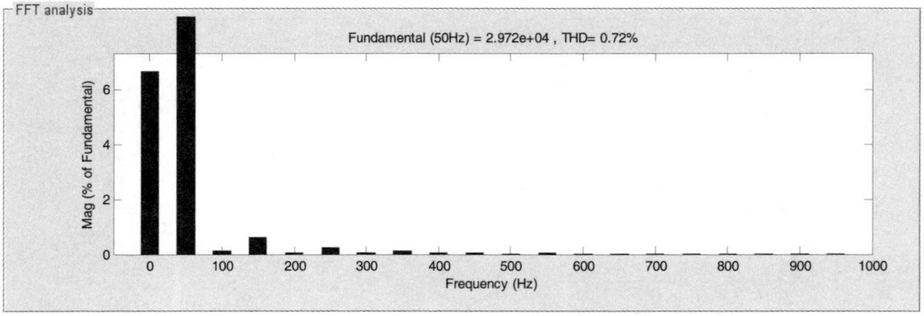

图 4.20　升弓过程中弓网电弧电流频域谱

2）降弓过程中弓网电弧仿真分析

高速列车相对地面静止时，在进行降弓操作过程中，弓网之间也会产生弓网电弧现象，本小节针对车体相对地面静止时降弓操作过程中的弓网电弧进行仿真，研究降弓过程中弓网电弧的电气特性。设置弓网电弧模型的主要参数：电弧时间常数 $\tau_1 = 1.2e^{-5}$，$\tau_s = 8.95e^{-5}$，电弧拉断长度 2 cm，断开时刻 $t = 0.00$ s，初始电导 $g(0) = 10\ 000$ S。

目前，由于弓网电弧实验平台及测量装置的局限性，不易采集到降弓过程中电弧电压的实测波形。因此，利用搭建的弓网电弧动态模型模拟降弓过程中的弓网电弧现象，这也是搭建弓网电弧动态模型的意义所在，仿真结果如下所示。

（1）弓网电弧电压、电流时域特性分析。

图 4.21 为降弓过程中弓网电弧电压、电流仿真波形图，从图中可以看出，列车降弓过程中弓网电弧电压幅值随着燃弧时间的增加呈增大趋势，在首次燃弧阶段中，电弧稳定燃弧电压幅值约为 8 V，随着弓网间隙的增大，弓网电弧的长度也增大，电弧电压幅值也随之增大，最终达到约 30 V，电弧被拉断而熄灭。降弓过程中电弧电压波形也可大致分为三个阶段：空气击穿阶段、电弧反复重燃阶段和电弧熄弧阶段。在降弓过程与升弓过程中弓网电弧燃弧原理相似，这里不重复阐述。在列车降弓过程中，弓网电弧电流波形也呈现为正弦波，电流正半周峰值约为 190 A，负半周峰值约为 – 210 A。

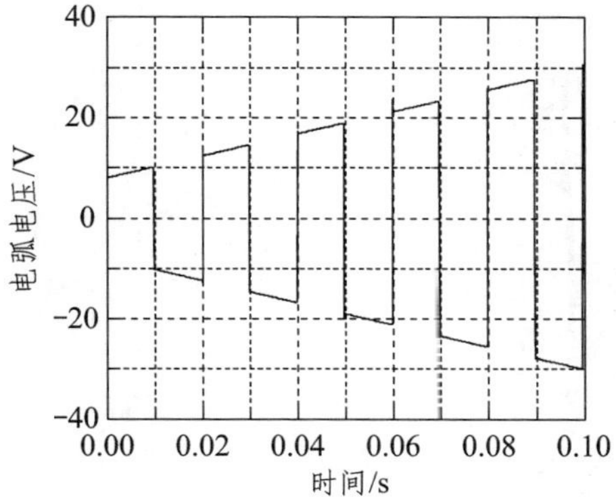

（a）弓网电弧电压仿真波形

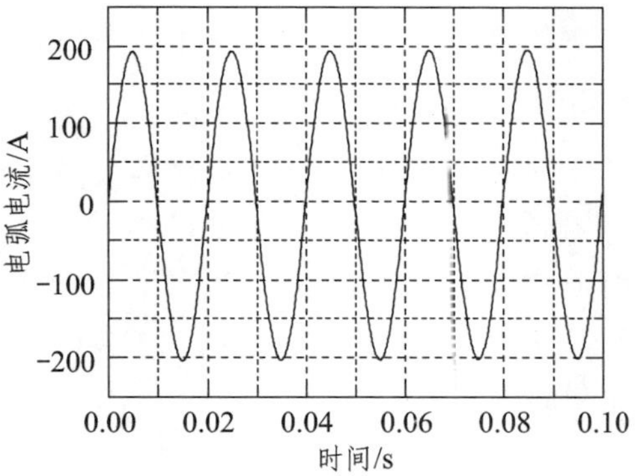

（b）弓网电弧电流仿真波形

图 4.21　降弓过程中弓网电弧电压、电流仿真波形

（2）弓网电弧伏安特性分析。

图 4.22 为降弓过程中弓网电弧伏安特性曲线图，从图（a）中可以看出，降弓过程的弓网电弧伏安特性曲线与升弓过程的弓网电弧伏安特性曲线整体上相似，只是在幅值上略有差别，降弓过程中，电弧电压峰值从首次燃弧阶段的±8 V 变化到最终熄弧阶段的±30 V，电弧电流峰值从首次燃弧阶段到最终熄弧阶段基本保持不变，电流正半周峰值约为 190 A，负半周峰值约为 – 210 A。从图（b）中可以看出，在电弧燃烧的一个周期内，电弧伏安特性曲线也近似磁滞回线，并且在一个周期内含有两段斜率为负的特性曲线。

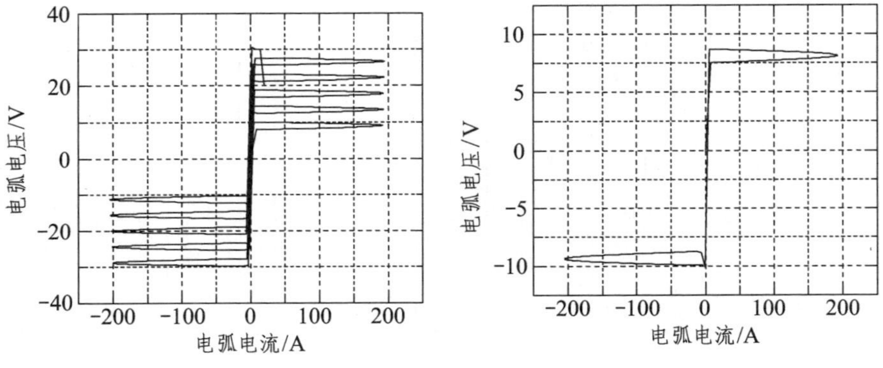

图 4.22　降弓过程中弓网电弧伏安特性曲线

（3）弓网电弧电压、电流频域特性分析。

对降弓过程中弓网电弧电压进行频域分析，结果如图 4.23 所示。从图中可以看出，电弧电压频谱中基波分量和奇次谐波分量较多，并且谐波幅值随着谐波次数增加而减小，3 次谐波分量约占 33.36%，5 次谐波约占 20.05%，7 次谐波约占 14.36%，9 次谐波约占 11.21%，更高次的谐波分量含量逐渐减少。

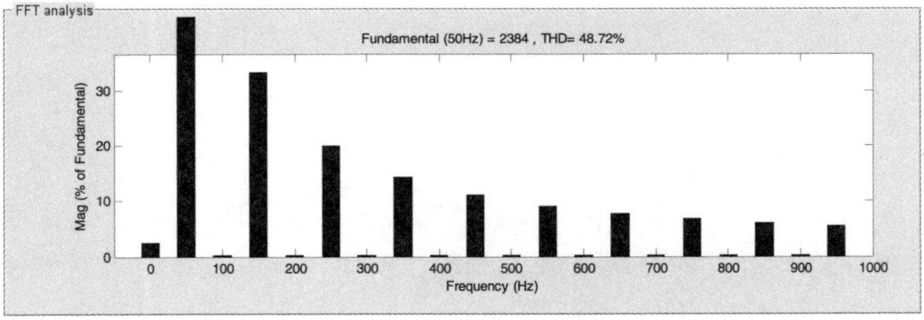

图 4.23　降弓过程中弓网电弧电压频域谱

对降弓过程中弓网电弧电流进行频谱分析，结果如图 4.24 所示。从图中可以看出，电弧电流频谱中基波分量较多、直流分量和奇次谐波分量较少，直流分量仅占基波含量的 1.63%，3 次谐波仅占 0.72%，5 次谐波仅占 0.28%，7 次谐波仅占 0.16%，更高次的谐波分量含量更少。

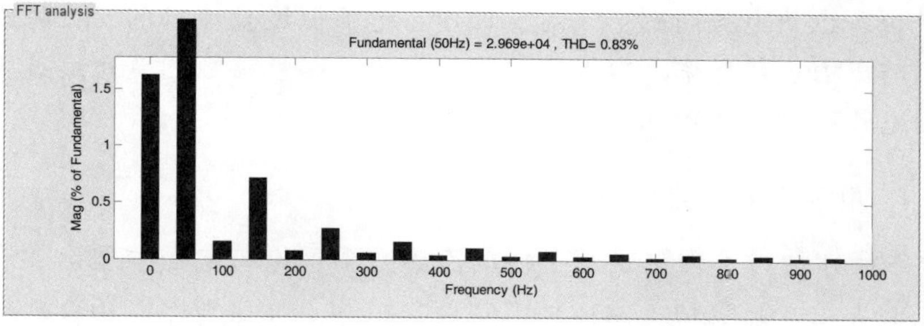

图 4.24　降弓过程中弓网电弧电流频域谱

4.4　弓网电弧磁流体动力学（MHD）模型

4.4.1　弓网电弧磁流体动力学模型

电弧运动是热场、电磁场和气流场等相互作用的结果，他们之间的相互作用过程如图 4.25 所示。

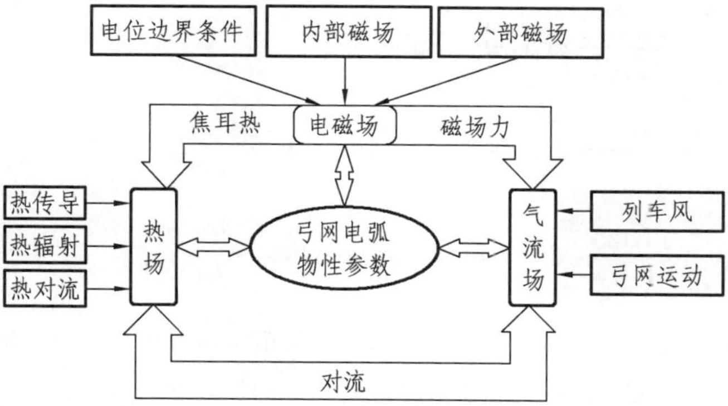

图 4.25　弓网电弧等离子体中的物理过程

电弧的物性参数包括温度、压力、比热、热导率、电导率等，初始温度和压力决定了电弧的电导率，通过施加合理的电场边界条件，利用电磁场方程得出电弧区域的电流密度和电位分布，电流产生的焦耳热使电弧等离子体温度升高，同时内外部磁场对导电流体产生磁场力，不断改变电弧流场分布。电弧通过热辐射、热传导和对流的方式与附近流场发生着能量传递，高速运动产生的列车风不仅影响电弧流场分布，也使电弧周围空气对流加速。电弧温度及流场的变化将改变电弧的压力、热导率、电导率等物性参数，物性参数的变化反过来又影响电弧电场、热场和流场的分布[14, 15]。

1. 电弧 MHD 数学模型

磁流体动力学理论是基于传统流体力学理论与电磁学理论发展而产生的理论，它包括了流体动力学方程组和麦克斯韦电磁场方程组。

1）流体动力学方程

流体流动要受物理守恒定律的支配，其基本守恒方程包括：质量守恒方程、动量守恒方程和能量守恒方程。

（1）质量守恒方程

$$\frac{\partial \rho}{\partial t}+\mathrm{div}(\rho \boldsymbol{v})=0 \tag{4-26}$$

（2）动量守恒方程

$$\frac{\partial(\rho u)}{\partial t}+\mathrm{div}(\rho \boldsymbol{u} u)=\mathrm{div}(\eta \mathrm{grad} u)-\frac{\partial p}{\partial x}+S_{\mathrm{u}} \tag{4-27}$$

$$\frac{\partial(\rho v)}{\partial t}+\mathrm{div}(\rho \boldsymbol{u} v)=\mathrm{div}(\eta \mathrm{grad} v)-\frac{\partial p}{\partial y}+S_{\mathrm{v}} \tag{4-28}$$

$$\frac{\partial(\rho w)}{\partial t}+\mathrm{div}(\rho \boldsymbol{u} w)=\mathrm{div}(\eta \mathrm{grad} w)-\frac{\partial p}{\partial z}+S_{\mathrm{w}} \tag{4-29}$$

式（4-27）~（4-29）是描述速度场的 Navier-Stokes 方程组，其中：u、v 和 w 是电弧等离子体区域 x、y 和 z 方向上的气流速度，单位符号为 m/s；p 是流场内压强，单位符号为 Pa；η 为流场内流体的黏性系数，单位符号为 kg/（m·s）；S_{u}、S_{v} 和 S_{w} 是动量守恒方程的广义源项，$S_{\mathrm{u}}=F_{\mathrm{x}}+s_{\mathrm{x}}$，$S_{\mathrm{v}}=F_{\mathrm{y}}+s_{\mathrm{y}}$，$S_{\mathrm{w}}=F_{\mathrm{z}}+s_{\mathrm{z}}$，$s_{\mathrm{x}}$，$s_{\mathrm{y}}$ 和 s_{z} 的表达式如下：

$$s_{\mathrm{x}}=\frac{\partial}{\partial x}\left(\eta \frac{\partial u}{\partial x}\right)+\frac{\partial}{\partial y}\left(\eta \frac{\partial v}{\partial x}\right)+\frac{\partial}{\partial z}\left(\eta \frac{\partial w}{\partial x}\right)+\frac{\partial}{\partial x}(\lambda \mathrm{div} \boldsymbol{u}) \tag{4-30}$$

$$s_{\mathrm{y}}=\frac{\partial}{\partial x}\left(\eta \frac{\partial u}{\partial y}\right)+\frac{\partial}{\partial y}\left(\eta \frac{\partial v}{\partial y}\right)+\frac{\partial}{\partial z}\left(\eta \frac{\partial w}{\partial y}\right)+\frac{\partial}{\partial x}(\lambda \mathrm{div} \boldsymbol{u}) \tag{4-31}$$

$$s_x = \frac{\partial}{\partial x}\left(\eta\frac{\partial u}{\partial z}\right)+\frac{\partial}{\partial y}\left(\eta\frac{\partial v}{\partial z}\right)+\frac{\partial}{\partial z}\left(\eta\frac{\partial w}{\partial z}\right)+\frac{\partial}{\partial z}(\lambda \mathrm{div}\boldsymbol{u}) \tag{4-32}$$

F_x、F_y 和 F_z 是动量守恒方程中的狭义源项，指流场内流体元在 x，y 和 z 方向上受到的外体积力。在电弧等离子体流场中，流体元受到的外力主要是电磁场在流场中产生的电磁力。等离子体呈电中性，电场对流体元的电场力相对较小，忽略流体元的重力，电弧等离子体的外体积力主要为电磁场产生的洛伦兹力。利用电磁场方程计算得到：

$$F_x = j_y B_z - j_z B_y \tag{4-33}$$

$$F_y = j_z B_x - j_x B_z \tag{4-34}$$

$$F_z = j_x B_y - j_y B_x \tag{4-35}$$

j_x、j_y 和 j_z 是 x，y 和 z 方向上的电弧电流密度，单位符号为 A/m^2；B 是电弧等离子体流场中的磁感应强度，包括电弧自身电流产生的磁感应强度 B_0 和接触网导线电流产生的磁感应强度 B_i，单位为 T。

$$B = B_0 + B_i \tag{4-36}$$

（3）能量守恒方程：

$$\frac{\partial(\rho T)}{\partial t}+\mathrm{div}(\rho \boldsymbol{v} T)=\mathrm{div}\left(\frac{\lambda}{c_p}\mathrm{grad}T\right)+S_T \tag{4-37}$$

式中 ρ —— 等离子体密度，单位符号为 kg/m^3；

$\boldsymbol{v}$ —— 速度矢量；

T —— 温度，λ 是热导率，单位符号为 W/（m·K）；

c_p —— 比热，单位符号为 J/（kg·K）。

S_T 是流体的能量源项，可以通过下式计算得到：

$$S_T = \frac{\partial p}{\partial t}+V+\frac{J^2}{\sigma}-Q_R \tag{4-38}$$

式中 σ —— 等离子体电导率，单位符号为 S/m；

V —— 黏性耗散项；

J^2/σ —— 电弧电流产生的焦耳热；

Q_R —— 电弧经热辐射失去的能量。

电弧等离子体等效为气体流体，要求解上述各式，仍需要补充一个气体的状态方程

$$p = p(\rho T) \tag{4-39}$$

2）电磁场方程

电弧是气流场与电磁场的相互耦合场，从上面一系列方程中可以看到电弧气流场方程的动量和能量源项中需要电流产生的焦耳热和磁场产生的洛伦兹力，求解焦耳热和洛伦兹力就需要计算电弧导电流体的电流密度和磁感应强度。

根据 Maxwell 方程组，电场φ的计算方程为

$$\mathrm{div}(\sigma \mathrm{grad}\varphi) = 0 \tag{4-40}$$

电流密度矢量：

$$J = -\sigma \mathrm{grad}\varphi \tag{4-41}$$

弓网电弧发生时，接触网导线与列车间仍存在电流的传输，接触网导线中的电流在导线附近区域产生一定的磁场，在等离子体区域产生的磁感应强度既为式中的。计算及时，将导线等效为一根半无限长电流线，用毕奥-萨伐定律求解其在电弧等离子体中产生的磁场，得

$$B_{\mathrm{i}} = \frac{\mu i}{4\pi r} e_{\phi} \tag{4-42}$$

式中 i —— 接触网导线中的电流，单位符号为 A；

μ —— 等离子体的磁导率，单位符号为 H/m；

r —— 距接触网导线的垂直距离，单位符号为 m。

根据 Maxwell 方程组，电弧电流自身产生的磁感应强度 B_0（见图 4.26）可以通过以下表达式得到：

$$\nabla \times H_0 = J \tag{4-43}$$

$$B_0 = \mu_0(H_0 + M) \tag{4-44}$$

$$M = B_0(\mu_{\mathrm{r}} - 1)/\mu_0 \tag{4-45}$$

或者：

$$B_0 = \frac{\mu_0}{r}\int_0^r j_{\mathrm{y}}\xi \mathrm{d}\xi \tag{4-46}$$

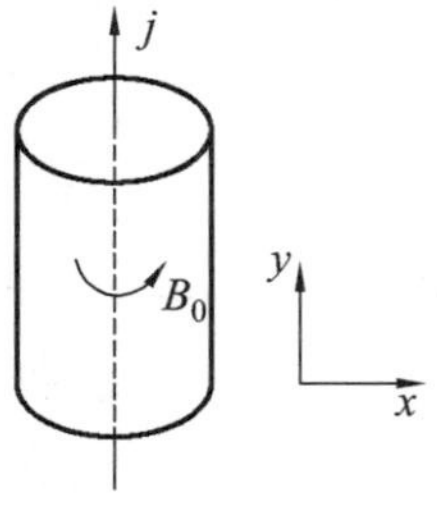

图 4.26 电弧电流自感生磁场

2. **电弧热辐射模型**

当电弧电流达到几十至几百安培时，电弧等离子体中的温度最高

能达到上万度。在高温等离子体中，被扰动的原子、电子的振动和受激会发出光，其中波长在 0.4 ~ 40 μm 范围内的光谱投射到物体上后能被物体吸收，变为热能，这个过程就是热辐射。热辐射是一种通过电磁辐射的形式把热能向外散发的传热方式，它不依赖任何外界条件而进行。电弧中的辐射传热是一个非常复杂的过程。一方面，电弧等离子体中的每个流体元，其内部都存在着散热和吸热过程，电弧高温等离子体向外界环境辐射能量，同时边缘低温部分又能够吸收高温部分的辐射能量；另一方面，电弧等离子体光谱包括连续光谱和上百条的线光谱，线光谱位置又由气体中原子和分子的能级决定，每条谱线的吸收系数又各不相同；另外，辐射现象还与电弧等离子体的温度和压力有关，温度越高，其向外的辐射能量就越大。

因此，电弧等离子体的热辐射和吸收现象是一个非常复杂的问题，为简化辐射现象，将等离子体中的每个流体元等效为一个独立的辐射源，单个流体元的辐射能量为 Q_R。体积元 dV 发射的波段为 dλ的能量可以表示为

$$\mathrm{d}Q_{\mathrm{R},\lambda}\mathrm{d}V = 4k(\lambda)M_{\mathrm{Q},\lambda}(\lambda)\mathrm{d}\lambda\mathrm{d}V \tag{4-47}$$

$Q_{\mathrm{r},\lambda}$是黑体的光谱辐射率，根据 Stefan 定律：

$$M_{\mathrm{Q}} = \int_0^{\infty} M_{\mathrm{Q},\lambda}(\lambda)\mathrm{d}\lambda = \alpha T^4 \tag{4-48}$$

式中　α —— Stefan-Boltzman 常数，为 5.67057e-8 W/（$\mathrm{m}^2 \cdot \mathrm{K}$）；

　　　k —— 散射介质的吸收系数。

根据 Lambert 定律，常数 k 可以通过下式得到：

$$I(s) = I_0 \exp(-k \cdot s) \tag{4-49}$$

式中　s —— 传输距离，单位符号为 m；

　　　I —— 指辐射强度。

式（4-49）表明辐射强度在介质的传播过程中随传播距离呈指数衰减。

吸收系数 k 与辐射波长的主要与气体的压强 p 有关，一般认为 k 与压强呈线性关系：

$$k = 13\frac{p}{p_0} \tag{4-50}$$

式中　p —— 流体元内的压强；

p_0 —— 标准大气压，1 atm。

只考虑辐射散热时，通过式（4-47）和式（4-48）得到与波长无关的辐射能量为

$$Q_R = 4\alpha k T^4 \tag{4-51}$$

考虑到外界环境温度 T_0 也会向流体元内辐射能量，式（4-51）修改为

$$Q_R = 4\alpha k(T^4 - T_0^{\ 4}) \tag{4-52}$$

3. 电弧模型的初始条件和边界条件

弓网电弧等离子体的初始条件和边界条件是控制电弧 MHD 数学模型中流体动力学方程组与电磁场方程组有定解的前提，完整描述电弧的物理过程不仅需要流体和电磁场的控制方程组，还需要与之相对应的初始条件和边界条件。在电弧等离子体流场中需要指定流场的初始条件是流场求解区域的温度分布，边界条件包括速度边界、温度边界、压力边界和电磁场边界。流体动力学方程组与电磁场方程组有定解的前提，完整描述电弧的物理过程不仅需要流体和电磁场的控制方程组，还需要与之相对应的初始条件和边界条件。在电弧等离子体流场中需要指定流场的初始条件是流场求解区域的温度分布，边界条件包括速度边界、温度边界、压力边界和电磁场边界。

弓网电弧处于完全开阔的空间中，根据其所处的环境设定气流速度边界条件，空气边界设为压力出口，压力值近似为一个大气压。电弧阴极作为发射极，向阳极发射电子，阴极通过施加电流密度来定义电场的边界条件，阳极作为接收极，接收由阴极所发射的电子，因此将恒定的零电势设为阳极的电场边界条件。阴极的热电子发射电流密度与阴极温度有关，依据电弧电流来设置阴极温度边界条件。阳极以及电弧求解域其他边界的温度边界条件为设为环境温度。

4. 弓网电弧物性参数

电弧等离子体物性参数是求解控制方程的基础，其精确度决定着

数学模型仿真计算结果的准确度。

由图 4.27（a）~（e）可知其密度、定压比热容、黏滞系数、热导率和电导率与内部温度、压强呈非线性关系。当电弧等离子体内温度和压强改变时，物性参数将随之发生改变，并影响等离子体内部的热场、气流场和电磁场。

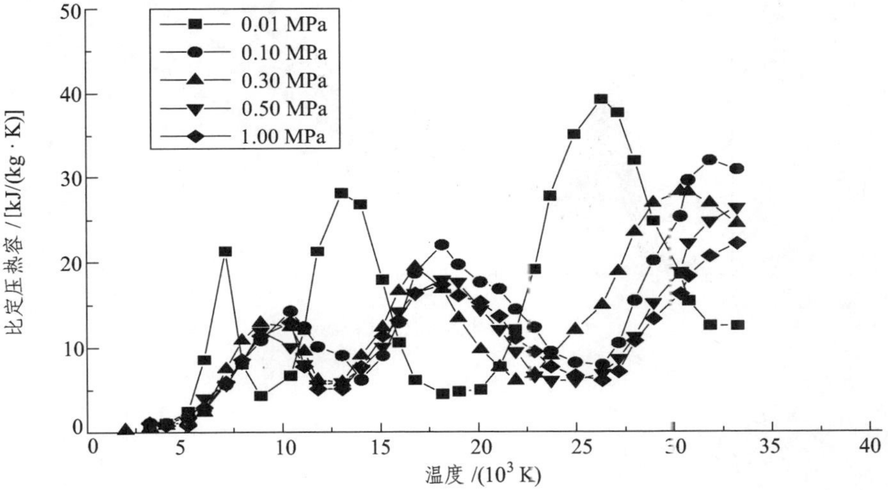

（a）

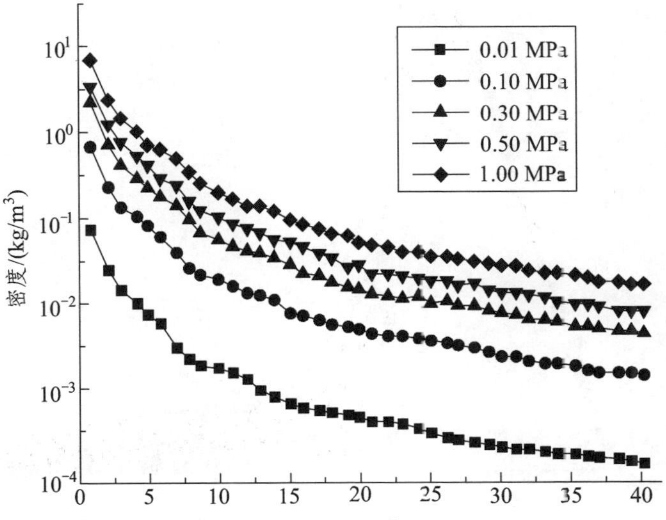

（b）

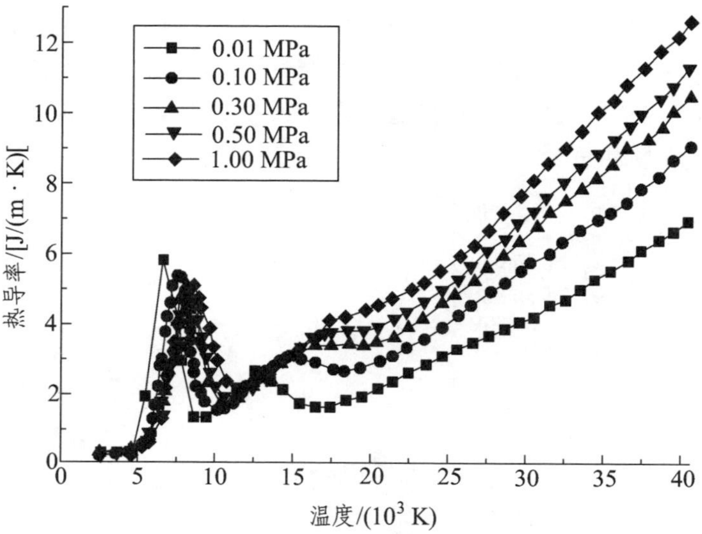
0.01 MPa
0.10 MPa
0.30 MPa
0.50 MPa
1.00 MPa
热导率/[J/(m · K)[
温度/(10³ K)

（c）

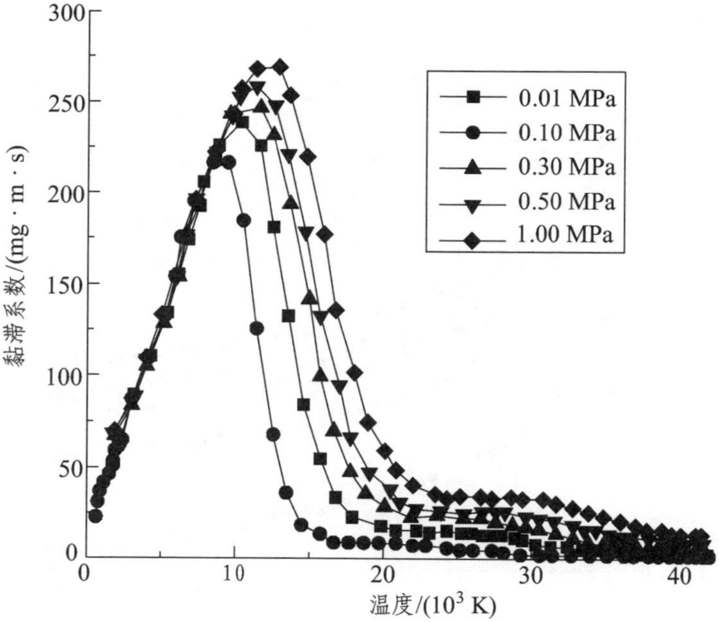
0.01 MPa
0.10 MPa
0.30 MPa
0.50 MPa
1.00 MPa
黏滞系数/(mg · m · s)
温度/(10³ K)

（d）

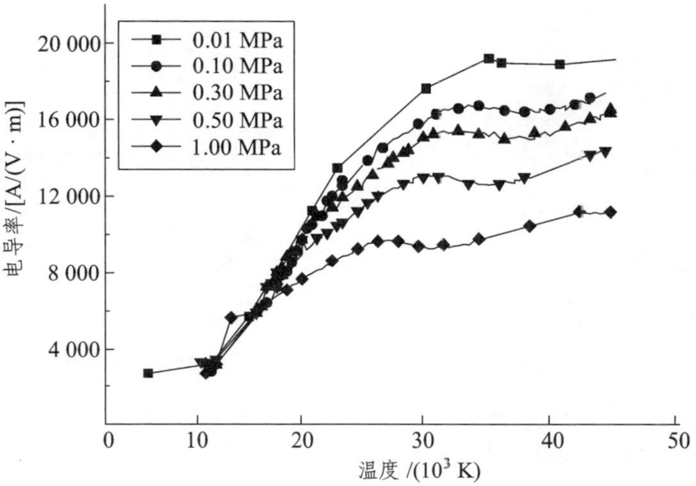

（e）

图 4.27　电弧等离子体物性参数

5. 弓网电弧几何模型

接触网导线和受电弓滑板的几何位置关系如图 4.28 所示，受电弓滑板近似为一个长方体滑板，接触网导线为一个带槽口的近似圆柱形的金属导线，位于滑板上方。弓网电弧产生时，导线和滑板处于分离状态。定义导线垂直于纸面方向为正面，导线平行于纸面方向为侧面。

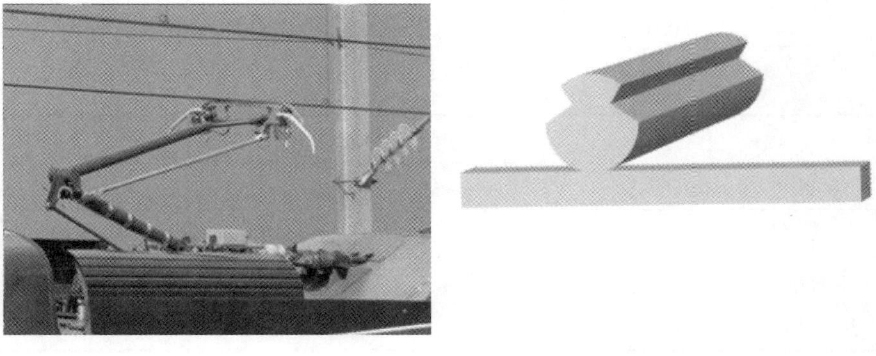

（a）弓网位置关系

（b）正面

（c）侧面

图 4.28　弓网位置关系

弓网电弧发生在弓和网之间，从图 4.28 可以看出，从正面和侧面来看，弓网电弧与电极的接触面形状不同，因此，将从正面和侧面两个方向建立弓网电弧二维模型。从正面建立弓网离线产生电弧时的二维简化几何模型如图 4.29 所示，为减小计算量，加快计算速度，略去与弓网电弧形态特性无关部分，将弓网电弧模型进一步简化为右图形式，电弧与接触网导线接触面为一条弧形曲线。接触网导线曲率半径取导线实际半径，R = 7.2 mm；滑板厚度取为 20 mm；d 为电弧长度。接触网导线一般采用铜锡合金导线，受电弓滑板有浸铜炭滑板和铜基粉末冶金滑板，弓网材料的物性参数如表 4.1 所示。

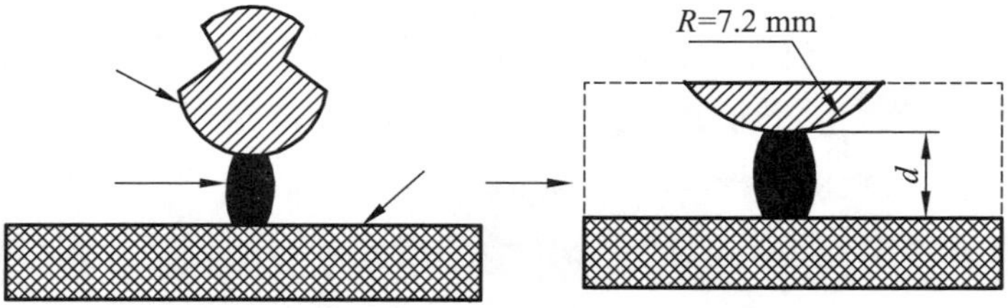

图 4.29　弓网电弧简化几何模型（正面）

表 4.1　弓网材料

项目	浸铜炭滑板	铜基粉末冶金滑板	铜锡合金导线
密度/（10^3kg/m^3）	2.32	8.1	9.02
电阻率/μΩ·m	10	0.35	0.024
比热/[J/（kg·K）]	478	376	384
热导率/[W/（m·K）]	6	80	398

图 4.30 是从侧面建立的弓网离线时产生电弧的二维简化几何模

型，从侧面观察，接触网导线截面为无限长矩形，导线与电弧接触面为平面。

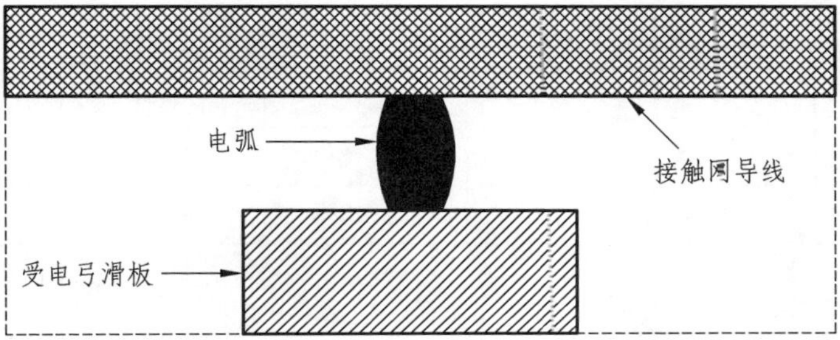

图 4.30 弓网电弧简化几何模型（侧面）

电弧长度就是弓与网的分离距离，弓网分离距离是一个时刻在变化的量，电弧长度也在不停地拉长与缩短。但当弓网分离距离过大时电弧两端电压将不足以维持电弧的持续燃烧，因此，电弧长度在一个较小的范围之内波动。

4.4.2 弓网电弧电流对弓网电弧的影响[14-16]

弓网电弧作为牵引系统回路中的一部分，电弧中的电流将随牵引回路中电流的改变而变化。电流产生的焦耳热是弓网电弧能量的主要来源，因此，电弧的温度分布与电弧电流的大小有密切关系。改变弓网电弧的电流边界条件,可仿真不同电弧电流情况下的电弧温度分布。

取电弧电流 $I = 50$ A、100 A、200 A 和 400 A 计算弓网电弧温度分布，电弧弧柱、导线表面和滑板表面的最高温度在不同电弧电流时的值如表 4.2 所示，图 4.31 是最高温度与电弧电流的关系曲线。由图可知，电弧弧柱区的最高温度随电流的增大而增大，当电流从 50 A 增加到 400 A 时，弧柱最高温度从 9 250 K 增大到 16 200 K。另外，在电弧与导线和滑板的接触表面上，电弧最高温度也都与电弧电流值的大小呈正相关，但随着电弧电流值的增加，滑板接触表面温度增高的速率相对比较快，而在接触网导线接触表面其温度升高的速率则相对缓慢。电弧电流值从 50 A 增加到 400 A 时，接触网导线接触表面最高温度升高了 730 K,而此时滑板表面最高温度已经由 5 780 K 增加到

11 480 K，升高了 5 700 K。

表 4.2　不同电弧电流的电弧最高温度

电弧电流/A		50	100	200	400
最高温度/kK	弧柱	9.25	11.02	14.48	16.20
	导线表面	1.13	1.38	1.45	1.86
	滑板表面	5.78	6.98	8.80	11.48

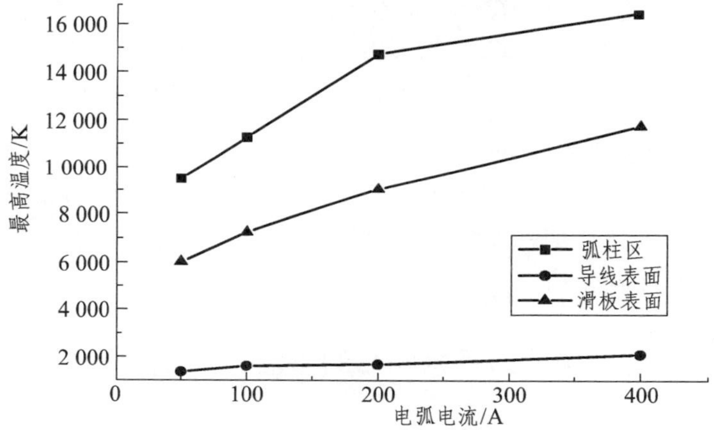

图 4.31　电弧温度与电弧电流的关系曲线

当电弧电流达到 400 A 时，导线表面最高温度达到了 1 860 K，导线内部温度分布如图 4.32 所示，此时导线 1 200 K 以上的高温斑点直径已经达到了 1.5 mm。电弧电流由 200 A 增加到 400 A，导线表面最高温度增加了 400 K，但其高温（1 200 K 以上）斑点直径几乎增加了一倍，高温斑点面积增加将近 4 倍。这意味着电弧对导线的侵蚀面积也会相应增加。

电弧电流变化时，弧柱区温度发生改变，电弧的电导率是与其温度相关的物性参数，电弧两端电压是电弧电流和电弧电导率的相关量。仿真结果分析表明，电弧电流变化时，电弧两端的电压基本维持不变，如图 4.33 所示。这是因为电弧电流增加时，弧柱温度升高，电导率也随之升高。弓网电弧发生时导线和滑板间电势的大小基本不随电流的变化而改变。

图 4.32　电弧电流 $I = 400$ A 时导线内部温度分布

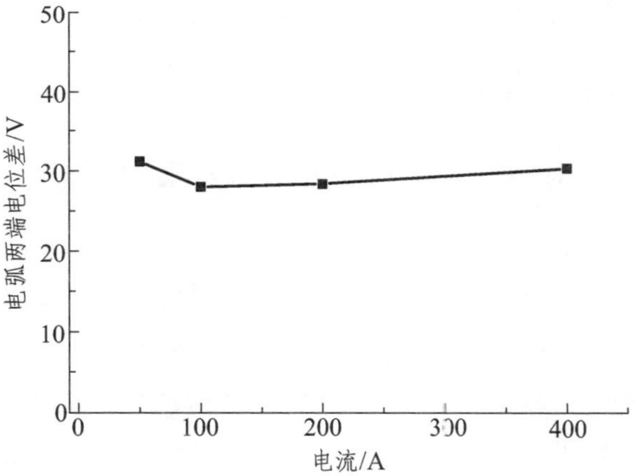

图 4.33　不同电流时电弧两端电势差

为了验证仿真模型的可靠性，基于实验室弓网电弧模拟试验系统，利用莫尔偏折光学诊断技术，对 100 A 条件下，靠近受电弓滑板的电弧等离子体进行诊断，通过傅立叶变换和 Abel 逆变换，得到等离子体折射率分布曲线。将折射率进行反演，重建出不同水平位置的温度分布，得出其随位置变化的趋势。近受电弓滑板处电弧温度水平分布实验值与仿真值如图 4.34 所示，计算所得电弧温度在水平方向上的分布与实验测得的分布趋势基本一致。考虑到仿真中所做的假设以及实验误差，仿真结果符合实验结果。

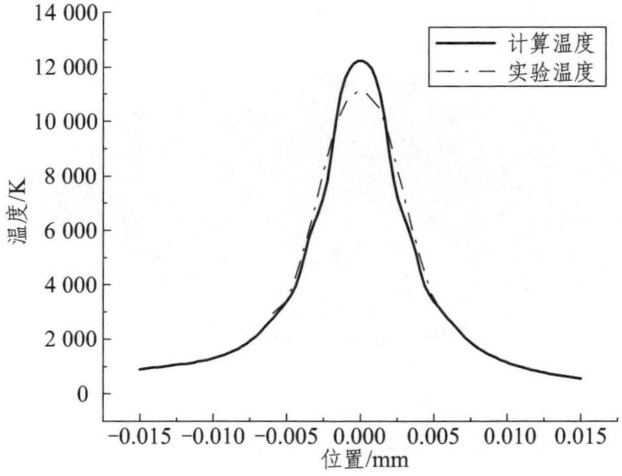

图 4.34　电弧温度在水平方向上的分布

4.4.3　弓网间隙对弓网电弧的影响[16-18]

1. 弓网间隙对弓网电弧影响的仿真结果

在列车出站起动过程中，先要将受电弓进行升弓操作。在升弓过程中，弓网之间的间隙不断缩小，间隙电场强度增大，在场电子的作用下会发生电子雪崩现象，间隙被击穿，电弧产生，且电弧中的电流密度进一步增强，燃弧剧烈。在列车进站制动时，先断开主断路器，然后进行降弓操作。在降弓过程中，由于弓网电极温度高，电极表面材料在温度场和电场的同时作用下发射电子，弓网间隙中形成电弧。随着间隙距离的增加，弧长被拉长，弓网系统对电弧的输入能量不足以满足电弧的持续燃烧，最终导致电弧熄灭。仿真分析了在不同弓网间隙距离情况下的电弧温度分布情况，从而得出在静态升降弓过程中，电弧形态及温度特性的变化情况。在仿真时，设置电弧电流有效值为 100 A。

分别设置间隙距离为 2 mm、4 mm、6 mm 时的电弧弧柱温度场变化情况分别如图 4.35 所示。由图 4.35 可知，随着弓网间隙的不断增大，弓网电弧的弧柱变长，弓网电弧的最高温度逐渐降低。并且随着弓网间隙的逐渐增大，弧柱由近似椭圆逐渐发展成为弧柱中间凹陷的两极圆形的形态特征。

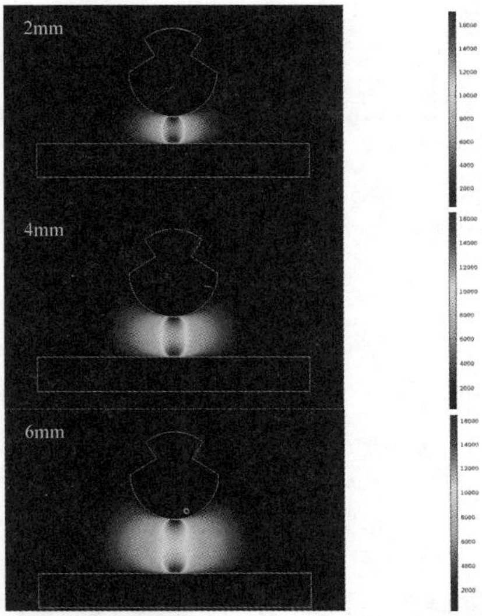

图 4.35　不同弓网间隙情况下的弓网电弧分布情况

2. 弓网间隙对弓网电弧影响的实验结果

由于电弧弧柱温度高，且电弧持续时间短，现有试验设备无法准确拍摄出电弧燃烧过程中的温度谱图片。为了验证仿真模型的正确性，基于试验团队已有的弓网电弧模拟试验平台，采用 KODAK 高速摄像仪，试验拍摄了静态燃弧过程中，不同弓网间隙距离情况下的电弧形态图像。该试验平台如图 4.36 所示。图 4.36 中，箭头所指方向为接触线和滑板的运动方向。采用变频电机驱动两圆盘旋转，并带动接触线向前运动。当接触线保持静止，滑板进行升降操作时，可以模拟现场列车静态升降弓过程。在静态升降弓时，电弧发生过程中，高速摄像机会拍摄下电弧的灰度图像，如图 4.37 所示。由图 4.37 可知，随着弓网间隙距离的不断变化，电弧弧柱形态变化不大与仿真均呈现出椭圆形状。为了进一步量化所得电弧形态图像，统计得出各个电弧图像的灰度直方图，如图 4.38 所示。

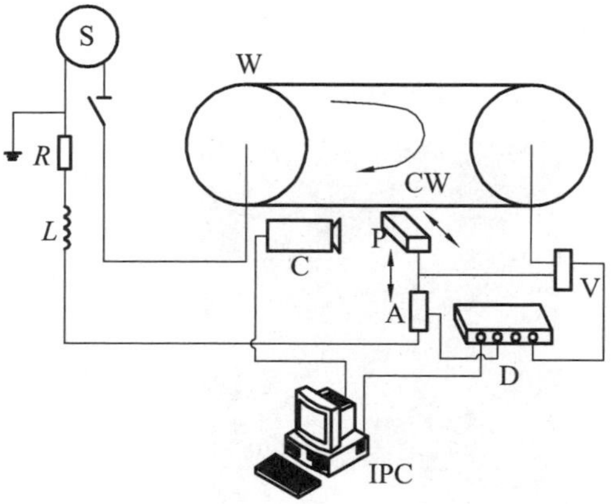

图 4.36　弓网电弧模拟实验平台

S—电源；R—列车负载电阻；L—列车负载电感；W—转盘；CW—接触网导线；P—受电弓滑板；C—高速摄像机；V—电压传感器；A—电流传感器；D—数据采集卡；IPC—工控机

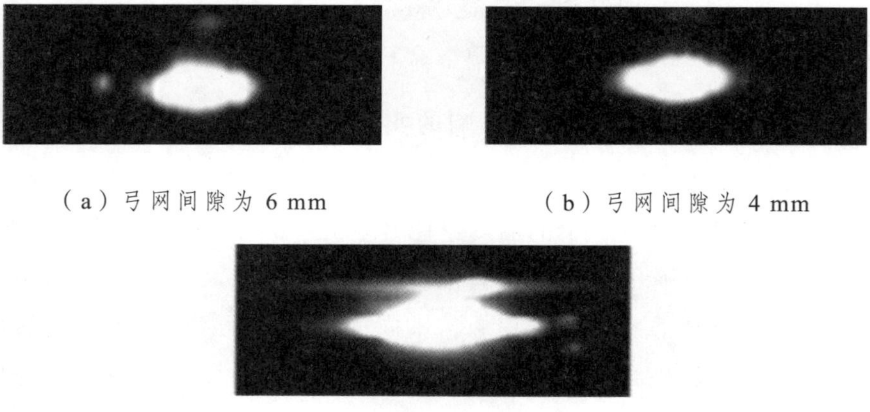

（a）弓网间隙为 6 mm　　（b）弓网间隙为 4 mm

（c）弓网间隙为 2 mm

图 4.37　不同间隙距离情况下的试验电弧形态

图 4.38 中，横轴为电弧图像的灰度值，纵轴为不同电弧图像灰度值出现的概率。当灰度值为 255 时表示电弧图像最亮的区域，即为电弧弧柱区。从图 4.38 可以看出，随着弓网间隙距离的不断缩小，最大灰度值的出现概率从 0.081（间隙距离为 6 mm）升高到 0.123（间隙距离为 2 mm）。该结果定性地验证了仿真结果的正确性。

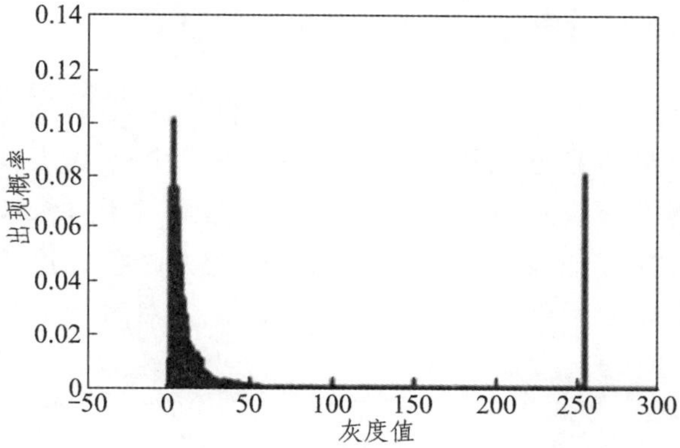

（a）间隙距离为 6 mm

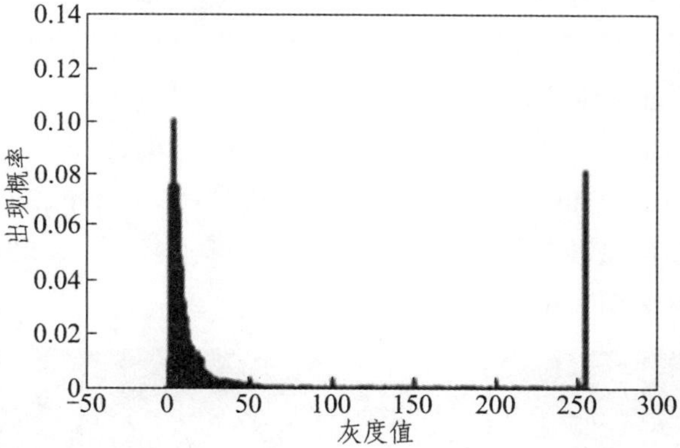

（b）间隙距离为 4 mm

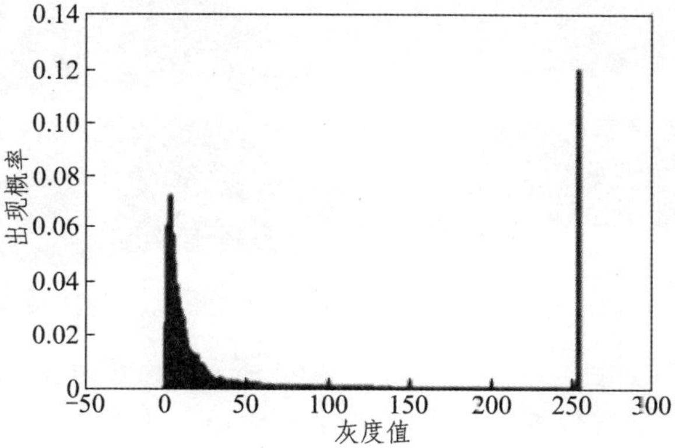

（c）间隙距离为 2 mm

图 4.38　不同间隙距离情况下的电弧图像灰度直方图

4.4.4 降弓操作对弓网电弧的影响

当列车驶入站内时，将会进行降弓操作，产生的降弓电弧属于静止电弧。静止电弧是电弧弧根在受电弓滑板与接触线表面停留不动，因此对于弓网具有较长时间的烧蚀。静止电弧对于接触线材料的烧蚀尤为明显，烧蚀接触线造成接触线抗拉伸能力降低，严重时将导致接触线断线引发事故。针对不同降弓速度以及自然风速的影响展开了相关的研究。

1. 不同降弓速度下的弓网电弧动态特性

研究了无风条件下，降弓速度分别为 0.5 m/s、0.8 m/s 和 1.1 m/s 时的降弓电弧特性。不同降弓速度时，降弓电弧的温度场分布如图 4.39 所示。可以看出不同降弓速度条件下的电弧温度变化不大，电弧的高温斑点温度到达了 16 000 K。由图可知，随着时间增长，降弓电弧弧长逐渐增大。到 20 ms 时，电弧弧长分别达到了 14 mm、20 mm、26 mm。电弧在近电极区域出现了两个高温点，温度达到了 16 000 K，而弧柱区域的温度在 8 000 K 左右。

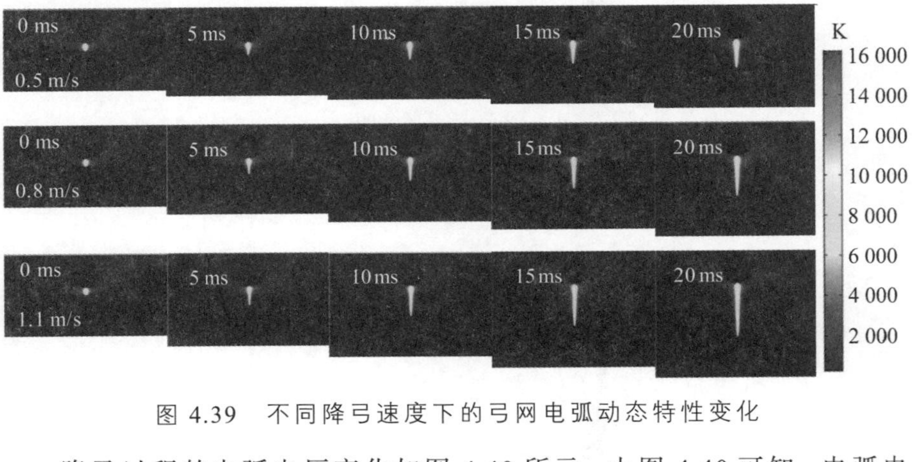

图 4.39　不同降弓速度下的弓网电弧动态特性变化

降弓过程的电弧电压变化如图 4.40 所示。由图 4.40 可知，电弧电压随时间呈现近线性变化，降弓速度越大电弧电压的变化率越大。降弓速度从 0.5 m/s 增大到 1.1 m/s，20 ms 时的电弧电压也由 30 V 增长到了 45 V。

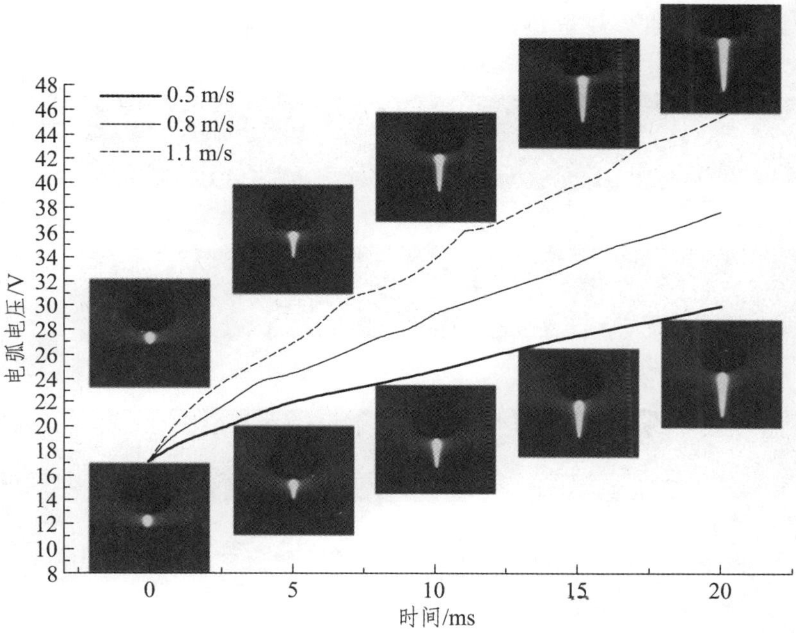

图 4.40 不同降弓速度情况下的弓网电弧电压

2. 不同自然风速下的降弓电弧动态特性

为了探明降弓过程自然风对于弓网电弧动态特性的影响，研究了降弓速度为 1.1 m/s 时，自然风速分别为 0.2 m/s、0.5 m/s 以及 0.8 m/s 情况下的降弓电弧动态特性。

图 4.41 显示了自然风速分别为 0.2 m/s、0.5 m/s 和 0.8 m/s 时的弓网电弧特性。由图可知，随着时间增长，降弓电弧弧长逐渐增大。到 20 ms 时，电弧弧长分别达到了 15 mm，21 mm，28 mm。电弧在近电极区域出现了两个高温点温度达到了 16 000 K，而弧柱区域的温度在 8 000 K 左右。在不同风速的影响下，电弧弧柱偏移量不同，风速越大电弧的弧柱在 20 ms 内的偏移量越大。弧柱也越长。

图 4.42 显示了降弓速度为 1.1 m/s 时，不同自然风对于弓网电弧电压的影响。可以得出，风速会使得电弧电压相对于不考虑风影响的情况有所增加。风速从 0.2 m/s 增加到 0.8 m/s 时，电弧电压从 43.5 V 增加到了 46.5 V。电弧电压增大主要是风载荷作用使得电弧长度增加，

而电弧弧长增加会使得电弧电压增大。

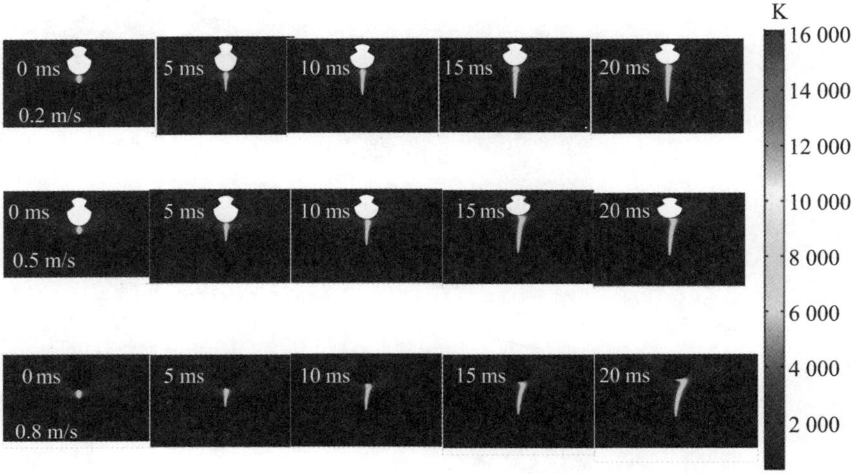

图 4.41　降弓速度为 1.1 m/s，对不同风速电弧形态的影响

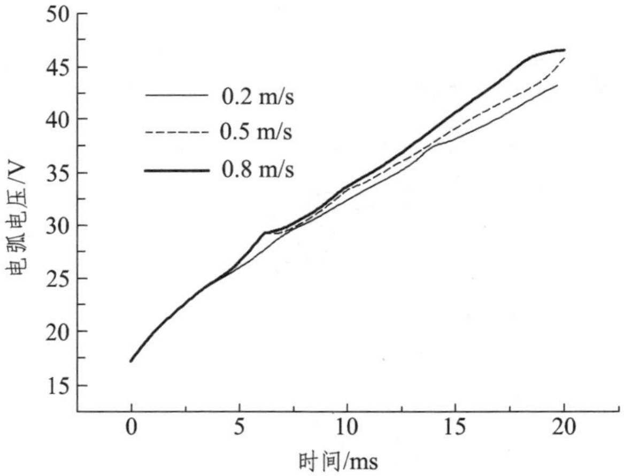

图 4.42　降弓速度为 1.1 m/s，不同风速对电弧电压影响

4.4.5　横风对弓网电弧的影响

1. 弓网电弧的温度分布

25 m/s 横风吹拂下 100 A 的电弧温度分布随时间的变化情况如图 4.43 所示。从图 4.43 可知，横风对于弓网电弧特性具有十分明显的影

响。从 0.1 ms 到 10 ms，在横风的作用下，弓网电弧逐渐弯曲并且弧根沿着接触线以及受电弓滑板表面逐渐移动。同时，风加速电弧与周围空气热量交换，使得高温区域逐渐增大。

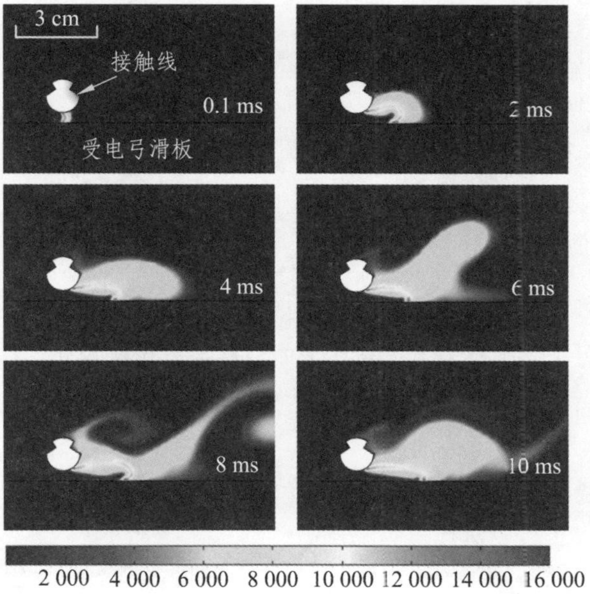

图 4.43　25 m/s 横风作用下的 100 A 电弧温度分布

25 m/s 横风作用下，不同电流的弓网电弧温度变化曲线如图 4.44 所示。弓网电弧温度与电流之间存在正相关关系，电弧电流越大，相对应的电弧温度也就越大。当电弧电流从 40 A 增大到 100 A 时，电弧最高温度从大约 14 000 K 增加到 17 500 K 左右。同时，可以发现在温度趋于相对稳定的状态之前，存在一个温度快速变化的阶段。在到达相对稳定的阶段后，温度曲线呈现出一种波浪形下降的变化趋势。

相同电弧电流，不同横风速度下的弓网电弧温度变化曲线如图 4.45 所示。由图可知，当横风速度从 10 m/s 变化到 30 m/s 时，电弧相对稳定状态温度从大约 15 200 K 变化到 14 000 K，横风速度与电弧温度之间存在着负相关关系。与电流温度变化曲线相似，速度温度曲线中也出现了温度波浪形下降的变化趋势。

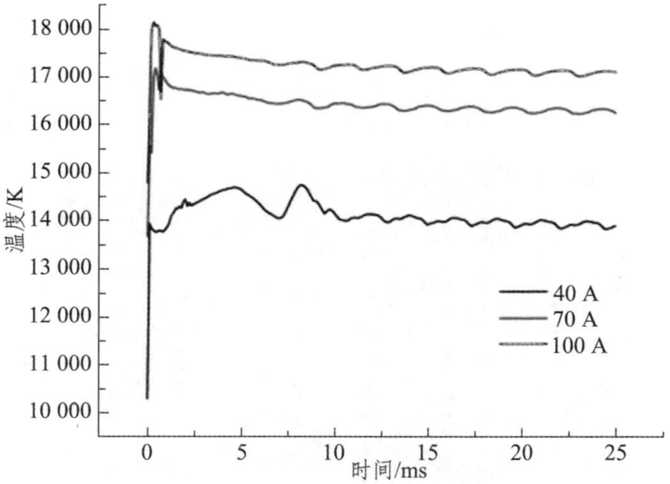

图 4.44　不同电流条件下的弓网电弧温度变化曲线

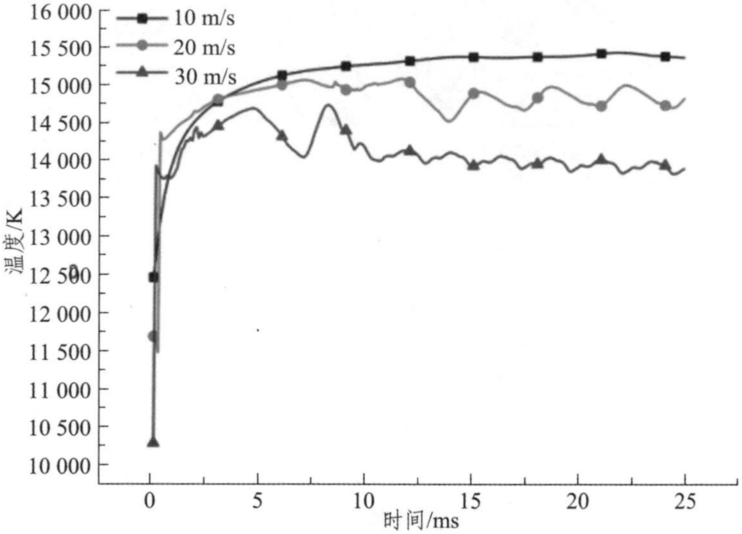

图 4.45　不同横风速度的弓网电弧温度变化曲线

相对于电流对电弧温度的影响，横风速度对弓网电弧温度的影响相对较小。当电弧电流从 40 A 增加到 100 A 时，电弧温度从 14 000 K 左右增长到大约 17 500 K。而当横风速度从 10 m/s 增大到 30 m/s 时，电弧温度从约 15 200 K 下降到 14 000 K。

2. 弓网电弧电压

30 m/s 横风吹拂时，不同电弧电流的电弧电压变化曲线如图 4.46 所示。由图可知，电弧电压随着电弧电流增大而逐渐降低。电弧电流与电弧电压呈现负相关的原因可能是，较大电流将会使得电弧更加剧烈的燃烧释放出更多能量，电弧弧柱区域温度升高，使得电弧的电导率进一步升高，电阻率下降，电弧电压减小。30 m/s 横风作用下，电流从 40 A 增加到 100 A，电弧电压的变化量在 10 V 以内。

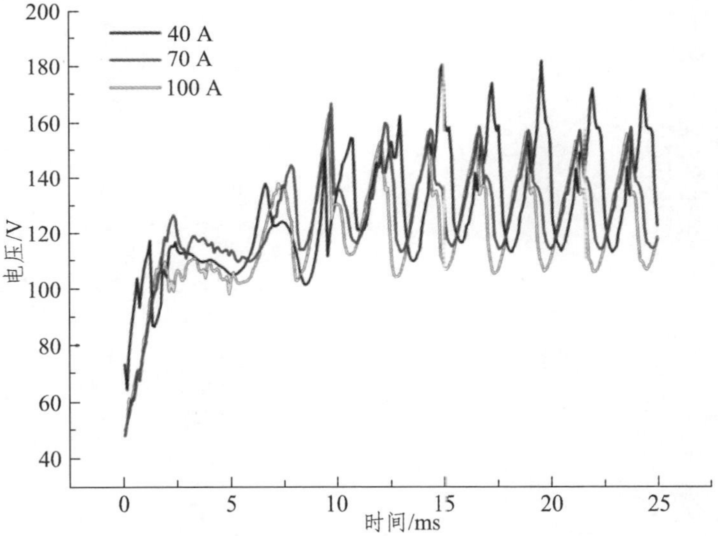

图 4.46　不同电弧电流的电弧电压变化曲线

当电弧电流为 70 A 时，不同横风速度情况下电弧电压变化曲线如图 4.47 所示。横风风速对电弧电压的影响十分明显。当横风速度从 10 m/s 增加到 30 m/s，电弧电压从平均约 50 V 增大到约 120 V。

由图 4.46 与图 4.47 可知，横风风速对电弧电压的影响较电弧电流对电压的影响更加显著。不同电流情况下的电弧电压基本重合，变化幅度相对较小，仅有 0 ~ 10 V 的电压变化。而不同横风速度情况下，电弧电压变化从 50 V 上升到 120 V。造成横风对电弧电压显著影响的可能原因有两点：首先，横风使得电弧加快与周围空气的对流换热，造成电弧温度一定程度的降低，使得电阻率增大，电弧电压增大。然后，风吹电弧使得电弧弧柱被逐渐拉长，加载在电弧两端的电压逐渐增大。当弧柱长度最短时，电弧电压最低；当弧柱长度最长时，电弧电压最高，如图 4.48 所示。

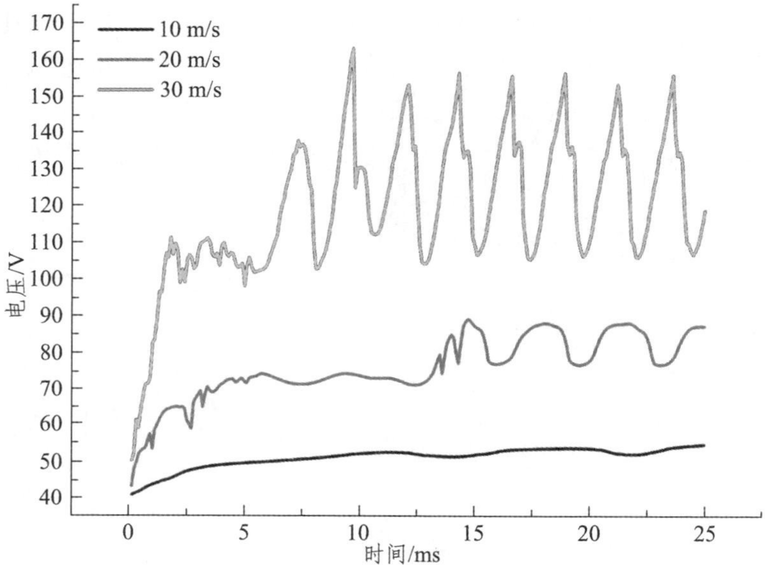

图 4.47　不同横风速度的电弧电压变化曲线

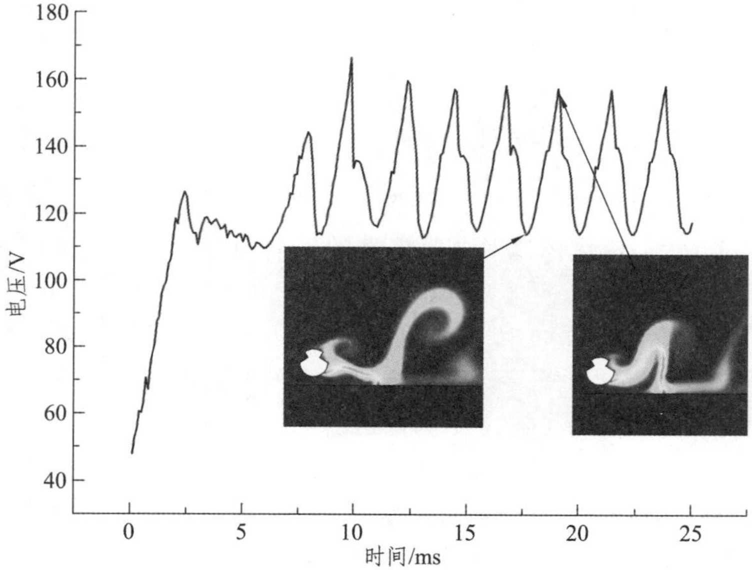

图 4.48　电弧电压与电弧弧长的关系

4.5 弓网电弧对系统的影响

近年来，电气化铁路旅客列车的运行速度越来越高，货物列车的装载量越来越大，弓网接触点的载流量成倍增长，高速铁路因弓网离线引发的事故时有发生，弓网系统的燃弧现象越来越显著。离线产生的电弧不仅会严重侵蚀受电弓滑板和接触线材料，其引起的过电压对牵引供电系统也会造成极大的危害。离线电弧产生的同时，也伴随着电磁骚扰的产生。离线电弧产生的瞬间，电弧本身具有高能量和高热量，电弧两端畸变的过电压和过零前后的振荡都会产生强电磁骚扰。强电磁骚扰会以传导和辐射形式发射出去，传导干扰对车厢内电气设备产生影响，辐射干扰会对铁路沿线的通信信号和无线电信号造成影响，甚至会导致通信中断和无线电信号失效。此外，高频电磁干扰还会威胁到列车控制信号的正常传输，是机车安全运行的隐患。因而怎样避免弓网离线电弧电磁干扰所带来的危害也越来越受到相关科研人员的重视和研究。为了保障高速列车及其电气设备的安全运行，研究弓网离线电弧对高速列车产生的影响，是当前亟须解决的问题之一。

4.5.1 电弧对弓网材料的侵蚀

电弧发生时产生剧大能量，导致滑板和接触线温度升高，同时，滑板和接触线的热量也会向周围介质传递，当吸热大于散热时，滑板和接触线的温度就会升高，温度达到一定程度时，弓网材料表面发生熔化、气化、流动，导致弓网材料成为气态脱离表面或者以微小液滴形式喷溅出去，造成电弧侵蚀。由于两种材料的热物理参数、电参数、几何形状、冷却条件等因素不对称，会引起弓网间材料转移。转移的材料与其他材料或其氧化物混合，会改变弓网接触面积、接触面硬度、延展性、弓网界面材料成分等。电弧侵蚀是限制弓网工作寿命和工作可靠性的关键问题。但在列车实际运行过程中，受电弓滑板的某固定点是按一定循环周期与接触线持续接触的，而接触线上的某一点相当于只与受电弓滑板接触了一次，因此电弧更容易给受电弓滑板带来烧蚀。

1. 电弧烧蚀受电弓滑板的热分析

对电弧侵蚀受电弓滑板的热过程进行准确的数学模拟或仿真可代替耗资巨大及繁杂的电接触试验，在借助计算机设计、制造、开发和评价弓网系统材料方面具有广阔的应用前景。至今虽然还没有一个完善的电弧侵蚀受电弓滑板的模型，但不可否认的是，在电弧作用下，受电弓滑板被加热到一定程度时，材料发生熔化、气化等现象，最终导致材料的转移和损失。

通过建立电弧动态 MHD 模型及电弧与电极的耦合模型可对浸铜炭滑板模拟蒸发后材料表面的温度分布及熔池形貌。浸铜炭滑板在电弧作用下会吸收大量的热量，同时也会向周围介质传递热量，当吸热大于散热时，温度就会持续升高。浸铜炭滑板表面最高温度随时间的变化如图 4.49 所示，在前 3 ms 内，滑板表面的最高温度随时间的增长不断升高，增长幅度由陡变缓。浸铜炭滑板温度的迅速上升，导致表面最高温度将超过铜的熔点（1 356 K），材料逐渐熔化，接着，温度上升至铜的沸点（2 835 K）、炭的升华点（3 925 K），导致材料蒸发、升华，在滑板表面留下烧蚀坑。但当滑板表面的温度达到炭的升华温度时，最高温度不再骤增并在 4 000 K 附近波动。

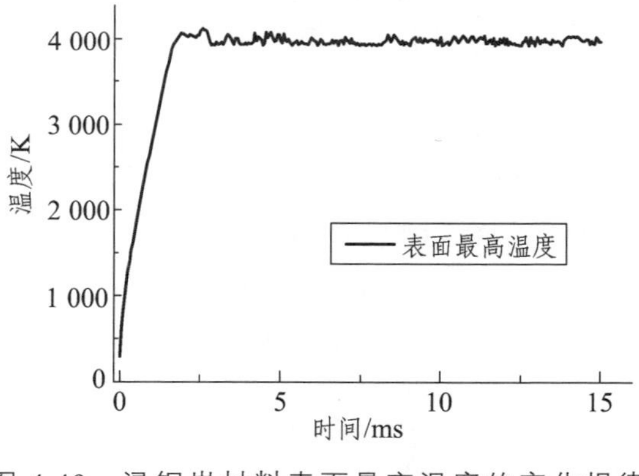

图 4.49　浸铜炭材料表面最高温度的变化规律

由图 4.50 和图 4.51 可以看到，浸铜炭滑板的热侵蚀区逐渐增大，熔池形成域随时间的增长也在增大。由于材料的蒸发升华，可以看到材料表面的烧蚀凹坑的宽度越来越宽，深度越来越深。材料的损失使得材料表面等温域逐渐不再以圆弧的形式分布，而是重新围绕着凹坑形成一层层的等温域，而且可以看到熔池流动造成的材料表面不光滑。由于熔池流动主要驱动力为表面张力梯度，内部流动由重力与浮力共同作用形成自然对流，因此表面速度大于熔池内部速度。在熔池内部存在相互关联的双旋涡结构如图 4.52 所示，材料表面液体在表面张力作用下向两边运动，到达熔池边界时在重力作用下形成环流，当到达熔池中间时速度向上，由于向两边的表面张力梯度非常大，导致接近凹坑边界的表面区域液体的流速最大。

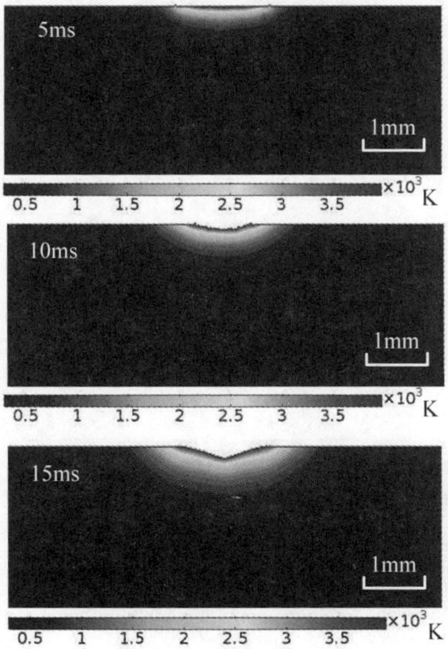

图 4.50　不同时刻浸铜炭材料的温度分布

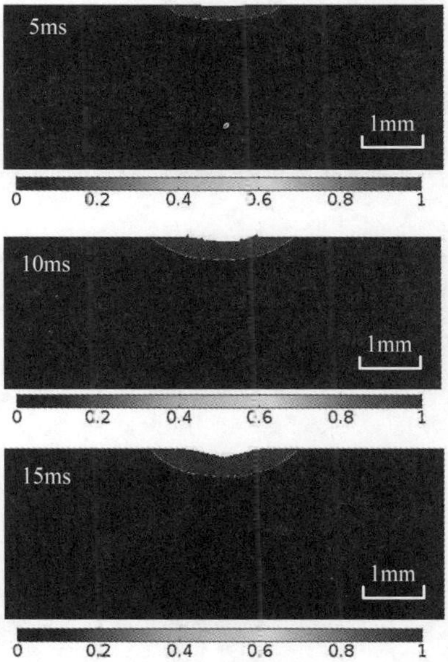

图 4.51　不同时刻浸铜炭材料的液相率分布

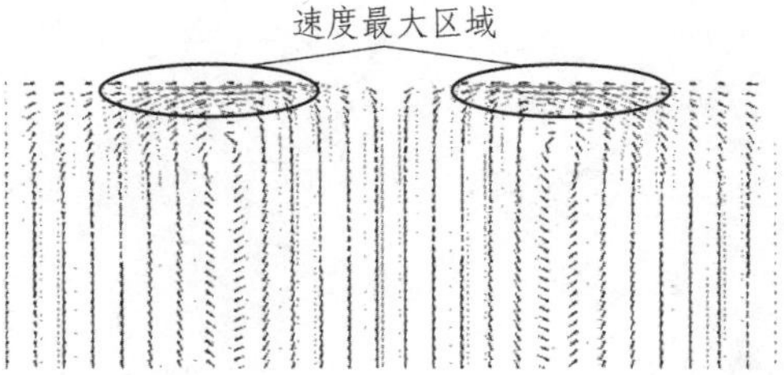

图 4.52　浸铜炭材料熔池内部流动情况

2. 电弧烧蚀后受电弓滑板的形貌分析

浸铜炭滑板材料作为当前广泛运用于高速列车的受电弓滑板材料之一（滑板组分含量及物理参数见表 4.3、表 4.4），是在高温高压环境下，将纯铜熔体渗入炭基体空隙中，因此兼具炭素材料的自身润滑特性和铜材料的低电阻、高强度性能。采用商用浸铜炭滑板与纯铜电极进行电弧烧蚀实验。

表 4.3　滑板组分含量　　%

C	Cu	Si	Pb	其他
73.233	26.715	0.026	0.014	0.012

表 4.4　滑板物理参数

体积密度 /（g/cm^3）	肖氏硬度 /HS	抗压强度 /MPa	电阻率 /$\mu\Omega\cdot m$	材料冲击韧性 /（J/cm^2）
2.4	90	65	3	0.3

图 4.53 为在一定试验条件下，浸铜炭滑板原始及电弧烧蚀 2 min 后表面宏观形貌。光学显微镜下浸铜炭滑板原始表面有较为均匀的淡

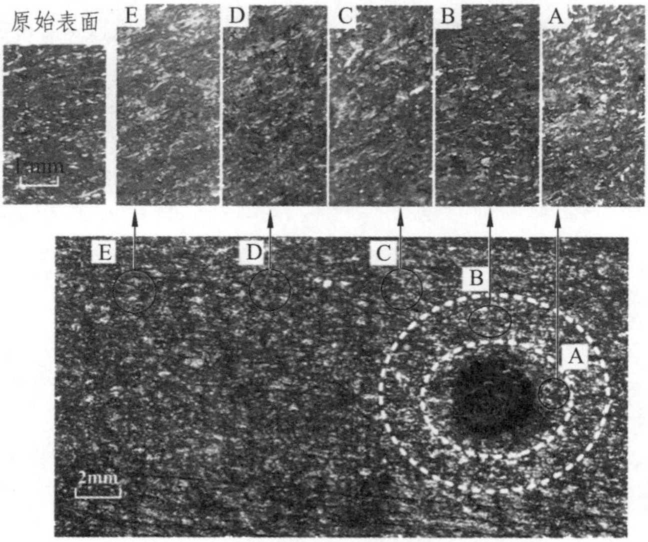

图 4.53　电弧烧蚀后滑板表面宏观形貌

黄色金属物质。电弧定点烧蚀 2 min 后，出现黑褐色电弧烧蚀区，轮廓近椭圆形。围绕电弧烧蚀区，滑板表面呈现多个颜色不同的环/环带状分区，分别提取 A、B、C、D、E 五个区域，如图所示。电弧烧蚀区呈黑色，A 区域靠近电弧烧蚀区，较明亮，主要呈现金黄色和红色金属光泽，所在环状分区紧密围绕电弧烧蚀区，且环的宽度较小。B 区域在 A 区域外侧（以电弧烧蚀区为内侧），亮度较暗，呈现银白色，所在环状分区宽度较大。C 区域、D 区域、E 区域逐渐远离电弧烧蚀区，分别呈现紫色、橘红色及褐色，由于滑板宽度限制，为环带状。

当电弧产生时，滑板被注入巨大能量，温度急剧升高，炭骨架里的金属铜融化并受热膨胀，沿着滑板内部微观孔隙渗出表面。渗出的液态铜与表层炭骨架中的铜一起沿着毛细管在滑板表面扩散，形成氧化物薄膜，使滑板表面光滑，显示出光亮的金属色泽。由于电弧作用集中，热量以烧蚀区为中心向四周辐射状传导，在滑板上形成明显的温度梯度。滑板表面温度分布的差异，一方面导致滑板表面不同位置渗出的熔融态铜含量不一致，直接影响表层铜的分布；另一方面使得铜在电弧烧蚀过程中发生化学反应程度不同。

电弧烧蚀过程中生成的主要化学产物有 Cu、CuO 和 Cu2O。金属 Cu 为光亮的紫红色，CuO 为黑色，Cu2O 为暗红色，且三种物质的熔、沸点不同。由于滑板表面温度分布不均，导致表层金属及其氧化物薄膜成分不尽相同，且厚度也有所差别。当氧化物薄膜厚度增加，其表层反射出的光波会发生干涉，选择性地吸收一定波长的光，使这种颜色的光波减弱，随着氧化膜厚度变化，显示的颜色也发生变化。因此，滑板表面以烧蚀区为中心向四周扩展形成的环/环带状温度分区，相应呈现出了不同颜色。随着烧蚀时间的延长，滑板表面各个温度分区的范围向四周扩散，对应的颜色分区边界也随之扩展。

图 4.54 为电弧烧蚀 4 min 后滑板表面微观形貌。如图 4.54（a）所示，滑板表面呈现明显的电弧烧蚀坑，直径约为 2.4 mm，四周边缘略微突起，坑内包含许多小凹坑。小凹坑形状趋于圆形，直径为 300～500 μm，且相互重叠，边缘较模糊。图 4.54（b）为图 4.54（a）中虚

线框内小凹坑的局部放大图。凹坑底部出现明显裂纹，裂纹宽度最大可达 3 μm。凹坑边缘凸起，且内壁附着有大量球状颗粒，大小不一，直径最大可达几十微米量级。

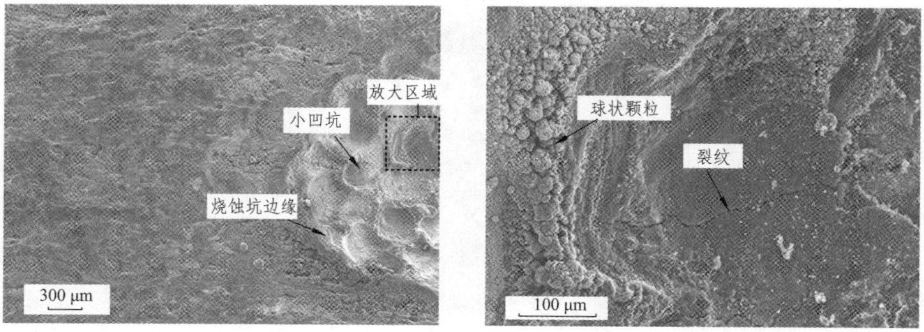

（a）电弧烧蚀坑　　（b）内部小凹坑

图 4.54　滑板表面电弧烧蚀后微观形貌

当极间空气被击穿后，放电通道中的带电粒子束高速轰击滑板表面，动能转化为冲击压力，进而转化为热能，高温使滑板表面局部区域的材料瞬时熔化和气化，电弧作用力（包括等离子体压力）使熔融液滴喷爆、溅射出来，造成材料的损失，当表面张力作用与等离子体压力达到平衡时，形成趋于圆形的烧蚀坑。喷溅出来的材料由于黏着力作用以熔融态滞留于烧蚀坑周围，冷却凝固造成凹坑边缘微突；另一部分未被抛出坑外的熔融液滴迅速冷却，并因表面张力和内聚力作用凝聚成球状颗粒附着在坑内壁上[19, 20]。图 4.54（b）中球状颗粒主要成分为铜，这是由于铜的熔点低且易被击穿，烧蚀过程中熔融态的铜喷溅出来并冷却凝固形成球状颗粒。这些颗粒在弓网滑动摩擦时会成为第三相磨粒，极大增加滑板材料的磨损率。由于相变冷却效应，铜的液化和气化会一定程度上降低滑板表面温度。

此外，电弧能量作用于滑板表面，会伴随温度上升，在表面形成巨大的温度梯度，由于滑板材料内部各相的热膨胀系数不同，各相变差异较大，发生相对滑动产生裂纹，一旦电弧熄灭，滑板材料冷却收缩，这种剧烈、重复的扩张与收缩引起滑板材料热疲劳，并使原有裂纹进一步扩展[21]。当表层炭基体中浸渗的金属铜流失，会直接降低滑板的机械强度，而当熔融态的铜在滑板上扩散、迁移，材料的机械强度也将变得不再均匀，易产生机械剥蚀和裂纹。

4.5.2 电弧对车载设备的影响

由于弓网受流结构的特殊性，保持受电弓与接触网导线接触良好，使列车能够连续稳定地获得电流，是高速列车正常运行的必要条件。图 4.55 为弓网受流的主电路图。列车在运行过程中，车顶受电弓通过滑动接触获取牵引网提供的 25 kV、50 Hz 的单相交流电，经真空断路器（VCB）后，通过高压电缆输送给车载变压器，降压后将 1.5 kV，50 Hz 的电能传输给四象限脉冲整流器，整流后经中间直流电路输出稳定的高压直流电，再将此直流电供给牵引逆变器，牵引逆变器输出电压、频率可调的三相交流电，驱动牵引电动机转动，电机轴输出的转矩和转速通过变速箱的齿轮传递给车轮，通过轮缘与钢轨的摩擦转换成轮缘的牵引力。

在弓网离线发生的瞬间，列车的受流并不会立即停止，而是通过弓网之间产生的电弧等离子体维持。当弓网间隙增加或者列车电流过零点时，电弧猝灭，引起牵引回路中产生电气暂态过程，出现离线过电压，该过电压将对车载设备的绝缘产生威胁。弓网离线的另一个重要的危害是弓网电弧引起的电压畸变和谐波问题。谐波电压电流流入列车造成车载变压器、牵引电机等车载设备的附加耗损，流入接触网造成附加电耗损和谐波压降。除此之外，弓网离线过程中由于电能供给的途径被切断，引起牵引传动系统直流侧电压降低，进而影响交流电机的功率输出。

依据图 4.56 所示的牵引传动仿真示意图建立电路仿真模型，计算弓网离线过程中，牵引传动系统交、直流侧过电压水平、电气参量谐波畸变程度，以及牵引传动系统直流侧电压跌落情况。考察以上离线过电压、谐波和电压跌落等参量的关键影响因素，并分析各参量变化对车载设备的影响。

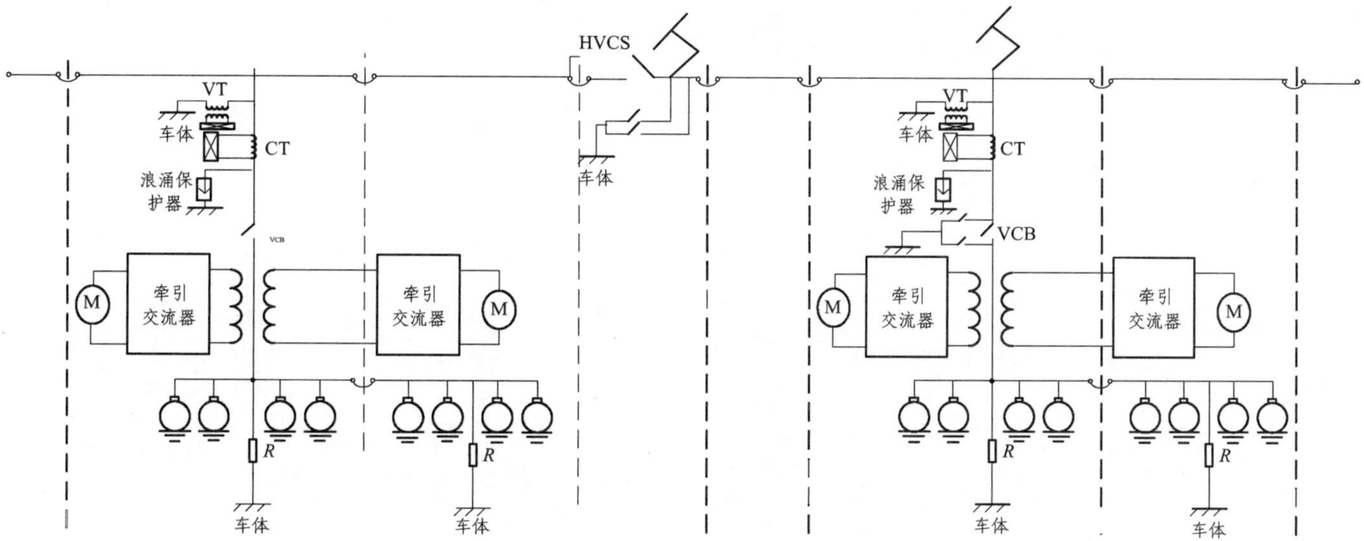

图 4.55　主电路图

VT—电压互感器；CT—电流互感器；VCB—主断路器

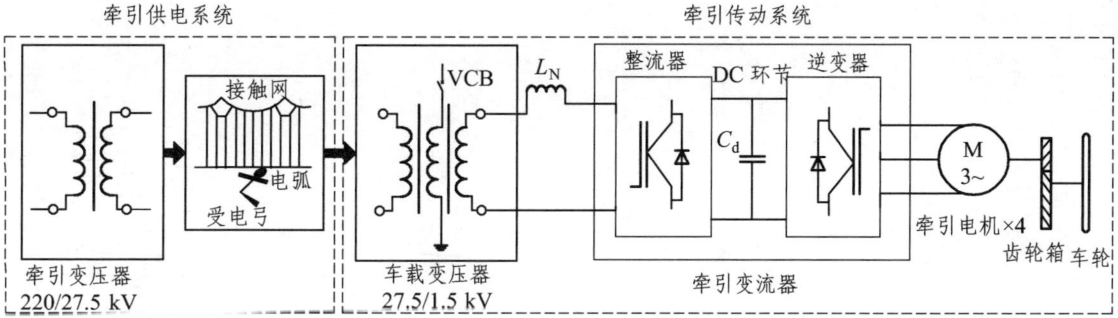

图 4.56　牵引传动仿真示意图

1．电弧对牵引传动系统离线过电压的影响

1）离线时间对牵引传动系统过电压的影响

控制列车运行速度为 200 km/h，分别设置离线时间为 100 ms、200 ms、300 ms，考虑电机的启动时间，弓网离线时刻 $t = 1$ s，离线恢复时刻分别为 1.1 s、1.2 s、1.3 s。仿真得到不同离线时间下弓网电弧电压、电流，车载变压器高压侧电压和整流器输出电压随时间变化的波形。

图 4.57 为弓网离线电弧电压电流随时间的变化波形。弓网离线时

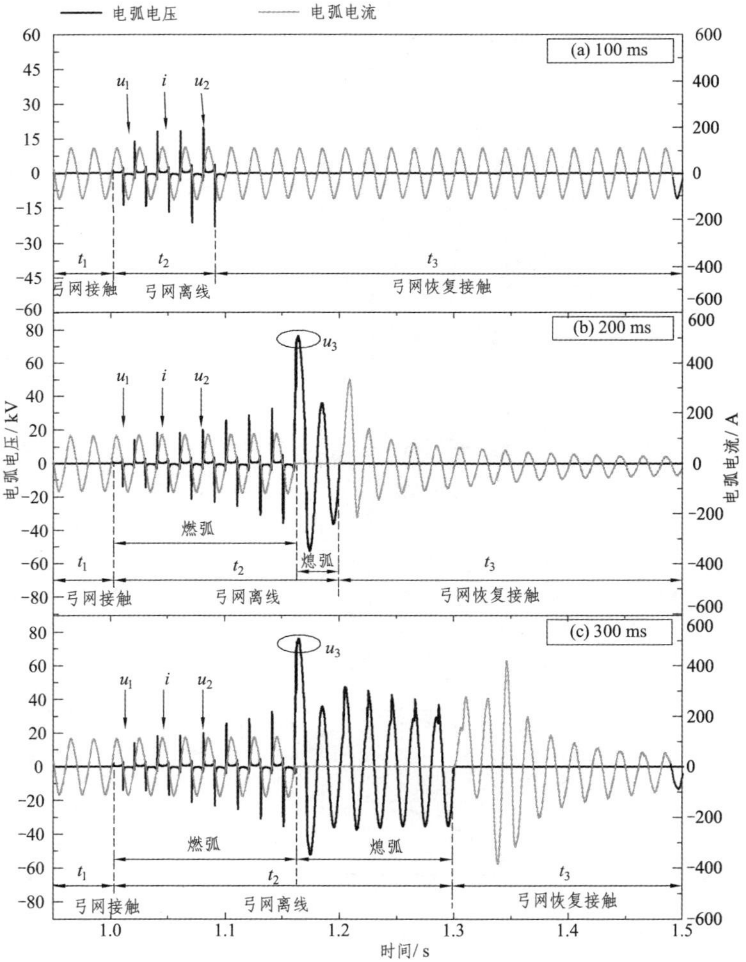

图 4.57　弓网离线电弧电压电流随时间的变化波形

间为 100 ms 时，t_1、t_3 时间内，弓网良好接触，弓网间接触电压为 0 kV，电流幅值为 115 A 左右。t_2 时间内，弓网发生离线并产生持续燃烧的电弧，弧柱长度和耗散功率持续上升，稳定燃弧电压 u_1 从 0.247 kV 增至 0.422 kV，起弧电压尖峰 u_2 从 1.2 kV 增至 22.96 kV，电弧电流幅值几乎没有变化，保持在 115 A 左右；$t = 1.1$ s 时，弓网恢复接触，电弧熄灭。弓网离线时间为 200 ms，300 ms 时，稳定燃弧电压 u_1 从 0.247 kV 增大到 0.542 kV，燃弧尖峰电压 u_2 从 1.2 kV 增大至 35.4 kV，电弧电流幅值保持不变，但随时间的增大电弧“零休”现象逐渐明显，如图 4.58 所示的电流局部放大图中，A 区域的零休时间达到 0.68 ms 左右。1.16 s 时，电弧由于输入能量不足而熄灭，弓网间隙出现瞬时过电压，幅值 u_3 达到 75 kV，之后逐渐衰减至电源电压值附近（300 ms）。由于从断流到恢复供电过程中，牵引电机转矩发生振荡并出现下降趋势，导致离线恢复时回路出现 400 A 左右的电流最大值，此后电流随时间呈现振荡衰减现象。

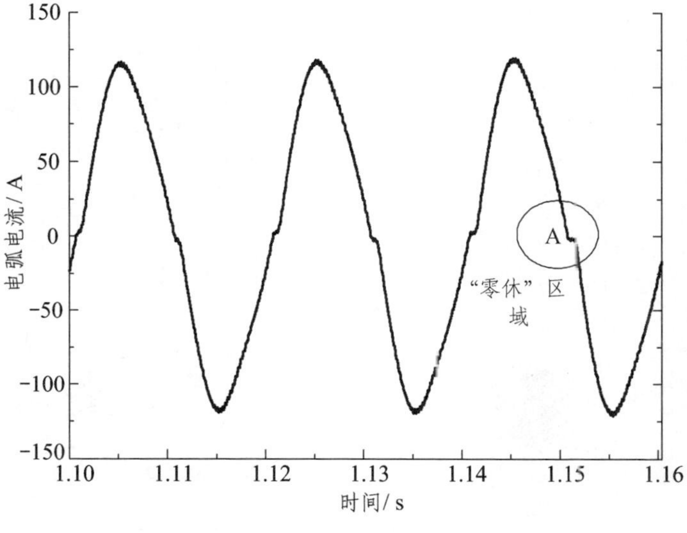

图 4.58 电弧电流局部放大图

图 4.59 为高速动车组在不同操作工况下的现场测试试验，其中图（a）为 CRH 型动车组进行静态受电弓降弓拉弧电压变化波形，图（b）为动车组过分相过程中车载变压器高压侧回路电流变化波形。图 4.59

（a）中电弧电压随燃弧时间增大的变化趋势与仿真结果一致，稳定燃弧电压也比较接近（测试最大稳定燃弧电压为 0.6 kV 左右，仿真结果为 0.542 kV），电弧熄灭时弓网间隙出现幅值约为 65 kV 的过电压。图 4.59（b）中列车正常运行电流为 75 ~ 100 A，与仿真电流幅值（115 A 左右）接近；在动车组驶出过分相段至断路器闭合后，回路电流的过冲幅值及其振荡衰减恢复过程也与图 4.57 中的仿真结果具有一致性。

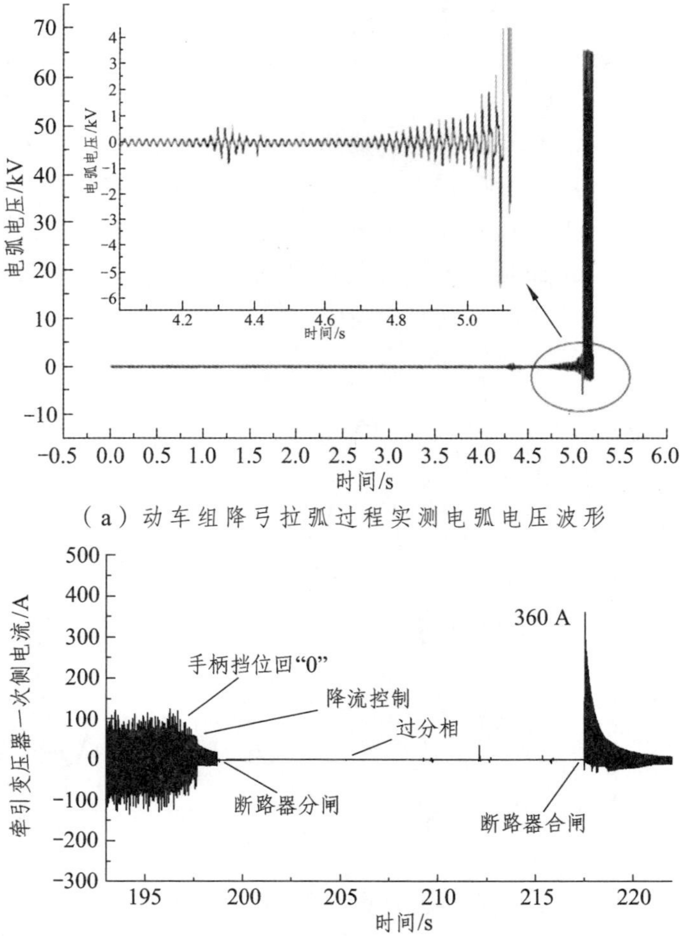

（a）动车组降弓拉弧过程实测电弧电压波形

（b）动车组过分相阶段车载变压器高压回路电流波形

图 4.59 现场实测波形

图 4.60 为车载变压器输入电压随时间变化的波形。弓网离线时间

为 100 ms 时，车载变压器输入电压幅值稳定在 35 kV 左右，随离线时间增大其幅值几乎不变，但对应于弧压 u_2 处的电压值明显跌落，波形畸变，如图 4.60（a）电压局部放大图。弓网离线时间为 200 ms 时，由于弧压持续上升，导致车载变压器输入电压幅值呈现降低趋势，电

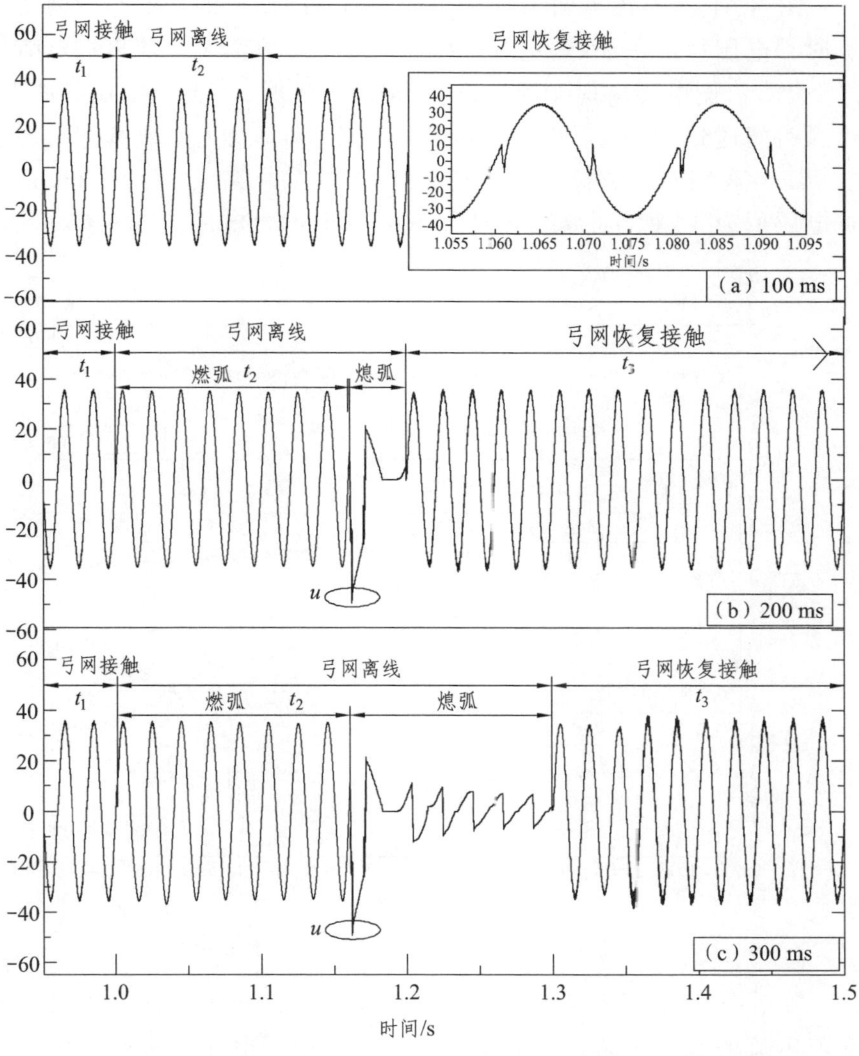

图 4.60　车载变压器输入电压随时间的变化波形

压波形畸变程度愈加明显；电弧熄灭后，车载变压器输入电压出现了

47.5 kV 的过电压，之后快速降至零；弓网离线时间为 300 ms 时，车载变压器输入电压在电弧熄灭之后先产生过电压，再迅速降为零并持续一个周期，然后上升到 10 kV，之后电压波形随着离线时间的增大呈现快速下降缓慢上升的三角形递减趋势。

图 4.61 为整流器输出直流侧电压随时间变化的波形。弓网良好接触时，电压稳定在 3 kV 左右；弓网离线产生电弧时，随离线电弧持续燃烧，直流侧电压出现降低的趋势；电弧熄灭时，直流侧电压快速下降，熄弧时间达到 20 ms 后电压降至零；弓网离线恢复后，直流侧出现了过电压，且离线时间越长，过电压幅值越大，如在离线时间为 200 ms 时，过电压值为 4 kV，而离线时间为 300 ms 时的过电压达到 6.4 kV。

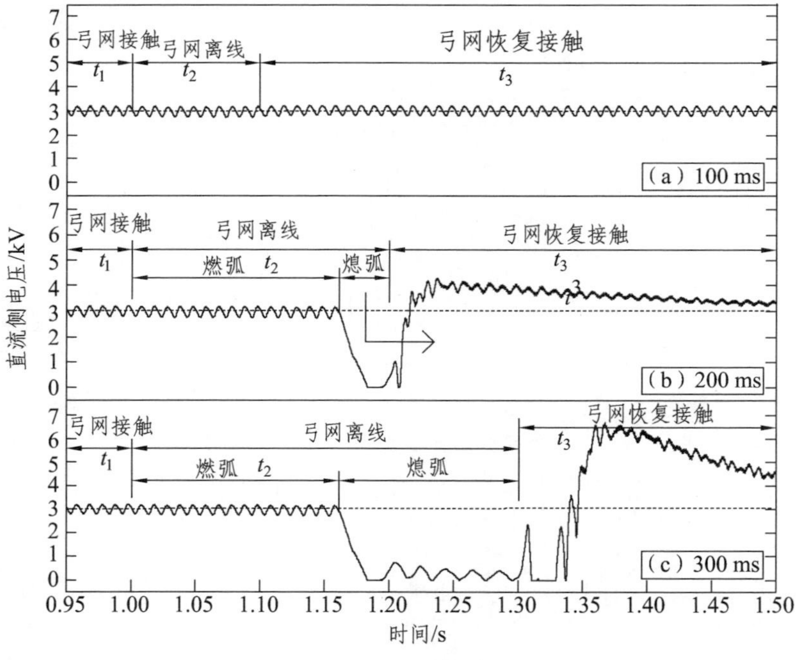

图 4.61　整流输出电压随时间的变化波形

分析图 4.60 和图 4.61，当电弧由于输入能量不足而熄灭时，负载获取电流的通道中断，车载变压器绕组中由于电流的快速变化而产生了 47.5 kV 的过电压。根据波的传播、折射和反射原理：车载变压器一次绕组中出现的该过电压峰值通过电缆的传播和反射，可在电缆末端（开路）产生 2 倍于 47.5 kV 的过电压峰值。上述过电压（有效值为 67.2 kV）直接加在车顶电气设备的支撑绝缘子上。根据铁路行业标准（TB/T 3077.2—2006，当绝缘子结构高度为 315 mm 时，绝缘子的标准雷电冲击耐受电压峰值大于 170 kV，工频干耐受电压有效值大于 90 kV，工频湿耐受电压有效值大于 75 kV）可知，车顶绝缘子有足够的安全裕量，不会造成绝缘子闪络[22]。

列车运行速度恒定，弓网离线时间为 100 ms 时，弓网电弧能够持续燃烧。由于牵引传动系统通过电弧获取电能，其交、直流侧的电压电流幅值上并没有发生明显的变化。当弓网离线时间为 200 ms，300 ms 时，随着电弧的持续燃烧，弓网间隙的增大，电弧输入能量逐渐小于电弧的耗散能量，导致电弧在某一时刻熄灭。此时在弓网间隙，牵引传动系统交流侧分别出现过电压，且离线时间的长短对该过电压影响不大。在弓网恢复接触时，在牵引传动系统直流侧出现了过电压，该过电压的幅值随着离线熄弧时间的增大明显增大。

（2）列车运行速度对牵引传动系统过电压的影响

设置弓网离线时间为 300 ms，当列车运行速度分别为 150 km/h、175 km/h、200 km/h、225 km/h、250 km/h 时，牵引传动系统交、直流侧过电压情况分别如图 4.62、图 4.63 所示。从图 4.62 可以看出，由弓网离线熄弧引起的牵引传动系统交流侧过电压值与列车运行速度呈现非线性增长趋势，速度从 150 km/h 增大到 250 km/h 时，过电压值增加了 1.5 kV。图 4.63 中，随列车运行速度的增大，牵引传动系统直流侧过电压最大值也呈现增大趋势，但是增长速率逐渐变缓。

同样地，分析不同列车运行速度下，弓网离线引起的牵引传动系统交流侧过电压值对车顶电气设备的影响可知，车顶电气设备有足够的安全裕量，不会造成绝缘闪络。然而，该冲击过电压会对车载变压器内绝缘产生影响。实验表明：采用峰值为 43 kV 的标准操作冲击电压以 60 s 为时间间隔累积作用于变压器油纸绝缘，得出经过操作冲击电压累积作用后，油纸绝缘的局部放电起始电压、截止电压下降，介质损耗上升，聚合度随冲击次数的增大而降低；并且指出当冲击次数为 600 时，油纸绝缘损耗上升到 22.1%，聚合度下降达 7.5%[23]。可以看出，弓网离线产生的过电压将对车载变压器的内绝缘产生累积效应，造成车载变压器疲劳损伤，致使其寿命降低。随着列车运行速度的提高，弓网电弧频繁发生，过电压产生概率增大，车载变压器的内绝缘受到的潜在威胁加剧。

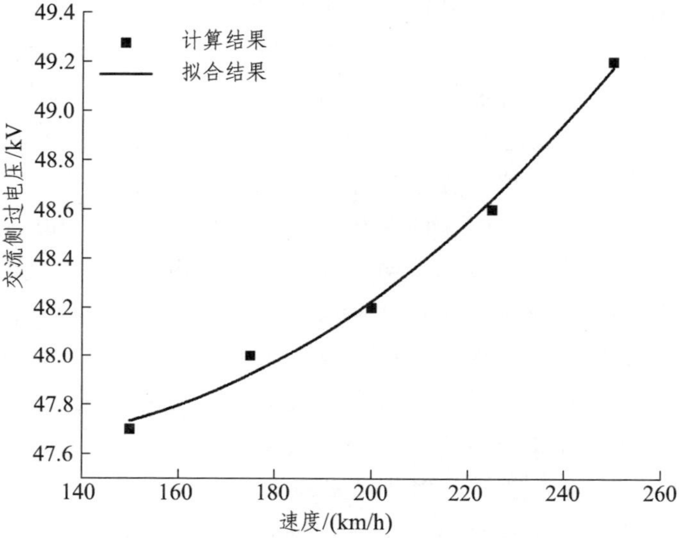

图 4.62　牵引传动系统交流侧过电压值随速度的变化趋势

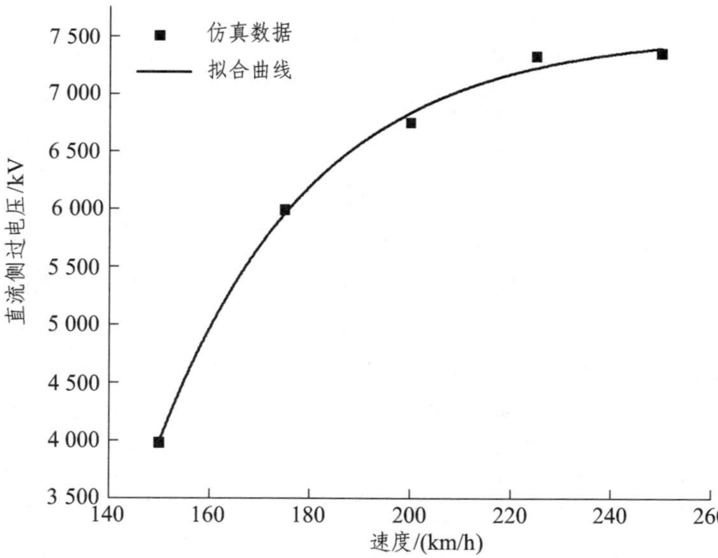

图 4.63　牵引传动系统直流侧过电压值随速度的变化趋势

当弓网恢复接触时，弓网离线时间和列车运行逗度直接影响牵引传动系统直流环节的过电压值。弓网离线时间越大，电弧熄灭之后牵引传动系统能量损失越多，再次恢复供电时产生的过电压幅值越大。列车运行速度越大，牵引回路电流越大，变流器恢复供电瞬间对其中间直流环节的电容快速充电产生的过电压幅值越大；当速度增大到一定的程度，由于电容量一定，再增大速度（电流）时，过电压幅值不再明显增大，但是充电速率可能变快。高速列车实际运行时，牵引变流器中间直流环节的稳压装置可以保证断电恢复时产生的过电压不会损毁变流器，然而直流环节的过电压增加了变流器的控制难度，甚至导致变流器模块被隔离，影响动车组服务质量。

因此，列车运行过程中，减少弓网离线频率，提出抑制弓网离线引起的牵引传动系统交、直流过电压值的有效措施，对提高列车安全运行具有重要的意义。

2. **电弧对牵引传动系统谐波特性的影响**

1）谐波分布规律

列车运行速度为 200 km/h 的情况下，对离线时间为 200 ms 工况下不同周期的牵引网电压、离线间隙电压、车载变压器高压侧电压进行 FFT 分析。

为了对比弓网状态从良好接触到离线电弧产生、熄灭的过程中牵引网电压、车载变压器输入电压谐波分布的不同，以下将分析四个不同周期的电压谐波：弓网离线之前（0.98 ~ 1 s）、初始电弧产生阶段（1 ~ 1.02 s）、电弧稳定重燃阶段（1.08 ~ 1.1 s）、电弧熄灭阶段（1.16 ~ 1.18 s），得到牵引网电压和车载变压器电压的谐波分布如图 4.64，图 4.65 所示。

图 4.64 中，总体来看，牵引网偶次谐波和奇次谐波分布范围较大，各次谐波含量比较小。当电压谐波次数小于 50 次时，（a）、（b）图主要为 1 次、3 次奇次谐波，（c）图基波幅值不变，3 次以上的奇次谐波幅值明显增大；当电压谐波次数大于 50 次时，（a）、（b）、（c）图中电压谐波集中分布在 50 次、70 次、130 次、140 次、160 次左右的范围内，偶次谐波比较明显，谐波最大幅值在 0.6%左右，但是（c）图中 51 次谐波明显增大，而 52 次谐波幅值明显降低。当弓网电弧熄灭时，

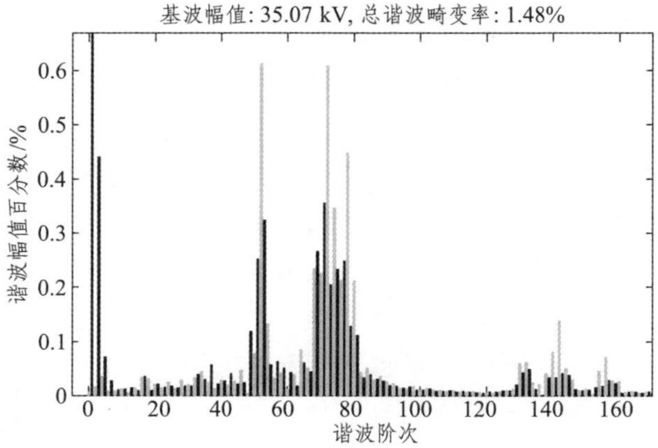

（a）$T = 0.98 \sim 1.0$

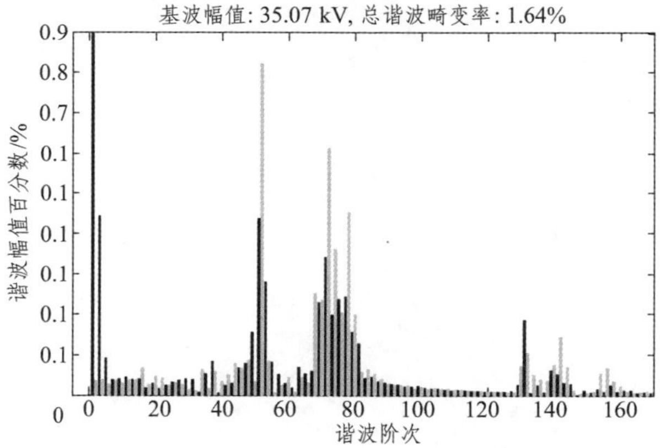

（b）$T = 1.0 \sim 1.02$

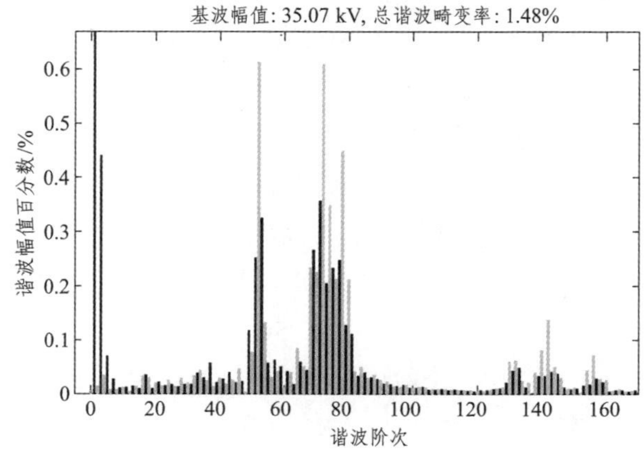

（c）$T = 1.08 \sim 1.1$

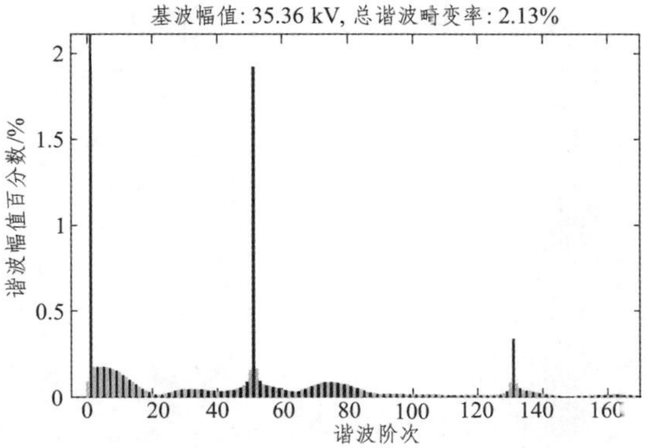

（d）$T = 1.16 \sim 1.18$

图 4.64　接触网电压谐波

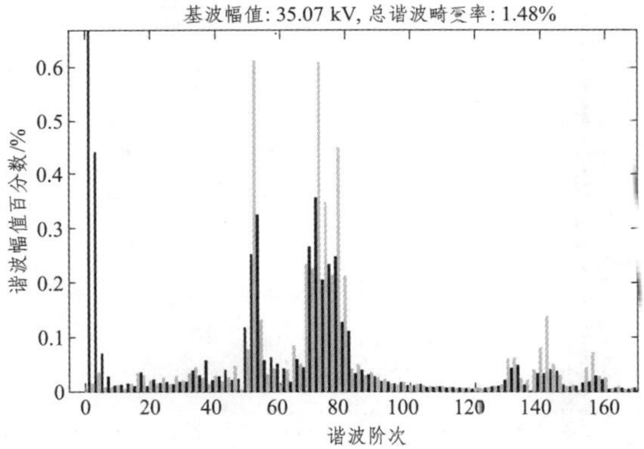

（a）$T = 0.98 \sim 1.0$

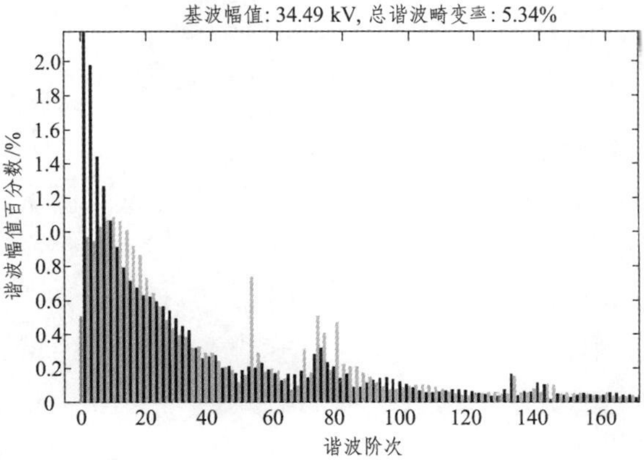

（b）$T = 1.0 \sim 1.02$

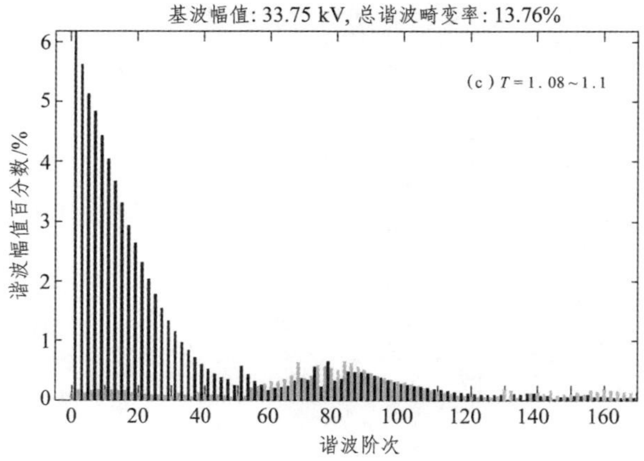

（c）$T=1.08\sim1.1$

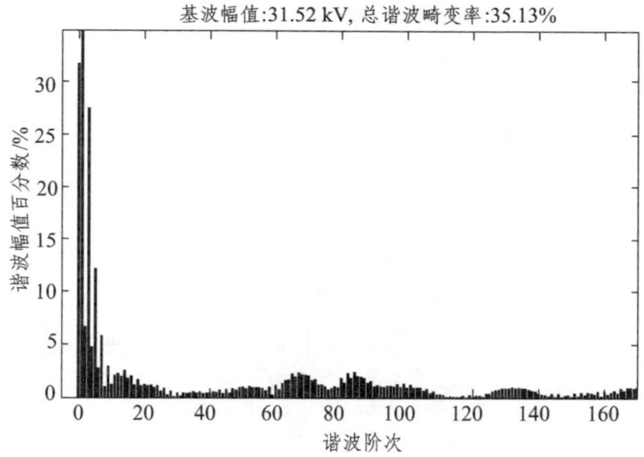

（d）$T=1.16\sim1.18$

图 4.65　车载变压器输入电压谐波

如（d）图中，接触网电压谐波主要为 1 次、51 次、131 次的奇次谐波，谐波幅值增大，70 ~ 80 次内的谐波幅值明显降低，偶次谐波和奇次谐波出现波浪状的连续变化。

图 4.65 为车载变压器输入电压的谐波在不同周期内的变化情况。弓网离线前[见图 4.65（a）]，车载变压器输入电压的谐波分布特性与对应周期内牵引网电压的谐波分布特性一样。与图 4.65（a）相比，图 4.65（b）中车载变压器输入电压谐波发生了很大变化，幅值在 0.5%以上的谐波主要集中分布在 40 次以内以及 52 次、72 次等；在 50 次

谐波内，随谐波次数的增大，奇次谐波幅值呈现逐渐降低的趋势，偶次谐波幅值呈现先增大再降低的趋势。图 4.65（c）中，随着弓网电弧的持续燃烧，车载变压器输入电压的谐波幅值增大，在 50 次谐波内，奇次谐波明显，幅值随谐波的增大呈现降低趋势，偶次谐波幅值大大降低；在 50 ~ 120 次谐波内，随谐波次数的增大，谐波幅值整体呈现先增大后减小的趋势。图 4.65（d）中（弓网电弧熄灭），谐波幅值增大，出现较大的直流分量，此外主要以 1 次、3 次、5 次、7 次奇次谐波以及 2 次、4 次、6 次偶次谐波为主。

分析图 4.64 和图 4.65，弓网状态从良好接触[见图 4.64（a）]到离线电弧产生[见图 4.64（b）]、持续燃烧[见图 4.64（c）]、离线熄弧[见图 4.64（d）]的四个过程中，牵引网电压谐波、车载变压器输入电压谐波幅值都在增大，不同的是：牵引网电压谐波在前面两个过程中的分布类似，偶次谐波比较明显，这主要是由于牵引整流器采用了单极性 SPWM 控制方式，使整个网络中出现较多的偶次谐波；在第三个过程中 60 次以内奇次谐波增大,其他次数谐波分布情况类似前面两个过程，而在第四个过程中谐波分布完全发生变化，以奇次谐波为主；与牵引网电压谐波分布相比，车载变压器输入电压的谐波在四个过程中均表现出不同的分布特性：弓网离线前[见图 4.65（a）]，车载变压器输入电压的谐波含量、分布与接触网电压谐波含量、分布相同；弓网离线电弧产生时[见图 4.65（b）]，车载变压器输入电压奇次谐波、偶次谐波呈现不同的变化趋势；电弧持续燃烧时[见图 4.65（c）]，车载变压器输入电压谐波主要为幅值随谐波次数增大而减小的奇次谐波；当弓网电弧熄灭时[见图 4.65（d）]，车载变压器输入电压谐波主要集中分布在 10 次以内，直流分量比较多。可见，弓网离线及离线电弧对车载变压器输入电压波形的影响比较大，这主要是由于电弧作为续流通道，电能的流向依然是从接触网到车载变压器，使电弧产生的谐波主要传导至车载变压器，对其输入电压产生较大的影响。当弓网离线且电弧熄灭时，接触网向车载变压器输入能量的通道中断，谐波传导的主通道也中断，导致牵引网电压、车载变压器输入电压谐波分布发生明显的变化。

2）总谐波畸变率

总谐波失真率（THD）可以全面地反映出弓网离线过程中电压波形的畸变程度。图 4.66 给出了离线时间从 0.96 ~ 1.18 s 的整个过程中，电压总谐波失真率随连续周期数的变化趋势。

电压总谐波失真率可通过式（4-53）表示：

$$\lambda_{THD}=\frac{100}{U_1}\sqrt{\sum_{h=2}^{M}U_h^2}\,\% \qquad (4\text{-}53)$$

式中，U_h（$h=1$，2，…，M）表示 h 次谐波电压的幅值。从图 4.66 可以看出，从 t_1 到 t_3 的过程中，电弧电压总谐波失真率在 t_2 阶段内随燃弧时间的增大呈现降低趋势（从 286.97% ~ 224.90 %），在 t_3 阶段瞬间降到 25%以下；牵引网电压的总谐波失真率整体上小于 2.5%，随离线时间增大总体呈现增大趋势，在 t_3 阶段达到最大值 2.45%。根据 GB/TI4549—93[24]（10 kV 电网电压总谐波失真率需小于 4%，奇、偶次谐波含量需小于 3.2%、1.5%，35 kV 电网电压总谐波失真率需小于 3.0%，奇、偶次谐波含量需小于 2.4%、1.2%）可知，在弓网离线过程中，25 kV 接触网电压总谐波失真率是满足要求的。车载变压器输入电压的总谐波失真率在 t_1 到 t_3 的过程中随离线时间的增大而增大，在

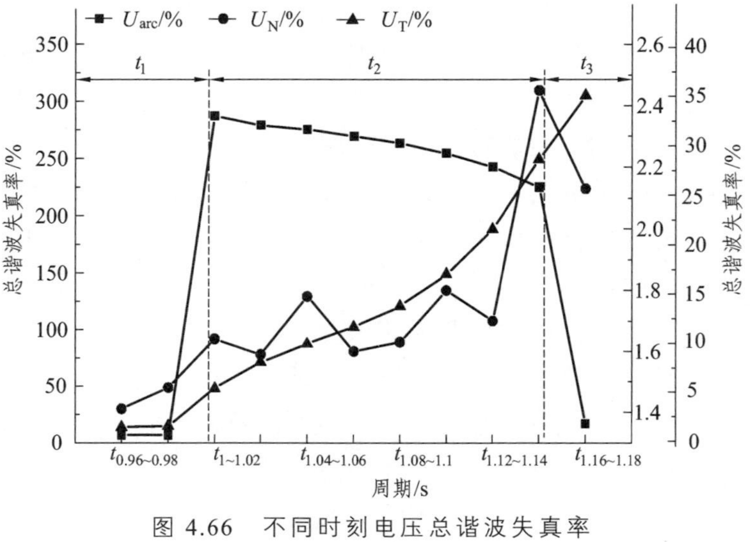

图 4.66　不同时刻电压总谐波失真率

t_1—弓网接触阶段；t_2—弓网离线燃弧阶段；t_3—弓网离线熄弧阶段

t_3阶段达到了最大值 35.13%。可见，弓网离线时间对车载变压器输入电压的总谐波失真率影响较大，输入电压波形畸变程度较严重，将引起车载变压器损耗增加，牵引变流器控制难度增加，变流质量恶化。

3）列车运行速度对谐波的影响

针对列车以恒速运行时，电弧电压谐波畸变率在起弧阶段和熄弧阶段发生突变，且对牵引传动系统输入电压产生的影响最大。当列车运行在不同的速度时，电弧起弧时刻和熄灭时刻的电弧电压谐波分布规律分别如图 4.67、图 4.68 所示。

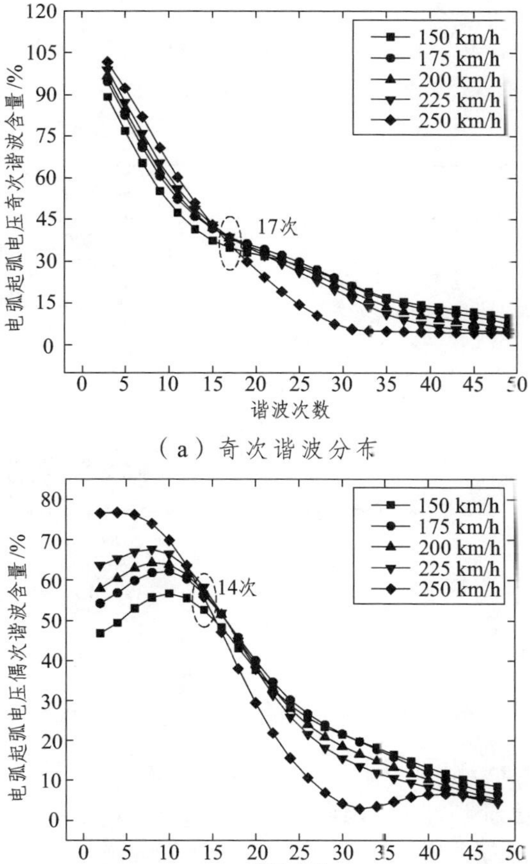

（a）奇次谐波分布

（b）偶次谐波分布

图 4.67　不同速度的电弧起弧电压谐波分布

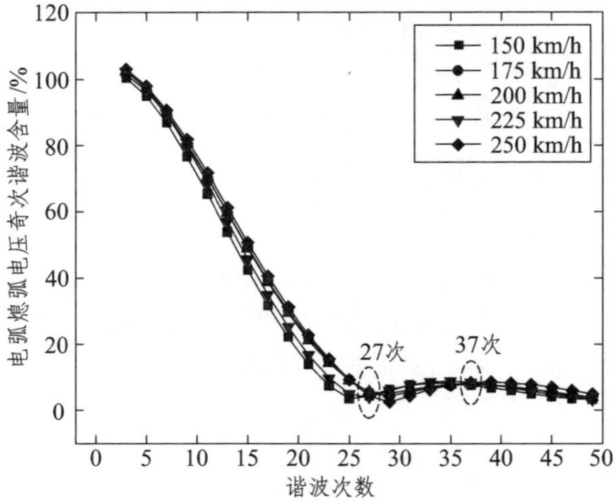

（a）奇次谐波分布

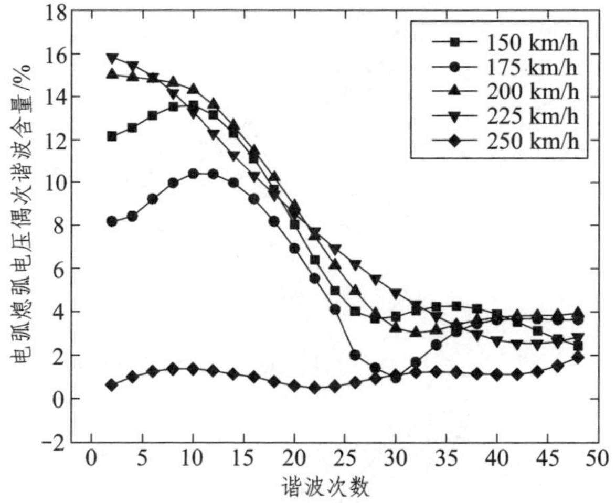

（b）偶次谐波分布

图 4.68　不同速度的电弧熄弧电压谐波分布

从图 4.67（a）中可以看出，当谐波次数小于 17 次时，电弧电压奇次谐波含量随着列车运行速度的增大而增大；当谐波次数大于 17 次时，电弧电压奇次谐波含量随速度的增大呈现出降低的趋势。图（b）中，总体上偶次谐波含量随谐波次数增大呈现先增大后减小的趋势。随着速度的增大，偶次谐波含量最大值对应的谐波次数减小，如图（b）

中速度等级为 150 km/h、175 km/h、200 km/h、225 km/h 和 250 km/h 的电弧电压偶次谐波含量最大值分别是 10 次、10 次、8 次、8 次以及 4 次谐波，用菱形的点表示。在偶次谐波含量增大阶段，同一谐波次数对应的谐波含量随速度的增大而增大；偶次谐波含量下降阶段，谐波含量降低速率随速度的增大而增大，以 250 km/h 时的谐波含量分布最明显，当谐波次数为 14 次时，其谐波含量已经小于 225 km/h 时的偶次谐波含量；当谐波次数大于 14 次时，各偶次谐波含量随速度的增大而减小，其中，250 km/h 时的偶次谐波含量在 32 次时降为最小值。综上，当电弧电压奇次谐波次数小于 17 次，偶次谐波次数小于 14 次时，各奇、偶次谐波含量都随速度的增大而增大；当奇、偶次谐波次数大于以上两个数值时，各次谐波含量随速度的增大而呈现降低趋势。

图 4.68（a）为电弧熄灭时不同速度的奇次谐波分布。当谐波次数小于 27 次时，各奇次谐波含量随列车运行速度的增大而增大，速度越大，增大速率越小；当谐波次数在 27 ~ 37 次时，各奇次谐波含量随速度的增大而降低；当谐波次数大于 37 次时，各奇次谐波含量与速度变化呈现正相关，但随速度的增大，各奇次谐波含量的增幅变化比较小。（b）图中，不同速度下的电弧电压偶次谐波分布差异较大，250 km/h 速度等级的电弧电压偶次谐波含量明显小于其他速度等级的电弧电压偶次谐波含量。

图 4.69、图 4.70 分别列车运行在不同的速度时，电弧起弧时刻和熄灭时刻的牵引传动系统输入电压的谐波分布规律。

牵引传动系统输入电压的谐波分布类似于电弧电压的谐波分布，随着谐波次数的增大，奇次谐波含量减小，偶次谐波含量先增大后减小。从图 4.69（a）中可以看出，当谐波次数小于 35 次时，牵引传动系统输入电压奇次谐波含量随着列车运行速度的增大而增大，速度越大，增加量越大，此外速度的增大导致较高次谐波含量的减小速率增大；当谐波次数大于 37 次时，不同速度等级的牵引传动系统输入电压奇次谐波含量变化量很小。图（b）中，随着速度的增大，偶次谐波含量最大值对应的谐波次数减小。当谐波次数小于 24 次时，速度越大，各偶次谐波含量越大，谐波次数增大时，谐波含量降低速率增大；24 ~ 38 次谐波内，250 km/h 的偶次谐波含量最小；谐波次数大于 38 次时，速度越大，各次谐波对应的谐波含量越大。

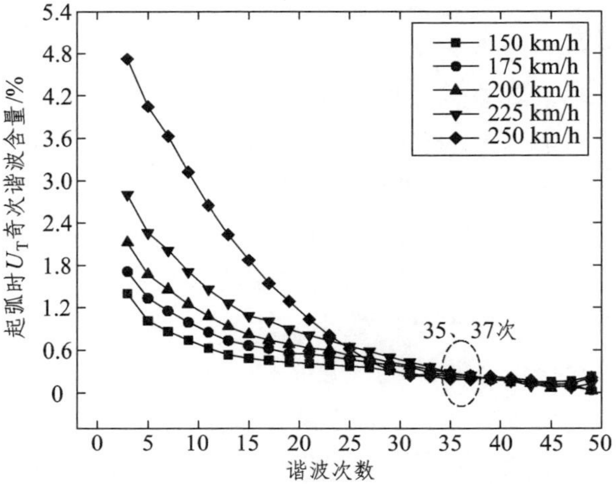

（a）奇次谐波分布

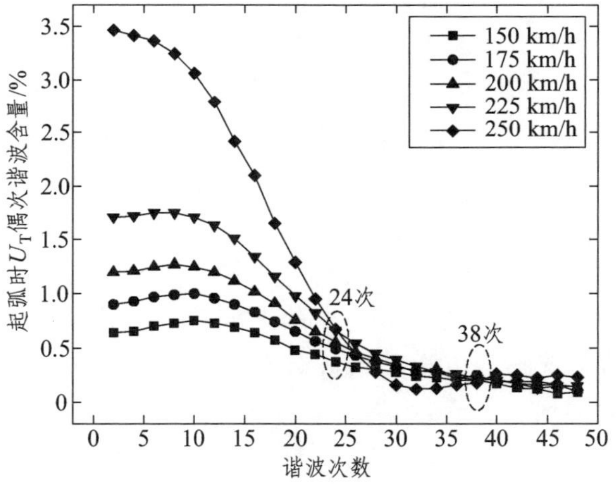

（b）偶次谐波分布

图 4.69　起弧时不同速度的牵引传动系统输入电压谐波分布

电弧即将熄灭时，牵引传动系统输入电压奇次谐波含量随谐波次数的增大而减小，速度为 175 km/h 时的车载变压器输入电压谐波含量最小。当速度大于 175 km/h 时，27 次内的奇次谐波含量随速度的增大而增大；当谐波次数大于 27 次时，由速度增大导致的奇次谐波含量的增加量不明显。图（b）中，牵引传动系统输入电压偶次谐波含量整体上随速度的增大呈现出先减小再增大最后减小的趋势，250 km/h 速度等级的电压偶次谐波含量明显小于其他速度等级的电压偶次谐波含量。

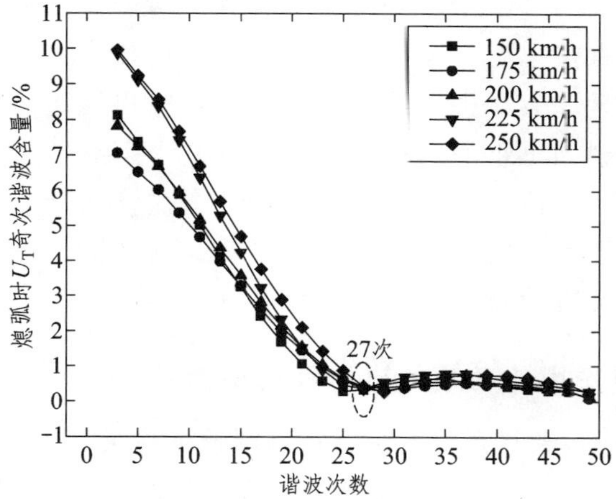

（a）奇次谐波含量

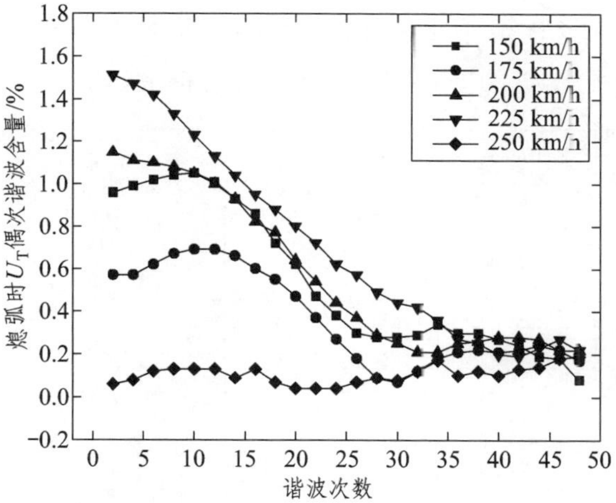

（b）偶次谐波含量

图 4.70　熄弧时不同速度的牵引传动系统输入电压谐波含量

综上，当弓网离线产生，电弧初始燃烧时，牵引传动系统输入电压谐波在当谐波次数小于 30 次时，牵引传动系统输入电压的奇次谐波和偶次谐波都与速度的变化呈现正相关。

弓网离线过程中，电弧持续燃烧时间以及列车运行速度的不同都将使电弧电压波形发生严重的畸变，进而影响到接触网电压和牵引传动系统输入电压的质量。一方面将造成车载变压器损耗（线圈铜耗和铁心涡流损耗），引起线圈发热，危及绕组绝缘。尤其是谐波直流分量将引起变压器直流偏磁，不仅使变压器损耗增加，还将导致牵引输出电流的谐波含量增大，进一步引起牵引电机输出转矩的低频脉动。另一方面，为达到动车组的轻型化和更高的安全可靠性，动车组网侧并未装滤波器，从而造成了大量的高次特征谐波注入牵引供电系统中，造成了牵引供电系统的高次谐波含量丰富，这些谐波进入电力系统也将对发电机等旋转设备产生较大的危害。

3. 电弧对牵引传动系统电压跌落的影响

对处于高速行驶状态的列车，在弓网发生离线时产生的电弧受到强气流的作用。考虑到列车的行驶速度极高，气流对电弧产生很大的影响：气流使得电弧的燃弧距离被拉长；同时会降低电弧的温度，使电弧上耗散的能量增加。这样会导致电弧在燃弧后只维持极短的时间就会熄灭，且列车运行速度越大，电弧持续燃烧的时间将会越短，如图 4.71 所示。

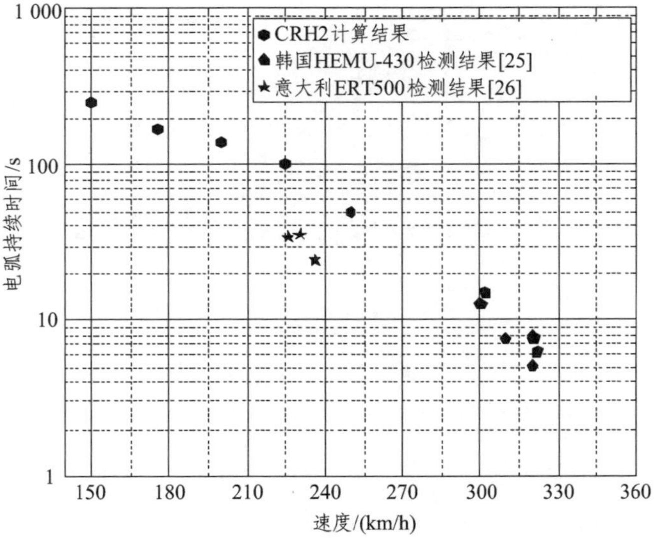

图 4.71　电弧持续时间随速度的变化

当电弧熄灭时，列车牵引负载电能供给的途径被切断，在交-直-交的传动系统中，首先发生的是直流侧压降，进而影响交流电机的功率输出。当直流侧电压低于 2 000 V 时，逆变器闭锁。图 4.72 为列车在 120 km/h、200 km/h、250 km/h 三种不同运行速度时牵引传动系统直流环节电压变化情况。

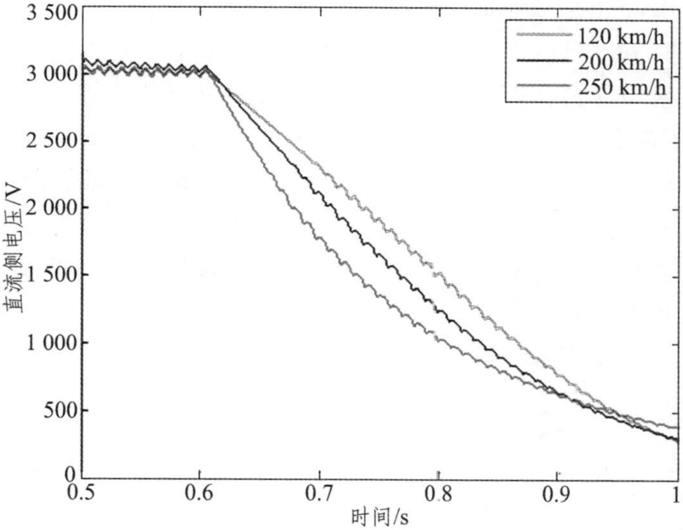

图 4.72　弓网离线时不同速度下直流侧电玉

从仿真结果可以得到，弓网离线时不同速度的直流侧电压波形变化趋势基本一致。列车运行速度越大，离线熄弧后牵引传动系统直流环节电压跌落越严重。在离线发生 100 ms 后，对应 120 km/h、200 km/h、250 km/h 三种不同行驶速度，直流侧电压分别为 2 303 V、2 113 V、1 788 V。对比分析弓网离线发生后直流侧电压随时间的跌落情况，选取 0.6 s、0.7 s、0.8 s、0.9 s 四个时刻三种不同行驶速度下直流侧电压值，如表 4.5 所示。

表 4.5　弓网离线时直流侧电压随时间的变化情况

行驶速度	0.6 s	0.7 s	0.8 s	0.9 s
120 km/h	3 003 V	2 303 V	1 516 V	763 V
200 km/h	3 031 V	2 113 V	1 244 V	626 V
250 km/h	2 991 V	1 788 V	1 021 V	617 V

通过表 4.5，可以直观地得到：速度越大，直流侧电压下降越迅速。0.6 ~ 0.7 s 的 100 ms 内，三种不同行驶速度下直流侧压降分别为 700 V、918 V、1203 V；不同速度下直流侧压降都是先快后缓；在离线的初期电压呈线性趋势下降，列车行驶速度越大电压下降速率越大；随着电压的下降，牵引电机的输出转矩也逐渐减小，所以电压下降趋势变缓，下降速率减小。

图 4.73 给出了弓网离线时不同速度下 1 000 V 压降所需时间的对比图，以期指导离线时间的合理设置。其中牵引变流器直流侧电压由 3 000 V 下降到 2 000 V。当列车行驶速度高于 220 km/h 时，1 000 V 压降经历的时间已经减少到 100 ms 内。对于行驶速度在 300 km/h 以上的高速列车，选择 100 ms 作为大离线时间会导致列车输出功率下降，严重影响运行状态的平稳性。为此，需要根据线路的设计运营速度合理调整大离线时间。

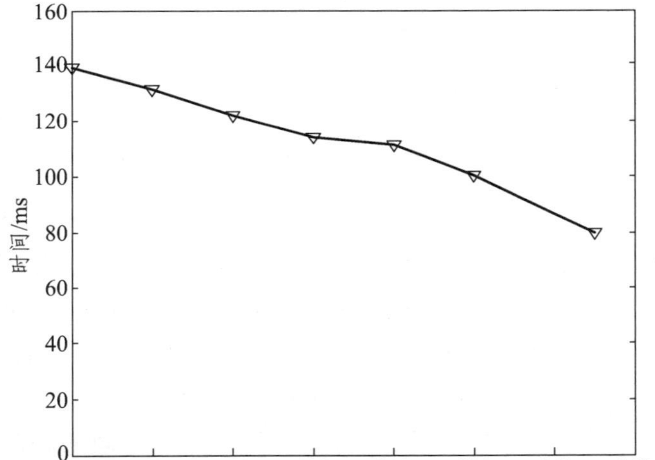

图 4.73　弓网离线时不同速度下 1 000 V 压降所需时间的对比

4.6　小　结

a）本章详细介绍了受电弓与接触网系统中的弓网电弧现象以及弓

网电弧的主要研究方法。电弧是一种强烈的气体自持放电现象，弓网电弧与其他的电弧相比具有许多特殊之处。弓网电弧电路模型是研究弓网电弧电气特性的一种有效方式，弓网电弧磁流体动力学模型适用于解析弓网电弧多物理场特性。

b）电弧的形成是电极间中性质子被游离的过程。电弧是一种强功率自持放电现象，电弧的质量极轻、形状极易改变。电弧通常分为三个区域：阴极区、弧柱区、阳极区。

c）弓网电弧因其所处环境的特殊性，又与其他电弧存在很大的差异性：弓网电弧的两电极处于高速切向滑动和法向频繁振动状态；弓网电弧完全暴露于高速走行风形成的强气流场中；弓网电弧维持着弓网离线时动车组的能量供给，为了保障受流质量，不可随意灭弧。

d）基于经典的电弧电路模型 Cassie 电弧模型与 Mayr 电弧模型，建立适用于弓网电弧的电路分析模型。分析了列车运行速度以及升降弓对于弓网电弧电气特性的影响。

e）基于磁流体动力学（MHD）理论建立了弓网电弧分析模型，分析了不同因素影响下的弓网电弧动态特性。详细研究了弓网电弧建模过程，电弧电流、弓网间隙、降弓过程以及横风对于弓网电弧的影响。

f）考虑弓网电弧对弓网材料以及车载设备的影响，分析了弓网电弧对于受电弓滑板的侵蚀作用。通过仿真建模分析了电弧侵蚀受电弓滑板特性，同时通过实验验证模型的正确性。同时基于弓网电弧电路模型分析电弧对车载设备的影响。

参考文献

[1] 唐志平. 供配电技术[M]. 北京：电子工业出版社，2009.

[2] 胡明，万树德，夏洋洋，等. 外部磁场对直流电弧等离子体放电特性的影响及其机理[J]. 高电压技术，2013，39（7）：1655-1660.

[3] 刘畅，成会明. 电弧放电法制备纳米碳管[J]. 新型炭材料，2001，16（1）：67-71.

[4] 李林川. 电能生产过程[M]. 北京：科学出版社，2011.

[5] 李兴文，陈德桂. 空气开关电弧的磁流体动力学建模及特性仿真[J]. 中国电机工程学报，2007，27（21）：31-37.

[6] 陈德桂. 低压断路器的开关电弧与限流技术[M]. 北京：机械工业出版社，2007.

[7] 李兴文，陈德桂，等. 低压空气开关电弧现代测试技术的研究综述[J]. 电器与能效管理技术，2008（1）：6-9.

[8] 陈旭坤，曹保江，刘耀银，等. 高速气流场下列车弓网电弧动态模型[J]. 高电压技术，2016，42（11）：3593-3600.

[9] 吴积钦. 受电弓与接触网系统[M]. 成都：西南交通大学出版社，2010.

[10] 王万岗. 高速铁路弓网电弧动态特性研究[D]. 成都：西南交通大学，2013.

[11] 陈旭坤. 高速列车弓网电弧动态模型研究[D]. 成都：西南交通大学，2015.

[12] 刘耀银，陈旭坤，万玉苏，等. 高速列车弓网电弧模型及其电气特性仿真研究[J]. 高压电器，2017，53（11）：39-45.

[13] 高国强，郝静，古圳，等. 高速铁路中受电弓升弓过程弓网电弧电气特性[J]. 高电压技术，2016，42（11）：3569-3575.

[14] 韩伟锋. 弓网电弧磁流体动力学模型及温度分布研究[D]. 成都：西南交通大学，2014.

[15] 韩伟锋，高国强，刘贤汭，等. 弓网电弧磁流体动力学模型[J]. 铁道学报，2015，37（05）：21-26.

[16] GAO G, HAO J, WEI W, et al. Dynamics of Pantograph-Catenary Arc During the Pantograph Lowering Process[J]. IEEE Transactions on Plasma Science, 2016, 44(11): 2715-2723.

[17] 朱光亚，吴广宁，韩伟峰，等. 高速列车静态升降弓时弓网电弧稳态特性仿真与分析[J]. 铁道学报，2016，38（02）：42-47.

[18] 朱光亚，吴广宁，高国强，等. 高速列车静态升降弓电弧的磁流体动力学仿真研究[J]. 高电压技术，2016，42（02）：642-649.

[19] 谢昌明，谈效华，杜涛，等. 气体火花开关电极烧蚀形貌研究[J].

电工技术学报，2015，20：246-251.

[20] INSEPOV Z, NOREM J. Can surface cracks and unipolar arcs explain breakdown and gradient limits[J]. Journal of Vacuum Science & Technology A, 2013, 31(1): 1-10.

[21] 胡道春，孙乐民，上官宝，等. 电弧能量对浸金属炭滑板材料载流摩擦磨损性能的影响[J]. 摩擦学学报，2009，29（1）.

[22] 电力机车车顶绝缘子第 2 部分：复合绝缘子（TB/T 3077.2—2006）[S]. 2007.

[23] 司马文霞，陆琛，杨庆，等. 操作冲击电压累积作用对油纸绝缘性能影响的研究[J]. 高压电器，2015（9）：1-8.

[24] 解绍锋. 电气化铁道谐波过程分析与推荐限值制定思路研究[D]. 成都：西南交通大学，2004.

[25] PARK Y, LEE K, KWON S Y, et al. Analysis of Percentage of Arcing between Pantograph and Overhead Contact Line as a Function of Duration of Arc[J]. Transactions of the Korean Institute of Electrical Engineers 2014, 63(6): 855-859.

[26] OTTORINO B, ALBERTO L, MAURO P, et al. Phototube sensor for monitoring the quality of current collection on overhead electrified railways[J]. Proceedings of the Institution of Mechanical Engineers Part F Journal of Rail & Rapid Transit, 2001, 215(3): 231-241.

5 弓网电接触材料

5.1 接触网导线材料发展

5.1.1 国内外高速铁路接触网导线现状

电气化铁路因其在能源综合利用、环境保护和线路适应能力等方面的优异表现而被世界各国所重视。运营速度 200 km/h 以上的电气化铁路大都分布在欧洲（德国、法国、西班牙）和亚洲（日本、韩国、中国）。随着电气化铁路的推广，不同国家根据其自身接触网设计的要求选用了不同材质的接触线。在德国，时速小于 250 km/h 的电气化铁路普遍采用铜银合金接触线，时速超过 300 km/h 的电气化铁路采用铜镁合金接触线。例如时速 330 km/h 的法兰克福—科隆线、纽伦堡—英格尔斯卡特线采用了铜镁合金接触线。在法国，时速在 300 km/h 以上的电气化铁路主要选用铜镁合金接触线和铜锡合金接触线两种。例如，在设计时速 300 km/h 的“大西洋线”线路上采用的铜镁合金接触线和铜锡合金接触线各占 50%；时速 300 km/h 的北方线和时速 350 km/h 的地中海线采用铜镁合金接触线；在 TGV 东方线试验段上（列车最高试验速度达到 574.8 km/h）采用铜锡合金接触线。在西班牙，时速 350 km/h 的马德里—巴塞罗那线采用了铜镁合金接触线。在日本，81%的电气化铁路接触线均选用了铜锡合金接触线。例如，时速 260 km/h 的九州新干线、时速 300 km/h 的山阳新干线均采用了钢锡合金接触线。在韩国，时速 300 km/h 的首尔—釜山高速铁路采用纯铜接触。

在国内，不同速度等级的线路上运用不同材质的接触线。在地铁、轨道交通以及时速 120 km/h 和时速 160 km/h 的电气化铁路上大量采用铜银合金接触线。时速在 200～250 km/h 的客运专线上普遍采用铜锡合金接触线（2004 年我国建设的第一条时速 250 km/h 的电气化铁路秦皇岛—沈阳线采用了由德国进口的铜银合金接触线）。例如，2006 年以后建设的时速 200 ~ 250 km/h 的青岛—济南、合肥—南京、合肥—武汉、温州—福州等客运专线均采用了铜锡接触线[符合 EN50149（CuSn0.4）技术标准]。在我国台湾地区时速 300 km/h 的台北—高雄高速铁路也采用铜锡合金接触线。时速 350 km/h 的电气化铁路在接触线的选材方面有所不同。例如，时速 350 km/h 的京津城际铁路、武汉—广州客运专线、郑州—西安客运专线、上海—南京客运专线采用铜镁合金接触线，而广州—深圳—香港的高速铁路则采用了铜锡合金接触线[1]。

5.1.2 接触线的类型和特征

1. 纯铜接触线

纯铜接触线由导电率为 100% IACS(International Annealed Copper Standard)，即电导率为 58.5×10^6（S/m）的软铜经冷加工拉拔而成，具有良好的导电性（导电率为 97.5% IACS）和较好的耐蚀性能，但机械强度低（抗拉强度为 350 MPa），抗软化温度低、耐磨性能差。在高速、重载、繁忙的线路中，纯铜接触线往往会因弓网摩擦产生的摩擦热、焦耳热和电弧热而导致局部表面软化，从而使得接触线的机械强度和硬度进一步降低，导致磨耗加快甚至断线问题。因此，纯铜接触线一般运用在速度低于 140 km/h 的中低速线路上。

2. 铜银合金接触线

铜银合金接触线包括铜银和铜锡银两种材质，银的含量为 0.08% ~ 0.12%。相对于纯铜接触线，铜银合金接触线中添加了高硬度、高熔点的固溶性元素银（Ag），使得铜基体材料得到强化的同时，提高了其高温强度和载流能力。研究表明，铜银合金接触线中固溶体的引入虽然使得铜基材料的导电率降低，但其耐热性得到大幅提高，使其服役温度提高了近两倍。因其耐热性方面的优异表现，日本将该类接触线主要应用隧道之中，以防止接触线因火灾事故过热断裂。与其在耐热性方面的提高相比，在其强度方面的提高并不明显，还不能满足高速列车行驶要求。目前，我国生产的铜银合金接触线和国外同类产品性能基本相当，并已完全能够替代进口产品。根据该类接触线在德因 Re-250 型接触网的使用现状，列车运行的最高速度可达 250 km/h。我国时速 200 km/h 以下的电气化铁路、城市地铁和轨道交通中均大量采用铜银合金接触线。

3. 铜锡合金接触线

铜锡合金接触线中锡（Sn）的含量约为 0.3%。铜基中加入固溶性的合金元素锡，在保证接触线导电率的同时，大幅提高了其耐磨性和耐热性，同时也使得铜锡合金接触线具有耐腐蚀性、耐高温软化性能、较高的抗拉强度和良好的化学稳定性。研究结果表明，同等合金含量的铜锡合金接触网的使用寿命是铜银合金接触线的 1.2 倍。另外，接触线与受电弓滑板之间的接触电阻小，改善了取流质量。与铜银合金接触线相比，采用铜锡合金接触线不仅可以减少贵重金属白银的消耗，降低接触线成本，而且铜锡合金接触线在生产工艺和成品率等方面也有明显的优势。铜锡合金接触线已在我国电气化铁路上广泛应用。据不完全统计，在新建或改建的 30 余条大型电气化铁路中都使用了铜锡合金接触线。

4. 铜镁合金接触线

铜镁合金接触线具有较高的抗拉强度，其抗拉强度已达到 503 MPa，强度完全能满足列车高速行驶要求。但其导电性能不够好，导电率只有 70% IACS，另外此接触线在运行时会出现波浪弯曲的现象。与铜锡合金接触线相比，相同合金含量的铜镁合金接触线耐磨性能和耐高温性能更为优良。但其制造工艺复杂、工序较多。在加工和成型时，对装备和技术水平的要求都很高。

铜镁合金接触线生产的关键就是控制镁（Mg）的含量，镁含量高时不容易加工，镁含量过低又达不到理想的强度要求。我国于 2001 年采用上引连铸连续挤压法工艺制造出了具有超细晶强化效果的高强度铜镁合金接触线，其产量和质量已可以满足高速电气化铁路的要求。目前在速度 350 km/h 的京津城际、武广高铁、郑西高铁使用铜镁合金接触线。

5. 铜铬锆合金接触线

铜铬锆合金接触线（Cu-Cr-Zr）具有强度高、导电性能良好、塑性高等优良性能。由于 Cr、Zr 元素的加入，与纯铜再结晶温度相比其再结晶温度大幅度提高。其中铬（Cr）、锆（Zr）元素容易氧化，加入铜基体能起到固溶强化作用。锆元素还可以增加接触线的抗拉强度和导电率。目前，日本研制的铜铬锆合金接触线已在部分高速线路上运用，其抗拉强度可达 555.5 MPa，导电率在 78% IACS 左右（PHC-110 接触线）。由于铜铬锆合金为析出强化型合金，因此该材质接触线需经过热处理才能达到较高的强度和导电率。虽然生产铜铬铅合金部件在国内有案例，但要实现连续大规模生产无接头、大长度的接触线，国内还缺少大型的热处理和熔炼设备。

6. 镉铜合金接触线

镉铜合金接触线具有比较高的抗拉强度和导电率，但在生产中因镉金属有毒，危害人体，因此在环保和劳保还没有妥善解决的条件下，难以实现大规模的生产。

7. 复合接触线

铝包钢接触线：铝-钢复合接触线虽具有强度高、耐磨性好及抗过载能力强等优点，但耐大气腐蚀能力及导电性能差。日本研制开发的 TA-195 铝包钢接触线的抗拉强度为 68.6 kN，机械强度基本能满足准高速和高速接触网的性能要求。由于其导电性能差，长距离输电时会产生较大的电损耗，为解决这一问题，又开发出了导电率较高的铜包钢接触线。

铜包钢接触线：1987 年，日本采用热浸涂法成功研制出 CS-110 和 CSD-110 两种铜包钢接触线，并已在 300 km/h 的高速接触网中应用。CS-110DE 抗拉强度和导电率分别为 655 MPa 和 60.2% IACS，CSD-110 的抗拉强度和导电率则分别为 493 MPa 和 81.1% IACS。CS 型接触线的铜复比（铜与复合导线截面积之比）约为 60%，CSD 接触线的铜复比约为 80%。铜包钢接触线的铜复比可在 20% ~ 85% 变化，能够制成不同电导率与抗拉强度的接触线[2]。

5.1.3 铜与铜合金接触线的规格、特性

1. 铜与铜合金接触线的规格

纯铜接触线的导电性能优异、耐蚀性好，但无氧铜杆拉拔成型后的接触线，其强化仅仅依靠加工硬化来实现。以纯铜（Cu）为基体，银锡或镁等合金添加剂可以进一步改善铜接触线的接和热性能，从而得到较高张力的接触线，这些性能对高速接触网尤为重要。

各种铜与铜合金接触线的主要化学成分见表 5.1。

表 5.1 铜与铜合金接触线化学主成分 （%）

材料	Cu	Ag	Mg	Sn	Bi	O	Pb	P	其他
CT	99.99	—	—	—	≤0.000 5	≤0.030 0	≤0.005 0	—	≤0.03
CTA、CTAH	余量	0.08～0.12	—	—	≤0.000 5	≤0.030 0	—	—	≤0.03
CTM	余量	—	0.1～0.3	—	—	—	—	≤0.01	≤0.10
CTMH	余量	—	0.4～0.7	—	—	—	—	≤0.01	≤0.10
CTS	余量	—	—	0.15～0.55	—	—	—	—	≤0.10

中国铁路常用的铜与铜合金接触线截面形状为带有便于线夹夹持的沟槽及合金类型识别沟槽的规则圆形，具体参数如表 5.2 所示。

表 5.2 铜与铜合金接触线相关参数

规格（标称截面面积）/mm^2	计算截面面积/mm^2	尺寸及公差/mm							角度及偏差		参考单位质量/(kg/km)
		A（±1°）	B（±1°）	C（±1°）	D（±1°）	E	K	R	G（±1°）	H（±1°）	
85	86	10.80	10.76	9.40	7.24	6.80	4.60	0.40	27°	51°	769
110	111	12.34	12.34	9.73	7.24	6.80	4.47	0.40	27°	51°	992
120	121	12.90	12.90	9.76	7.24	6.80	4.35	0.40	27°	51°	1 082
150	151	14.40	14.40	9.71	7.24	6.80	4.00	0.40	27°	51°	1350

常用的铜与铜合金接触新材料主要有铜、铜银、铜锡合金以及铜镁等几类，每类又按截面面积分为不同规格，产品型号常用以下形式表示：

例如：CT110 为 110 铜接触线；

CTA120 为 120 铜银合金接触线；

CTAH120 为 120 高强度铜银接触线；

CTM120 为 120 铜镁接触线；

CTMH150 为 150 高强度铜镁接触线；

CTS150 为 150 铜锡合金接触线。

2. 铜与铜合金接触线的特性

铜是工业实用且导电性能最好的金属材料，纯铜耐蚀性好，因而得到广泛使用。纯铜接触线一般是以纯度大于 99.9%的电解铜为原料，经连铸→连轧→拉拔成线材后不经退火处理而直接使用的接触线。

在铜基体中分别加入银、锡或镁等的合金添加剂，机械强度会依次提高，但导电率依次下降。

银属于固溶性合金元素，具有高熔点、高硬度、低固溶的特点，加入铜基体中形成固溶体，从而使基体材料得到强化。银元素对铜的导电率影响不大，除了能显著提高接触线的再结晶温度和蠕变强度外，还对塑性具有较小的影响，而且易于加工。

与银一样，锡也属于固溶性合金元素。锡加入铜基体后，对提高接触线材料的强度和耐磨性能具有非常好的效果，同等合金含量的铜锡合金接触线的使用寿命约是铜银接触线的 1.2 倍，但铜锡接触线的导电率有一定程度下降。

铜基体中加入适量的合金元素镁，不仅能显著提高合金的强度、耐磨性、耐热性和高温抗氧化性，而且与铜银合金接触线相比，机械强度更高，耐磨性能更好，软化温度高，但导电率随着镁含量的增加下降较快。

在不同场合，接触线型号的表示方法可能不同，表 5.3 列出了两种常用型号的表示方法。

表 5.3　两种常用接触线型号的表示方法

材料名称	型号表示	
	TB/T 2809—2005 标准	EN 50149—2001 标准
铜	CT	Cu-ETP
铜银合金	CTA、CTAH	CuAg0.1
铜镁合金	CTM CTMH	CuMg0.2 CuMg0.5
铜锡合金	CTS	CuSn0.2

铜与铜合金接触线是利用拉拔机将直径为 18 ~ 24 mm 的线拉制而成的。线坯连续经过数个圆形模具、沟槽式模具和修整模具，冷拔成最终的尺寸和外形，控制过程图 5.1 所示。这就将几乎是圆形的材料微结构拉拔成长形，最后排列为与导线拉伸方向一致的纤维结构。晶状体结构的不均匀性增加剪切抗力，并使材料硬化，但也相应降低了其导电率和可塑性。

拉拔造成线坯的截面面积减小，拉拔后的截面面积与原截面面积之比称为转换比。

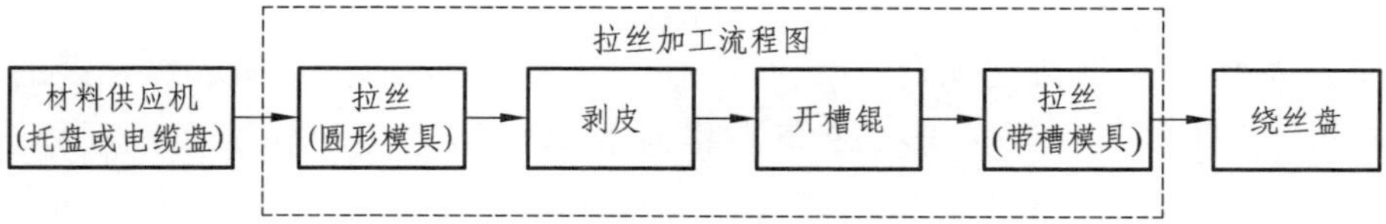

图 5.1　拉拔控制过程

经过冷加工的铜与铜合金接触线由于晶格点发生畸变，抗拉强度进一步提高，但冷加工变形率的增加带来两个问题：一是接触线表面和内部硬化程度不一致，二是接触线温度升高后更容易软化。

冷拔铜与铜合金接触线的长期发热造成其晶状体结构会回到冷拔过程前的状态。转变到稳定的晶体状微结构称为再结晶，并造成冷拔接触线全部典型物理特性的丧失。图 5.2 表示出了再结晶对 Cu、CuAg0.1、CuMg0.4 和 CuMg0.6 接触线抗拉强度的影响。当超出再结晶强度时，微结构开始发生变化并伴随着抗拉强度的损失。在此过程中，接触线由冷拔形成的微结构几乎全部恢复到了稳定的圆形。

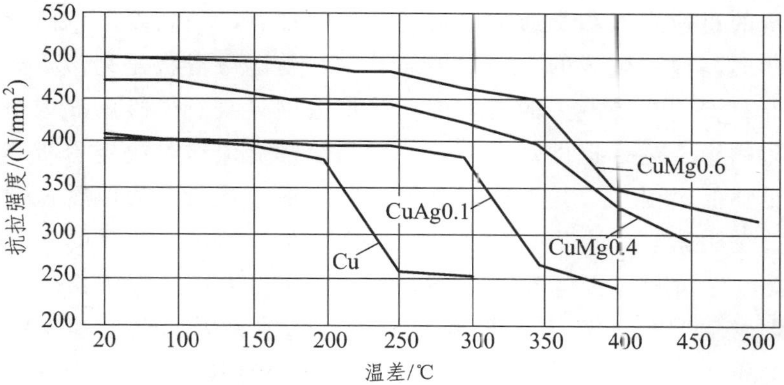

图 5.2 温度升高时各种接触线合金的耐拉强度

接触网在传输电流的过程中，温度升高将不可避免。接触网的设计应使接触线的温度保持在一定限度内，不同材料的铜与铜合金接触线，温度的限度也不同。表 5.4 列出了常用铜与铜合金材料接触线的温度极限[3]。

表 5.4 常用铜与铜合金材料接触线的温度极限 (°C)

材料	温度		
	达到 1 s（短路电流）	达到 30 min（受电弓静止）	永久（运行条件）
高导电性能的普通和高强度铜（CT）	170	120	80
铜银合金（CTA）	200	150	100
铜锡合金（CTS）	170	130	100
铜镁合金（CTM）	170	130	100
铜镁合金（CTMH）	200	150	100

5.2 受电弓滑板材料发展

在世界各国的交通运输体系中，铁路运输以其不受时间、气候、地理条件等限制及运输量大等特点在运输业中发挥着重要的作用。随着经济的迅速发展和交通运输市场竞争的加剧，迫切要求铁路交通运输不断向高速、重载的方向发展。其中，受电弓滑板是列车重要的集电元件，安装在受电弓的最上部，与接触网导线直接接触获取电流，为机车的稳定运行提供牵引力。接触系统的受流质量决定着机车能否获得足够的牵引动力并安全可靠地运行。滑板质量是影响受流质量的一个关键因素。

受电弓滑板长期暴露在自然环境下，且在运行过程中由于离线等因素与接触导线不断产生机械冲击和电烧蚀，因此对滑板的性能有着十分苛刻的要求。优良的受电弓滑板必须具备如下特性：① 足够的冲击强度；② 良好的导电性；③ 良好的耐磨减摩性能；④ 良好的耐热和耐电弧性能；⑤ 较好的耐候性；⑥ 对接触导线的磨损小，价格低等。目前国内外成熟使用的受电弓滑板均存在不足之处：纯金属滑板和粉末冶金滑板对导线磨损严重；纯炭滑板电阻率大、力学性能不足，容易发生断裂、烧烛现象；浸金属滑板的机械强度和抗冲击强度仍然不能适应铁路道口或颠簸路段出现的严重振动状况，维护成本较高。

发达国家受电弓滑板材料的研究历史悠久，比较有代表性的有苏联、日本、德国等国家，这些国家在受电弓滑板的理论研究与应用方面均取得了重要成果。我国电力机车受电弓滑板的使用与研究始于 20 世纪 50 年代末，相关研究者做了大量工作。电力机车受电弓滑板按材料可分为：金属滑板、粉末冶金滑板、纯炭质滑板、浸金属炭滑板和复合材料滑板。其发展历史如图 5.3 所示。

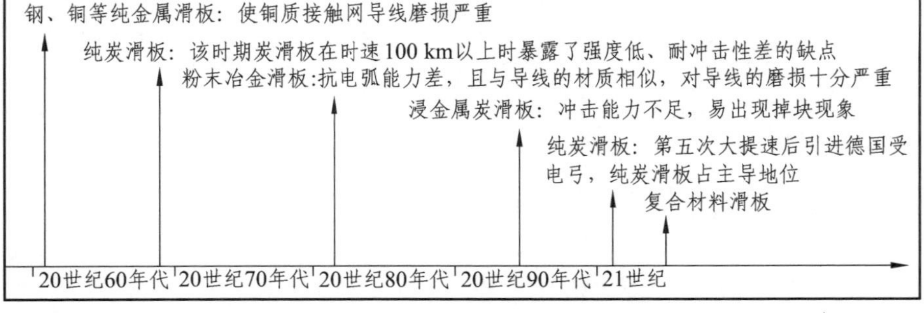

图 5.3　受电弓滑板发展历史

5.2.1 金属滑板

1. 材料简介

纯金属滑板是以导电金属为材质的滑板，可分为铜、钢两种。其中铜滑板具有机械强度高、取材方便、使用寿命长、成本低、引发弓网事故概率小等优点。但同时纯铜的亲和力大，易引起黏着磨损，导致接触网导线的磨损加剧和频繁更换。因此这类滑板已不能适应电气化铁路发展的需求。

2. 应用情况

1961 年，我国第一条电气化铁路——宝成铁路开通，接触网导线为铜质导线，滑板为钢板条。由于钢滑板和接触导线的亲和力较强，接触导线磨耗十分严重，运行不到 5 年，使用的 TcG-100 铜接触导线的高度由 11.8 mm 磨耗为 9.4 mm，因此，只能在采取了润滑措施的钢铝导线区段使用。目前这类滑板已不能适应电气化铁路发展的需求。

5.2.2 粉末冶金滑板

1. 材料简介

粉末冶金滑板是将金属粉与润滑组分通过机械混合，利用液压机压制成型，最后经过高温烧结而成。粉末冶金滑板根据材质可分为铁基和铜基两种，铁基的多用于钢铝导线，铜基的主要用于铜导线。粉末冶金滑板机械强度高，抗冲击性好，强度和硬度极高。同时，粉末冶金滑板具有优良的导电性，其固有电阻较低，耐热性高，电腐蚀性较小，有一定的自润滑性，耐磨性较好，使用寿命长，一般为 3.5×10^4 ~ 7.0×10^4 km。但粉末冶金滑板易产生电弧，且其与导线的材质相似，因此对导线的磨损十分严重，限制了粉末冶金滑板的应用。

2. 应用情况

1949 年，日本铁道电气化协会推出了替代石墨的铜系粉末冶金滑板材料。由于电气化铁路里程增加，在 1953 年以后研制了磷铜粉末冶金滑板和铁基粉末冶金滑板。1964 年新干线开通，铁基粉末冶金滑板的使用最多，其次为铜基粉末冶金滑板。我国于 20 世纪 80 年代末在京秦线、大秦线的铜导线上使用粉末冶金滑板。其中，铜基粉末冶金滑板在 15 个机务段得到了应用，成为列车运行速度低于 100 km/h 的受电弓滑板主流产品。进入 90 年代以后我国列车普遍提速，提速线路使用的纯炭滑板、浸金属炭滑板均从国外进口。但炭系滑板对架线的要求很高，当时我国大多数电气化线路还不能满足炭系滑板的使用要求，故粉末冶金滑板仍居于主导地位。雨雪天气容易造成接触网结冰，影响机车安全运行。近年来，在哈大高铁 CRH380B 上除了受流用的纯炭滑板，还配备有先进的铜基粉末冶金滑板专门用于刮冰，如图 5.4 所示。

图 5.4　装配粉末冶金滑板的 CRH380B

4. **研究现状**

目前的研究中一般通过改变基体材料来提高粉末冶金滑板的性能。如北京科技大学和青岛四方机车车辆公司共同研制的利用弥散强化铜为强化相的复合材料。由该种材料制作的滑板摩擦系数比浸金属炭滑板高，但导电性和冲击韧性明显优于传统的浸金属炭滑板。为提高材料的润滑性，有研究在粉末冶金滑板内侧加装炭滑条，研制了组装式粉末冶金滑板；针对铁路接触线磨耗严重的问题，研制适合铝包钢接触线的双润滑铜基粉末冶金滑板（含铅、锡、石墨等），如图 5.5 所示。

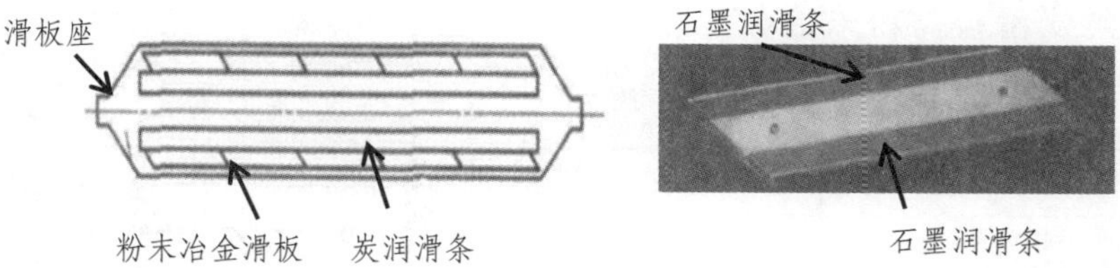

（a）组装式粉末冶金滑板　　（b）双润滑铜基粉末冶金滑板

图 5.5　不同冶金滑板

5.2.3　纯炭质滑板

1. 材料简介

纯炭滑板主要是由炭、石墨和沥青组成，主要采用以沥青焦为主，适当添加润滑剂、抗磨剂等，经挤压、整形、焙烧后完成。纯炭滑板是一种比较理想的取流元件，由于其良好的自润滑性和减磨性能，使得滑板在与铜接触导线摩擦时在导线上形成一层润滑炭膜，改善了对导线的磨损状况，延长了导线的使用寿命。而且炭滑板在滑动时电磁噪声小且耐高温，不易与接触网导线发生焊附现象。但纯炭滑板同时也存在一些缺点和局限性。纯炭滑板机械强度低，耐冲击性差，运行中遇到导线硬点容易造成滑板折断或破裂。

同时，纯炭滑板还存在不均匀磨耗现象，易使受电弓离线率增大，加剧滑板与导线的电气磨损；另外，炭滑板固有电阻大，集电容量小，接触区温度高，易引起导线过热氧化腐蚀，烧成麻坑，加速导线磨损，如图 5.6 所示。

（a）纯炭滑板断口形貌　　（b）纯炭滑板偏磨现象

图 5.6　纯炭滑板磨损

纯炭滑板与粉末冶金滑板导线磨耗率对比如表 5.5 所示。

表 5.5　纯炭滑板与粉末冶金滑板导线磨耗率对比

滑板类型	纯炭滑板	铜基粉末冶金滑板	铁基粉末冶金滑板
导线磨耗率/mm^2 (万弓架次)$^{-1}$	0.009 8	0.02 ~ 0.048	≥0.05

2. 应用情况

20 世纪 30 年代以来，欧洲就开始使用纯炭滑板；日本从 1925 年开始研制并采用纯炭滑板，1945 年左右在民营铁路上得到了广泛应用。我国关于电力机车受电弓滑板的研究开始较晚。目前国内生产纯炭滑板的厂家主要有哈尔滨炭素厂和东兴炭素厂，材质均由炭、石墨和沥青组成。2008 年，我国山东蓬莱市超硬复合材料有限公司研发出了 TYD-1250 型受电弓纯炭滑板，该滑板具有良好的导电性、耐电弧性、耐腐蚀性和摩擦性能。

与国外炭滑板相比，国内生产的炭滑板虽然物理和机械性能相当，但其使用寿命却相差较大。如哈尔滨炭素厂的 C23 系列炭滑板（用于我国 20 世纪六七十年代电力机车），其使用寿命仅为 10 000 km 左右。英国摩根炭滑板（用于广深线准高速电力机车），德国逊克炭滑板（用于九广公司的 KTT 机车），它们的使用寿命均为 70 000 ~ 80 000 km。

5.2.4　浸金属滑板

1. 材料简介

浸金属炭滑板是在高温高压环境下，在炭基体中渗入纯金属或合金熔体，使之填充到炭基体的空隙中，达到提高炭基体机械强度和导电性能的目的（见图 5.7）。浸金属炭滑板兼具炭素材料自身的润滑特性和金属的低电阻、高强度性能。浸金属炭滑板与接触网导线作滑动接触时，能在导线的摩擦表面上形成一层润滑膜。这层润滑膜能有效地抑制电弧产生，保护滑板和导线接触面不受电弧的熔损，还降低了列车运行中的噪声。但浸金属炭滑板的一些缺陷仍然不容忽视：抗冲击能力不足，易出现掉块现象，且浸金属炭滑板的维护成本偏高，给机务段造成了一定的经济负担，也使其应用受到了一定限制。

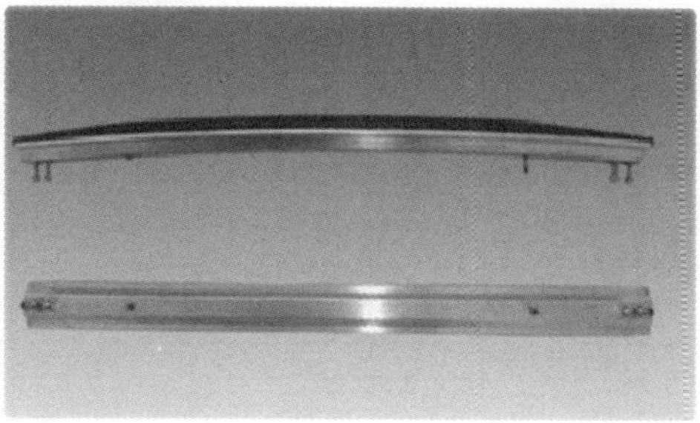

图 5.7 浸金属炭滑板实物

2. 应用情况

1987 年英国的电气化铁路于开通，其最高运行速度为 239 km/h，使用的主要是浸金属炭滑板，其开发的浸金属炭滑板具有电阻率低、磨耗率低的优点，但是仍然存在冲击韧性较差的缺点。我国自行生产的浸金属炭滑板主要用于货运。其中由哈尔滨电碳厂自主开发、研制的浸金属炭滑板，已在广州铁路局、北京铁路局和部分工矿电气化铁路应用。

5.2.5 复合材料滑板

1. 炭-铜复合材料滑板

炭-铜复合材料滑板主要是由铜、炭纤维、石墨和添加剂等构成，经冷压成型后再烧结制得。该种材料融合了石墨显著的耐热性、耐腐蚀性、润滑性和金属铜优良的导电性、高强度、高塑性等性能，综合性能突出（其与部分滑板的性能对比见表 5.6）。在炭-铜复合材料滑板中，导电相主要为铜相，滑板的导电性依赖于铜相的组织和含量。该滑板在运行过程中能在导线表面上形成一层具有润滑作用的石墨层，降低磨损率。摩擦开始前，润滑相石墨颗粒均匀分布在铜基体中[见图 5.8（a）]；摩擦初始阶段，复合材料表层的石墨颗粒在挤压变形和摩擦热的共同作用下逐渐向外表面挤出[见图 5.8（b）]；随着摩擦时间的延长，摩擦表面挤出的石墨颗粒不断增多，最终在材料表面形成一层较为连续完整的固体润滑膜[见图 5.8（c）]。

表 5.6　炭-铜复合材料与部分滑板性能对比

滑板类型	密度 /g·cm^{-2}	硬度（HB）	电阻率 /μΩ·m	抗冲击值 /J·cm^{-2}
纯炭	1.6～1.7	HS62	≤38	≥0.15
浸金属炭	≤2.85	HS85	≤12	≥0.25
炭-铜复合材料	6.5～8.4	62～90	≤0.35	≥5

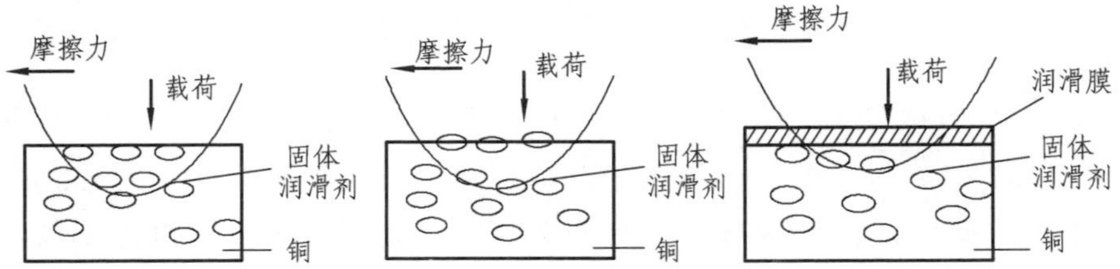

（a）摩擦开始前　　（b）摩擦初始阶段　　（c）摩擦一段时间

图 5.8　物体接触摩擦微观示意图

传统制备工艺制成的炭-铜复合材料中铜与石墨互不浸润，界面结合强度低。外加载荷较大时，炭增强体容易剥离、脱落。针对以上问题，现在的研究大多从两方面出发。一方面将基体合金化，并对炭增强体进行表面处理；另一方面添加适量的改性树脂做黏结剂，使载荷可以均匀传递和分布。另外，还有研究将两者结合起来，并考虑了烧制压强，烧制温度，保温时间等的影响，对烧制工艺进行了改进。

2. 炭-金属纤维复合材料滑板

炭-金属纤维复合材料滑板主要以金属纤维、金属粉末、金属丝网或它们的混合物增强炭基体，采用适当的混料方式使增强剂均匀分布于基体之中，进行冷压或热压，再经过高温烧结制得。该滑板与浸渍型炭滑板相比，具有电阻率较小，强度较高，密度较大的优点。但当该材料出现增强剂的损伤时，复合材料的导电性能便会严重恶化，且对铜导线的磨耗较严重（见表 5.7）。

表 5.7 炭纤维复合材料滑板与其他滑板磨耗特性比较

滑板类型	导线磨耗率	滑板磨耗量/（$mm/10^4$ km）
纯炭滑板（日本）	0.02	10.4
浸金属滑板（英国）	0.02	8
炭纤维复合材料滑板	0.007 7	7.8

国外在 20 世纪 90 年代生产出一种在炭基体中分布着金属纤维的复合材料。现代工艺中一般要对纤维表面进行化学处理，以达到抑制金属纤维炭化趋势的目的，从而保证金属纤维本身的强度不被削弱。这种炭-金属纤维复合材料滑板的抗弯强度大于 139.1 MPa，冲击强度大于 1.5 MPa，每 100 km 的滑动距离磨耗不超过 13。此外，在 20 世纪 90 年代初，日本鹤木等制备了一种炭基体分布着钢纤维的复合材料。这种受电弓滑板用炭-金属纤维复合材料的密度约为 3.7 g/cm^3，硬度在 75 HS 左右，抗弯强度在 160 MPa 左右，冲击韧性约为 1.0 J/cm^2，电阻率约为 1.5 $\mu\Omega\cdot m$。此类材料的整体强度高，可用作高速列车滑板材料。

3. 炭纤维增强型复合材料滑板

炭纤维是很好的增强材料，且具有良好的自润滑和减磨性能，是制备高性能受电弓滑板的理想材料。由该材料制成的滑板抗冲击性能优异、密度轻、同时具有炭基或树脂基复合材料的自润滑和对导线磨耗小等优点。

对以炭纤维为增强材料，石墨为导电减磨材料，酚醛树脂为黏合剂的原配方进行改进。考量炭纤维的加入量和长度对材料的摩擦、材料强度的影响；选用新型石墨材料提高滑板导电性能，以及合成新型耐高温树脂作为黏合剂，进一步降低磨耗量。与此同时，改进滑板的制备工艺，包括对炭纤维表面进行处理，改善表面状态和性质，创新模压工艺等。

北京交通大学研究的减磨型炭纤维复合材料受电弓滑板已在 40 台机车上装车试验，结果表明：该型滑板性能稳定，且耐磨耗，抗冲击性能好，使用寿命长，达到了设计技术要求，有望在更大范围的铜接触导线电化区段使用。江苏溢洋集团研制了面向高速列车的炭纤维增强炭滑板，其与铝包浸金属炭 SAC 滑板和浸金属炭 C3070 滑板相比，可以延长导线寿命 2 倍、滑板寿命 1 倍。上海交通大学和宝钢集团开发了一种新型的炭纤维增强炭基复合材料滑板。该滑板以镀铜石墨粉和镀铜焦炭粉为基体材料，短切炭纤维为增强剂，热固性树脂为黏结剂，将原料充分混合后，进行冷压或热压成形。用该复合材料制成的滑板具有优良的摩擦磨损性能、机械性能和导电性能。但该滑板的生产周期长，成本高，如果在降低制造成本方面有所突破，将具有广阔的应用前景。

4. 钛硅碳系导电陶瓷材料滑板

钛硅碳（Ti_3SiC_2）是由 TiH_2、Si 和石墨在 2 000 °C 条件下发生化学反应而制得。钛硅炭滑板采用无压烧结或者热压烧结成型。该材料是结构、导电和自润滑多功能合一的新型材料体系，具有类似金属材料的导电、导热和易加工等特性和类似陶瓷材料的轻质、抗氧化、耐高温等特性。表 5.8 给出了 Ti_3SiC_2 材料的一些物性参数和性能指标。

表 5.8 Ti_3SiC_2 物质参数和性能指标

性能	指标	性能	指标
密度/$g \cdot cm^{-3}$	4.5	耐高温性/°C	>1 300
电阻率（室温）/$\mu\Omega \cdot cm$	22	抗氧化性（氧化速率常数）/$kg^2 \cdot m^{-1} \cdot s^{-1}$	2×10^{-8}（1 000 °C）
抗弯强度/MPa	约 400	热导率（室温）/[W/（m·K）]	43
抗压强度/MPa	约 1000	热膨胀系数 /$10^{-4}K^{-1}$	9.2（25 ~ 1 000 °C）
摩擦因素（对铜合金）	<0.1	弹性模量/GPa	约 320

2005 年 8 月，某铁路局及其所属电力机务段对研制的 Ti_3SiC_2 系受电弓滑板进行装车运用考核（见图 5.9）。试验结果表明：Ti_3SiC_2 系滑板单弓走行的磨耗量为 2.1 mm/10^4 km，约为炭系滑板磨耗量的 27%，且试验后 Ti_3SiC_2 系滑板表面平滑、光洁，没有断裂、局部破损、

脱落等损坏情况的发生。可以认为 Ti_3SiC_2 系滑板的强度和耐冲击性能明显高于炭系滑板。

图 5.9　Ti_3SiC_2 滑板上车试验

目前，Cu/Ti_3SiC_2 受电弓滑板的研究主要集中在 Ti_3SiC_2 与基体材料间的界面结合状态、界面组织、润湿角等。高闰丰等选用具有高导电、高导热性的陶瓷 Ti_3SiC_2 作为弥散强化相，通过与 Cu 混合，采用热压和无压烧结后制备成 Cu/Ti_3SiC_2 复合材料。王占永通过对纯粉体进行了化学镀铜以及优化复合材料烧结保温时间来改善 Ti_3SiC_2 与 Cu 的界面结合状况。目前，钛硅碳系高速列车受电弓滑板正在引起国内研发人员的重视，并有望对世界高速铁路相关技术的进步产生深远影响。

5.3　弓网摩擦副的材料匹配

5.3.1　不同摩擦副研究现状

不同材质的受电弓滑板，其摩擦磨损性能迥异。针对不同的滑板材料，国内外学者对其载流摩擦磨损性能进行了大量的试验研究。

Auditeau 等对比分析了普通炭和浸金属炭（不同金属含量的炭滑板）与铜接触线对摩时的载流摩擦磨损性能。研究发现：金属含量大于 35%的炭滑块的摩擦磨损性能与纯炭滑板、金属含量低于 25%的浸金属炭滑块的摩擦磨损性能有所不同；金属含量大于 35%的炭滑块会加重铜接触线的磨损。

He 等对比研究了铜接触线与铜滑板、铜接触线与 Cu/C 复合材料在有润滑条件和无润滑条件下的载流摩擦磨损特性。研究发现：与其他几种情况相比，无润滑条件下铜滑板与铜接触线对摩时，铜接触线的磨损最为严重，该摩擦副处于稳定阶段时的摩擦系数在 0.37 左右；有润滑时铜滑板与铜接触线摩擦副的摩擦系在 0.20 ~ 0.24，Cu/C 复合材料滑板与铜接触线摩擦副的摩擦系数也处在 0.20 ~ 0.24；运用中摩擦副温度在 250 ~ 600 °C，因此运用中采用涂抹润滑脂的方法效果不佳，建议在滑板中加入固体润滑材料。

Kubota 等试验对比了 3 种类型 C-C 复合材料，在相对滑动速度为 55.6 m/s、接触压力为 59 N、电流在 100 ~ 500 A 变化时 C-C 复合材料的载流摩擦磨损特性。研究结果表明：C-C 复合材料的磨损率正比于电弧放电量；与含有低强度炭纤维的 C-C 复合材料滑块相比，含有高强度炭纤维的 C-C 复合材料滑块有较小的导热性，并且更容易出现氧化热解和分解；在电弧放电工况下，有高强度炭纤维的 C-C 复合材料滑块更容易磨损。增强炭纤维在电弧放电的条件并没有减小磨损的作用。

贾利晓等对比研究了炭-炭复合材料和浸金属炭两种炭材料的载流摩擦磨损性能。研究表明：与浸金属炭滑板相比，炭-炭复合材料滑板对速度、电流及载荷大小的变化不敏感，炭-炭复合材料滑板的载流摩擦磨损性能更为优异。

李克敏等采用粉末冶金法制备了 SiC/C-Cu 复合材料，并研究了载流条件下 SiC 颗粒含量对 SiC/C-Cu 复合材料摩擦磨损性能的影响。研究结果表明：C-Cu 复合材料中 SiC 颗粒含量的增加会导致材料的导电率降低：随着 SiC 颗粒含量的增加，材料的磨损量呈现先降低后升高的趋势：当 SiC/C-Cu 复合材料含 2% SiC（质量分数）时，材料具有优异的抗载流磨损性能；随着速度和电流的增加，接触副摩擦系数均呈现先升高后下降的趋势。

张永振等利用铜基粉末冶金滑板材料、浸金属炭滑板材料、炭-炭材料、纯铜、炭纳米管增强铜基材料和质量分数为 0.6%的氧化铝增强铜基材料作为销试样，利用铬青铜 QCr0.5 作为盘试样，系统的研究了载荷、相对滑动速度和电流对材料载流摩擦磨损行为的影响。研究结果表明：材料的载流摩擦磨损行为受接触压力、电流和相对滑动速度的影响很大。当滑动速度和电流较大时，材料的摩擦磨损性能和载流性能明显下降，材料表面的电弧侵蚀和损伤明显增加。

李雪飞等在对比石墨粒度对 C-Cu 复合材料载流摩擦磨损性能影响时发现：与采用 150 μm 石墨颗粒制备的 C-Cu 复合材料相比，采用 45 μm 石墨颗粒制备的 C-Cu 复合材料有较好的力学性能和摩擦磨损性能，并且在抑制电弧产生方面性能更加优良。在对比 MoS_2 含量对铜基粉末冶金滑板载流摩擦磨损性能影响时发现：铜基粉末冶金材料中加入适量 MoS_2 对降低铜基粉末冶金/铬青铜接触副摩擦系数和铜基粉末冶金材料磨损率有明显的作用。

高媛等利用低压辅助熔渗法制备了炭纤维细编穿刺织物增强铜（3D-Cr/Cu）复合材料，研究了其载流摩擦磨损性能。研究发现：与纯铜相比，3D-Cr/Cu 材料的载流摩擦磨损性能更好，当压力和速度一定时，3D-Cr/Cu 材料的摩擦系数随电流的增加而降低，磨损率随电流的增加而增加。

戴利民分析比较了多种滑板材料在载流条件下的摩擦磨损行为。研究表明，在电流 $I = 200$ A、压力 $F\text{n} = 70$ N、滑动速度 $v = 80$ km/h 的试验条件下，试验电流会引起炭系滑板材料接触面温升导致纯炭滑板的高温氧化；浸金属炭滑板较纯炭滑板材料致密、强度相对较高，所以氧化速度慢且具有良好的耐磨损性能；铜基粉末冶金滑板材料磨损的主要因素是摩擦表面电弧侵蚀及润滑剂的失效。

5.3.2 材料摩擦磨损影响

为对几种受电弓滑板/接触线材料载流摩擦磨损行为进行比较，丁涛、陈光雄等在销-盘摩擦磨损试验机上研究浸金属炭/纯铜、纯炭/不锈钢、浸金属炭/不锈钢、纯炭/纯铜 4 种受电弓滑板/接触线的载流摩擦磨损性能。结果表明：浸金属炭/纯铜的摩擦因数比其他 3 对配副的摩擦因数都大，且其配副的炭滑板材料磨损量比其他 3 对配副的磨损量都高；4 对配副的主要磨损机制是电弧烧蚀、磨粒磨损和氧化磨损，而浸金属炭/纯铜还出现黏着磨损。浸金属炭/纯铜因磨损严重，且电滑动中发出异常噪声，应避免作为受电弓滑板/接触线材料。

1. **不同摩擦副之间的摩擦因数**

图 5.10 所示为 4 对配副摩擦因数随滑动速度的变化。纯炭/不锈钢、浸金属炭/不锈钢、纯炭/纯铜配副的摩擦因数较小且相对稳定，其值不超过 0.12，随着滑动速度的增加摩擦因数变化不大。而浸金属炭/纯铜配副的摩擦因数较大，其值一般都在 0.20 以上，最高达到 0.208 9。其主要原因是纯炭和浸金属炭材料均含有大量 C 元素且具有良好的润滑性能，导致摩擦因数较低；而浸金属炭和纯铜材料均含有较多的 Cu 元素，同素材料在电滑动摩擦磨损的过程中易发生材料的黏着，从而导致了浸金属炭/纯铜配副摩擦因数较高。

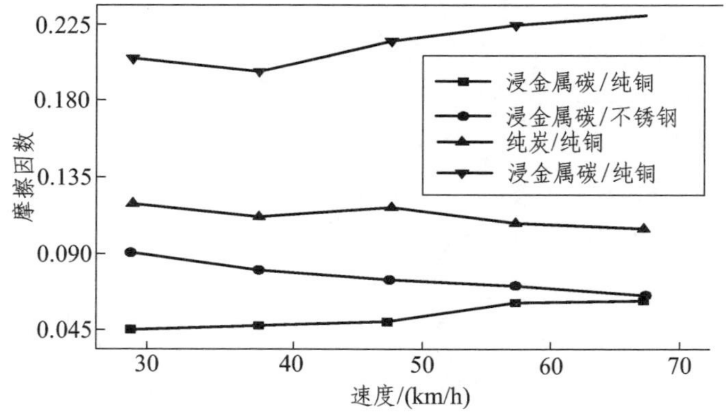

图 5.10　速度对摩擦因数的影响（$I = 50$ A）

2. **不同摩擦副之间的磨损率**

图 5.11 所示为 4 对配副滑动摩擦过程中，滑板材料磨损量随滑动速度的变化。纯炭/不锈钢、浸金属炭/不锈钢、纯炭/纯铜配副的滑板磨损量随滑动速度的增加稍有增大，且这 3 对配副的磨损量都较低，一般不超过 0.10 g；而浸金属炭/纯铜配副的滑板磨损量随着滑动速度的增加几乎呈线性增加，当 $v = 70$ km/h 时滑板磨损量高达 3.95 g。这是因为，当 $v = 40$ km/h 以后，速度增加使得浸金属炭与纯铜对磨时同

素（都含有铜元素）摩擦显现，接触副材料发生黏着磨损，并且销-盘接触处发出异常噪声；与此同时，速度增加与黏着摩擦引起销-盘接触副颤振，导致销-盘接触发生离线电弧放电；黏着磨损和电弧烧蚀都导致销试样材料磨损量的增加。随着速度的增加，销-盘接触处电弧放电逐渐增强，而电弧对接触副材料的烧蚀及电流引发的热磨损都造成接触副材料磨损加剧[8-10]，因此随着滑动速度的增加滑板磨损量几乎呈线性增大，如图 5.12 所示。

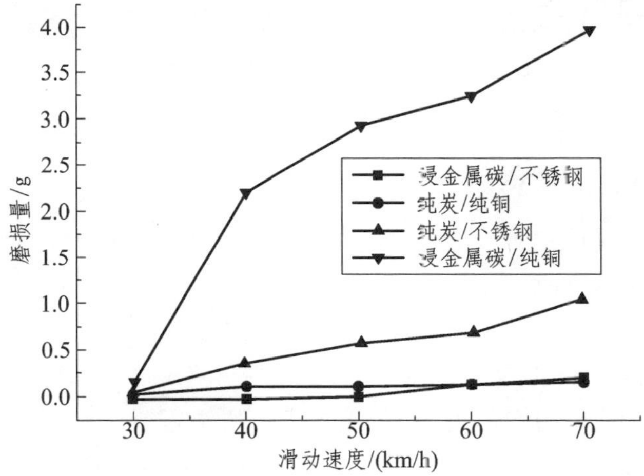

图 5.11　滑动速度对滑板材料磨损率的影响

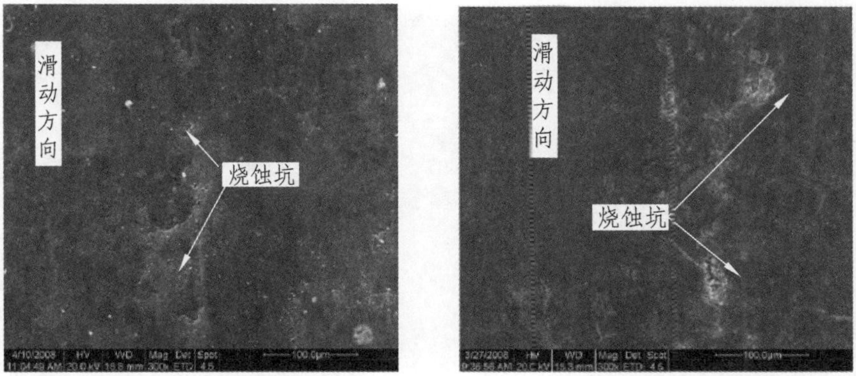

（a）纯炭/不锈钢　　（b）浸金属炭/不锈钢

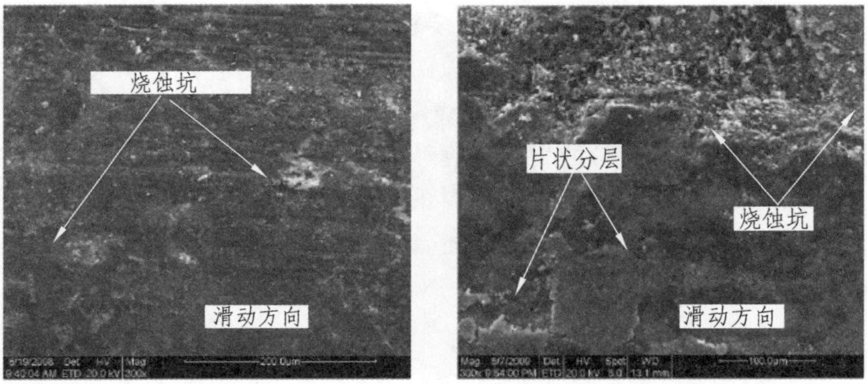

（c）纯炭/纯铜　　（d）浸金属炭/纯铜

图 5.12　磨损后滑板材料磨损表面 EDX 图谱

3. **磨损表面形貌**

图 5.13（a）显示纯炭销试样与不锈钢盘试样对磨后的图谱，磨损表面除了 C、S 和 O 元素外，还有来自不锈钢盘试样的 Fe、Ni 和 Cr 元素。从图 5.13（b）可以看出浸金属炭与不锈钢盘试样对磨后，磨损表面存在 C、Cu、S、Si 和 O 元素外，还有来自不锈钢盘试样的 Fe 和 Cr 元素。图 5.13（c）显示纯炭销试样与纯铜盘试样对磨后的图谱，磨损表面出现 C、S 和 O 元素外，还有来自铜盘试样的 Cu 元素。从图 5.13（d）可以看出，浸金属炭与纯铜盘试样对磨后，磨损表面的 Cu 和 O 峰显著升高。以上分析表明，电滑动过程中接触副间均发生了材料转移。4 种配副下，滑板磨损面 O 峰各不相同，表明 4 对配

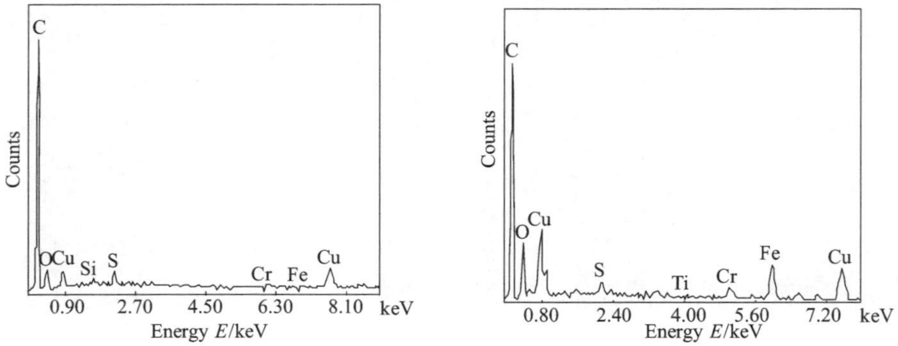

（a）纯炭/不锈钢　　（b）纯炭/不锈钢

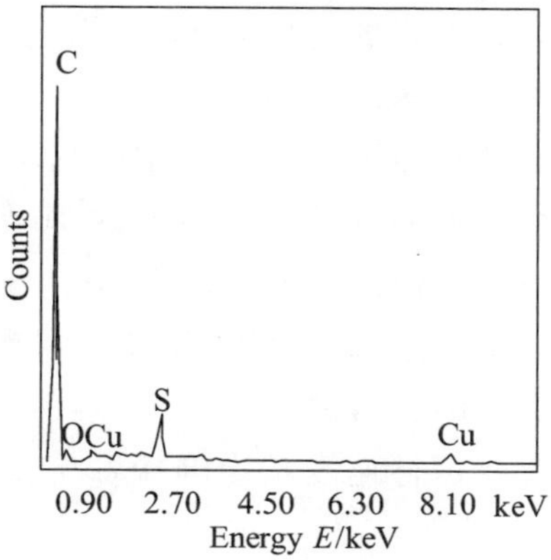

（c）纯炭/纯铜

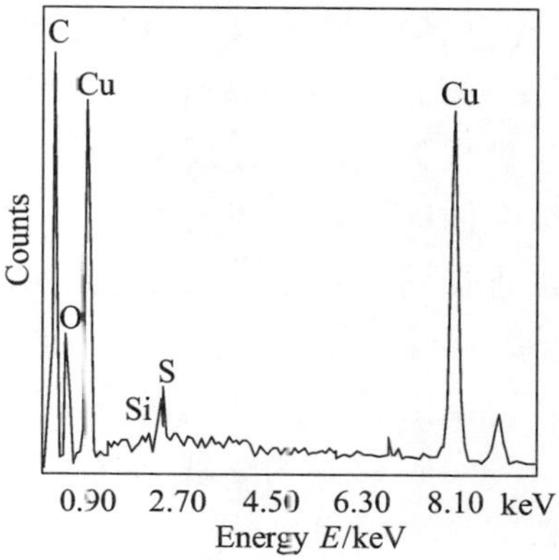

（d）浸金属炭/纯铜

图 5.13 纯炭销试样与不锈钢盘试样对磨后的图谱

副在电滑动过程中出现了不同程度的氧化磨损。特别是，浸金属炭与纯铜对磨时，Cu、O 峰显著升高，表明此过程中还出现了明显的黏着磨损。以上 SEM 观察和 EDX 分析表明：4 种配副在电滑动摩擦过程中均发生材料转移，且主要磨损机制为电弧烧蚀、磨粒磨损和氧化磨损；此外，浸金属炭与纯铜对磨时还出现明显的黏着磨损。

上述分析表明浸金属炭与纯铜盘对磨时浸金属炭滑板磨损最严重，浸金属炭/纯铜配副材料易发生同素材料黏着磨损，导致摩擦因数大、磨损严重和噪声污染等问题，因此电气化铁路要避免选用同素材料作为受电弓滑板/接触线配副。纯炭/不锈钢、浸金属炭/不锈钢、纯炭/纯铜配副对磨时，摩擦因数较小且稳定，材料磨损量也较低，因此从摩擦学的角度符合受电弓滑板/接触线配副的选材要求[4]。

5.4 小　结

a）本章通过对受电弓与接触线材料进行了介绍。接触材料的性能与材料组合很大程度上决定了弓网接触点的载流量与接触材料的使用寿命。

b）滑板的材料主要有纯金属、粉末冶金、纯炭和浸金属炭等。

c）铜、铜合金和复合材料已成为制造接触线的主要材料。长期发热是造成铜与铜合金冷拔接触线抗拉强度下降的重要原因。

d）炭滑板特别适合与铜及铜合金接触线匹配，但炭滑板的导电能力与机械强度差。金属滑板与接触线的亲和力强，两者匹配时均会产生较大的磨耗。金属滑板引起的接触线磨损率几乎是炭滑板的 10 倍。应禁止在同一接触网区段既使用炭滑板，又使用金属滑板。

e）摩擦副之间主要磨损机制为电弧烧蚀、磨粒磨损和氧化磨损。此外，浸金属炭与纯铜对磨时还出现明显的黏着磨损。

f）弓网接触力、载流量、材料组合与运行速度是影响接触材料的磨耗的主要因素。

参考文献

[1] 胡艳. 弓网系统在电滑动过程中材料转移特性的试验研究[D]. 成都：西南交通大学，2016.

[2] 吴予才. 高速铁路用铜合金接触网导线及铜扁线的产业化研究[D]. 北京有色金属研究总院，2012.

[3] 吴积钦，受电弓与接触网系统[M]. 成都：西南交通大学出版社，2010.

[4] 丁涛，陈光雄，李玉梅，等. 几种受电弓滑板/接触线材料载流摩擦磨损行为的比较[J]. 润滑与密封，2014，39（10）：65-68+72.

6　弓网服役性能的诊断与检测

6.1　弓网检测技术的发展

6.1.1　弓网检测的意义

随着我国高速铁路的蓬勃发展，路网规模的迅速扩大，高速列车关键技术与性能研究也趋于丰富和深入。然而，高速列车运行安全始终是高铁研究、建设与运行最关注的重点。高速列车运行时空间上的跨越使弓网系统所面临的振动、环境变化，使其服役状态与安全性态始终处于时变状态,对高速列车安全预警与健康维护带来极大的挑战。

弓网关系是高速电气化铁路安全运行的三大核心关系之一，弓网系统良好的服役性能是保障高速列车可靠、安全运行的基本条件。自高速铁路开通运行以来，由于弓网系统故障导致的事故时有发生。我国的高速铁路尽管运行历史较短，但是由于弓网服役性能下降而导致的故障或事故也屡见不鲜，如 2010 年 10 月，武广高铁连续 4 列动车发生受电弓打坏故障，造成接触网中断供电 1 h 37 min；2011 年 7 月，京沪高铁动车组双弓受流时受电弓烧毁引发弓网系统故障，导致停电 2 h 17 min。因此，改善弓网服役性能的诊断与检测技术，对于探索最佳弓网匹配方案，减少高速铁路的运营维修成本以及预防高速铁路安全事故的发生具有重要的意义。

为此，2012 年，我国正式实施《高速铁路供电安全检测监测系统（6C 系统）总体技术规范》，图 6.1 所示为 6C 系统总体架构图。高铁供电安全检测监测系统（6C）系统主要目的是对高速铁路的牵引供电系统进行全方位、全覆盖的综合检测监测，主要功能包括对高速接触网悬挂参数和弓网运行参数的检测，对接触网悬挂、腕臂结构、附属线索和零部件的检测，对接触网参数的实时监测，对动车组受电弓滑板状态及接触网特殊断面和地点的实时监测，对接触网运行参数和供电设备参数的实时在线检测等。

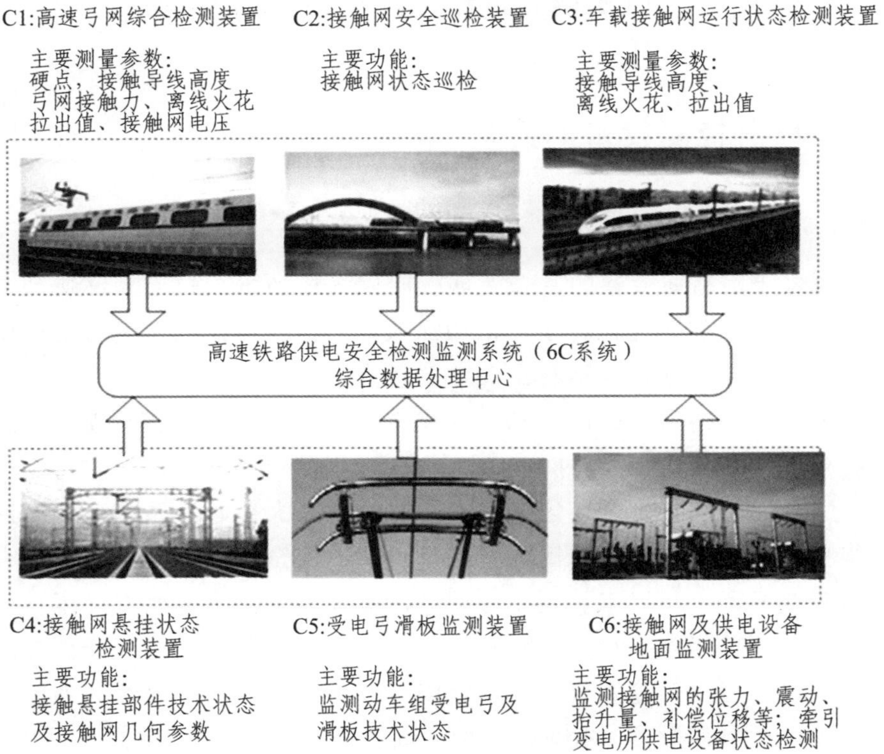

图 6.1　6C 系统总体架构图

目前，高速列车弓网服役性能的诊断与检测技术主要包括三方面：即对于弓网关系中接触线的检测、受电弓滑板的检测和弓网动态性能的检测。对于这三方面的检测研究，不仅仅局限于列车在高速运行时弓网的运行状态和动态行为，还需要综合研究高速列车在运行时弓网与周围环境的相互作用等因素。在确保不影响高速列车设计品质的前提下对高速列车弓网系统服役性能进行全寿命检测与监测。

6.1.2 国内外弓网检测技术的研究现状

1. 接触线

接触线作为一种特殊的电力设备，一方面为了保证动车组的正常取流，在机械结构上，接触网必须具备一定的弹性和稳定性；另一方面，接触网为了实现电能的传输，在电气上必须满足载流要求，防止接触线载流过大导致的接触网故障。

我国高铁供电安全检测监测系统（6C）就包括了对接触线的检测，包括高速弓网综合检测装置（C1）、接触网安全巡检装置（C2）、车载接触网运行状态检测装置（C3）、接触网悬挂状态检测监测装置（C4）、接触网及供电设备地面监测装置（C6）。

高速弓网综合检测装置（C1）指综合检测车对接触网参数进行线路实速检测，对接触线的主要检测参数有：接触网网压、接触线高度、接触线硬点等。接触网安全巡检装置（C2）指采用便携式视频采集设备，对接触网的状态进行视频采集，分析接触悬挂部件技术状态。车载接触网运行状态检测装置（C3）指在运营的动车组上加装接触网检测设备，以实现高速铁路接触网状态的动态检测。接触网悬挂状态检测监测装置（C4）指对接触网悬挂系统的零部件实施高精度成像检测，指导接触网故障隐患的消缺。接触网及供电设备地面监测装置（C6）指监测接触网及供电设备运行状态，在接触网的特殊断面及供电设备处设置地面监测装置，监测接触网的张力、振动、抬升量、线索温度、补偿位移及供电设备绝缘状态和温度等运行状态参数，指导接触网及供电设备的维修。

目前，国内外对于接触线的检测研究主要集中在力学特性和电气特性两个方面。接触网力学特性对接触网运行影响主要体现在对接触线张力的影响上；接触网电气特性对接触网运行影响主要体现在对接触线温度的影响上。

1）接触线张力的检测

目前，我国对于接触线张力方面的检测研究主要分为：① 接触线的振动监测，通过对接触线振动情况的监测可以为接触线维护提供基础监测数据；② 风及覆冰荷载的监测，接触线暴露在自然环境中，在自然风或者覆冰的作用下，接触线会偏离设计位置产生偏差，影响接触网的正常工作。目前风偏以车载检测为主，在线监测研究较少。通过在接触线跨中安装风偏检测标识，采用CCD摄像机采集接触线的视频，再通过图像处理技术计算标识的位移轨迹，即为线索风偏。但是该系统采用的CCD摄像机价格高昂，所以应用较少，同时安装的风偏检测标识也会对接触网运行安全造成影响。在覆冰监测方面，2008年，我国南方发生大规模接触网覆冰，严重影响了正常的铁路运营，造成了巨大的经济损失。所以我国对接触网覆冰监测的重视程度远超国外。接触网覆冰监测及除冰系统利用摄像机对接触网进行远程监控，实现对覆冰厚度的监测，然后结合当前环境温度、湿度、风速及降水等气象条件，推断出所需融冰电流的大小。覆冰融冰监测和诊断系统根据覆冰和融冰的基本规律，对不同的覆冰类型采用不同的融冰电流，同时利用视频监测确定融冰效果并对融冰时间进行校正，并利用模糊推理算法，通过对环境条件及导线温度等参数的监测，实现对覆冰厚度的预测。我国自主研发生产的覆冰在线监测系统已经在哈大线上进行了安装并投入使用。该系统通过对温度、湿度、风速、风向、接触线温度及接触网图像的综合监测，运用图像处理技术推测覆冰厚度，同时计算出融冰电流大小和融冰所需时间。以上的几种测冰除冰系统，虽然能够及时清除覆冰，但是都需要结合气象条件及环境参数进行判断，缺乏覆冰对接触线力学特性影响的研究。

韩国铁路研究院研发了一种基于定位点抬升、线路动态变形率及接触线温度的接触线状态在线监测系统，并在首尔某区段进行了安装实验取得了良好的效果。但以上方法会在腕臂上安装相应的监测设备，增加腕臂负荷，影响腕臂的正常运行。另一种方法是利用高清摄像机对接触线的振动状态进行监测，利用无线组网技术进行整个线索多个测量点的整体监测。这种方法虽然避免了对接触网现有结构的改变，但是监测精度较低，同时监测成本大幅提升。德国西门子公司的SicatCMS 接触网监测装置通过对棘轮补偿器摇杆的位移变化进行监测来识别接触网的异常变化。但是磁致位移传感器高昂的价格导致该系统的大范围推广十分困难。在覆冰及风振监测方面，国外对于风及覆冰的监测研究比国内起步要早，研究方法相比国内更加多样，研究成果也更显著，部分国家已经实现了监测结果的全局化、系统化。欧洲铁路联盟通过建立欧洲铁路天气管理系统对恶劣天气进行预报，针对不同地区的不同天气提出不同的应对措施。芬兰 VAISALA 公司开发了铁路接触网覆冰信息系统，该系统能够通过环境湿度、温度以及天气情况综合预测是否会发生覆冰现象。文献显示该系统发生覆冰的预测准确率达到了 81.8%，不发生的预测准确率为 97.5%。日本新干线研制了防灾安全监控系统，在线路沿线设置了针对风、雨、地震及异物入侵的多种监测设备。当出现灾害或者突发故障时，系统能够向运营部门发出报警信息，并建议采取对应的处置措施。

2）接触线温度的检测

目前，我国对于接触线温度方面的检测研究主要分为：① 接触线灼伤监测。接触线及其零部件的灼伤故障也是常见的故障，长时间的高温灼烧容易导致设备的损坏，严重时可能导致断线的发生。可通过在关键节点（如连接线夹、中屯、铺结等）贴测温贴片，或者利用光纤光栅温度传感器实现电连接线温度的测量；② 接触线断线或异物入侵的监测。异物入侵或者接触线发生断线故障时，整个区段都将失去电能，动车组将无法正常行车。可利用磁致伸缩式张力传感器、断线预警指示器、接触线电连接线夹的接触电阻的测量等设备和方法实现对接触网系统导电性能的监测。

国外主要通过采集接触网电流、线夹温度及环境温度，利用递阶模糊推理算法实现线夹温度升高引发故障的智能诊断。基于 Zigbee 技术的接触线温度的在线监测系统，利用无线温度传感器对接触网关键部件进行温度的测量，利用 Zigbee 技术解决了数据的采集传输问题，对温升故障的诊断方法进行了深入的研究，提出一种基于热释电红外技术的接触线线夹测温方案。该方案避免了与线夹的接触，同时采用定点安装的方式实现了对温度的在线监测。但是以上四种方法存在以下两个问题：一是测温精度偏低，无法满足高精度测温的需求；二是会直接或者间接的影响行车安全，带来新的安全隐患。所以这四种方法都没有得到大范围的推广使用。美国的 IMPulse 公司研制了类似的接触网安全监测系统，通过对环境温度和接触线位移的综合监测来判断接触网有无异物入侵或者断线的情况。系统通过环境温度预测接触线位移情况，然后与实际监测的结果进行比对，通过两者的差值来判断是否发生故障。该系统对滑轮补偿器以及补偿滑轮固定的接触网系统取得了不错的监测效果，对于其他补偿方式缺乏理论支撑，无法实现有效监测。

2. 受电弓滑板

受电弓滑板的检测主要包括两方面：滑板表面磨耗检测和滑板内部损伤检测。目前在大部分机务段或者动车所对电力机车中受电弓滑板的损伤检测，都主要集中在受电弓滑板表面的磨耗检测方面，大多采用人工目测的方法，需要多个工作人员配合操作，效率低、精度低、准确性差，并存在一定的安全事故隐患，这种方法已经不适用于现在的高速铁路，将逐渐被淘汰。

近年来，随着高速铁路的迅速发展，也提出了一些高效率、高精度的检测受电弓滑板表面磨耗的方法并得到应用。我国高铁供电安全检测监测系统（6C）中就包括了受电弓滑板监测装置（C5），对受电弓滑板进行全面检测。

受电弓滑板监测装置（C5）指在高速铁路的车站、动车组出入库区域、车站咽喉区加装的受电弓滑板监测装置，用于检测动车组受电弓滑板的技术状态，及时发现运营动车组受电弓滑板的异常状态，指导故障消除，确保接触网和受电弓的运行状态良好。

国内外对于受电弓滑板的检测研究主要集中在受电弓滑板的磨耗磨损检测方面。

我国对于受电弓滑板表面磨耗的检测研究主要集中在图像检测方面。东莞诺丽基于图像法研制出一种受电弓在线检测系统。该系统主要包含车号识别、滑板磨耗测量、中心线偏移测量、受电弓倾斜测量等模块。它采用相机拍摄受电弓图像，通过图像处理分析得到受电弓相关检测参数。同时，国内部分高校也基于图像法对滑板的磨耗系统进行了相关研究，例如西南交通大学光电研究所[24]研制出一种“SJ 系列受电弓及其车顶状态检测系统”。该系统采用摄像机对 SJ 受电弓前后滑板进行图像采集,经过图像处理分析得到滑板磨耗及磨耗曲线。目前国内部分动车所与车辆段配备了基于图像法的受电弓滑板检测装置。

澳大利亚麦考瑞大学研究出一种受电弓检测系统——Pancam，该系统主要对滑板状态及羊角状态进行检测，选用2台高速工业相机分别采集受电弓滑板的侧视图和俯视图。滑板的侧视图主要体现滑板的边缘信息，用于滑板的磨耗及缺口的检测分析；俯视图拍摄的是受电弓全弓图像，用于对羊角状态的检测分析。但该系统需列车回库在静态情况下采集受电弓图像，没有实现在线运行检测。英国 Ricardo Rail 公司研制的 PanMon 系统采用雷达或者激光判断列车是否进入检测区域，并根据列车的速度相应地调整相机参数，提高拍摄的受电弓图像质量。该系统主要对滑板的剩余磨耗厚度、滑板缺口等参数进行检测，但存在检测功能单一的缺陷。JR 东日本公司研制出一种基于超声波的受电弓滑板磨损检测装置。该装置主要由超声波传感器、补光灯、光电传感器等设备组成，其中，超声波传感器安装于接触网正上方的三组孔板中。该装置不仅能检测受电弓滑板的磨损，还能实现滑板表面凹槽的检测。

3. 弓网动态性能

一个工作可靠的接触网-受电弓系统是确保高速列车良好受流的根本条件，而取流是否良好取决于接触网-受电弓系统的动态性能。为评价弓网动态性能情况，国内广泛采用检测该系统电流传输质量的方式。影响弓网受流的因素包括：弓网间接触压力、燃弧次数、燃弧时间、受电弓高度变化等。实际测量有接触压力、燃弧、硬点冲击、导线高度、接触线的拉出值等。

我国高铁供电安全检测监测系统（6C）中就包括了对弓网动态性能的检测，如高速弓网综合检测装置（C1）和车载接触网综合运行状态检测装置（C3）。

高速弓网综合检测装置（C1）是安装在高速综合检测列车上的固定检测设备。其测量方法和检测设备安装充分考虑了综合检测列车的运行条件，同时又要适应接触网检修和受电弓检修的需要。高速综合检测列车为高速铁路检测的专用动车组，车顶设备及车内平面布置均为特殊设计。弓网检测设备要根据综合检测车对设备的安装和布置要求对各种参数的测量技术进行专门的研究和设计。其目的主要是对接触网悬挂参数和弓网受流参数进行高速车载检测，检测参数包括：弓网接触力、接触网网压、接触线高度、接触线动态拉出值、硬点、弓网离线火花等。车载接触网综合运行状态检测装置（C3）指在运营的动车组上加装接触网检测设备，以实现高速铁路接触网状态的动态检测。其检测目的是定量测量接触网的主要弓网受流参数，包括弓网离线火花、硬点等以及接触网动态几何参数，包括动态拉出值、接触线高度、线岔和锚段关节处接触线的相互位置。

国内外对于弓网动态特性的检测研究主要集中在对接触力的检测和弓网电弧的检测两方面。

1）接触力的检测[8]

我国在 1987 年研制了我国第一台“受电弓与接触网间的接触力测量装置”，安装在 97540 试验车上。该装置在滑板和弓头间安装了 4 个测压的传感器，为了缩短传感器输出的引线，以减少干扰，高压部的放大回路安装在受电弓框架上,采用光纤隔离高压并传送模拟信号，接收放大整形回路放在车内的测试间。该装置由于传感器温度特性差，装在受电弓上的高压部电路受到的冲击大,光纤连接器的耐振性能差，因此影响了使用范围和使用寿命。

JR 东日本公司采用遥感测量的方式得到接触压力的信号，然后通过无线传输将信号送入机车内部的接收装置，信号转换之后，再进行数据处理在线得到接触压力的具体数值。德国联邦铁路 Die Bohn 公司开发出来的弓网接触压力检测设备，试验时数据处理比较理想。在受电弓弓头上，前后滑板的两端共安装 4 个专用的力传感器，高压部回路装在受电弓旁边的屏蔽机壳内，对 4 个传感器的桥路输出，分别进行放大和压/频变换，然后通过发光管发出光信号，由光缆传送到低压接收部，在低压部经过光电转换、整形、放大、频/压变换及数学运算后进行记录。传感器的信号是分别输出的，根据接触力在各个传感器上的分配，通过运算可得到导线在滑板上的位置（即测出拉出值）。法国国营铁路公司在机车上测量接触力，用特制的受电弓，也是在前后滑板上安装 4 个传感器，传感器的应变片连成半桥电路，信号的放大变换回路与德国类似，同样根据两侧力的分配可计算出导线的位置，同时采用加速度计测出、计入滑板的惯性力，以求得到实际的接触力。信号通过无线传递，从机车上发送，试验车上接收。

2）弓网电弧的检测

电流法和电容法是常见的电弧电测方法。电流法检测燃弧是指加装霍尔式电流传感器检测受电弓流回变压器的电流值，若电流值为 0，则认为发生了离线，即产生了燃弧。电容法检测燃弧是指加装电容传感器，检测受流系统的接地电容的变化。如果电容的阻抗由低到高发生突变，则认为发生了离线[9]。

日本铁道综合技术研究所开发了基于光学检测原理的弓网燃弧现象检测装置，并用于日本新干线的现场检测试验中。同时该方案还提供了多种实现方式：

（1）基于可见光的检测方式。

在车顶安装光学探测器，并由塑料光纤（plastic fiber）将弓网燃弧现象的光信号传输至车体内的光电倍增管处，从而检测出弓网燃弧的状态。经车顶光学探测器收集光学信号，经石英光纤（silica optical fiber）传输到检测模块，利用特殊的光学镜片对光信号进行筛选过滤，并直接在车顶经光电二极管实现光电信号的转换，最终将电信号传输到车内数据处理模块，实现弓网燃弧的检测。该检测方式实现简单，成本较低，但极易受到太阳光及其他杂散光的干扰，因此实际操作时一般在黑夜条件下进行，环境适应性及可操作性较差。

（2）基于紫外光的检测方式。

通过选择特定的日盲区紫外波段作为表征弓网放电现象的检测特征量，利用特殊的光学采集系统实现特征信号的有效采集，并采用能够高效传输紫外光的石英光纤作为传输介质，将采集的特征量输出至相匹配的光电转换模块（根据前端实现方式而定），从而有效避免了环境光的干扰，实现了全天候精确检测。该检测方式具有较高的检测精度及抗干扰能力，已成为该领域发展的主流方向。

6.2 接触线检测

接触网监测从监测内容上可以分为接触网的机械特性和电气特性两个方面，具体表现为接触线的张力和温度。但现有的监测系统都重点解决某一方面的问题，缺乏对两个方面的综合分析。只有分别对这两个方面进行监测，才能实现对接触线运行状态进行监测、分析、评价的最终目的。

张力是接触线的一个基本参数，稳定的张力是弓网稳定受流的基础，可通过对接触线张力的监测来间接反映出接触线的服役状态。近些年，弓网系统电接触不良引起了一些接触线烧伤及接触线断线的事故，其原因多为接触线局部高温造成。高速铁路接触线的发热问题主要是由于弓网受流及相对滑动等电气特性而产生的，可以归结为受电弓这一热源在高速相对运动过程中引起的热效应问题。因此也需对接触线温度进行监测，防止接触线局部高温引发的事故。

6.2.1 张力检测

接触线沿铁路线路架设，接触网因其结构的特殊性，具有工作环境恶劣、高速摩擦滑动受流容易承受较大冲击、受到风雪雨冰以及摩擦、振动、高温等因素影响的特点，从而使其发生故障的概率比其他零部件大得多。如果在接触线上安装传感器对其进行监测，对监测设备本身也是严峻的考验。

基于接触线的特点，对接触线进行张力监测的时候，一方面不能对接触线本体进行过度的加装或者改装；另一方面监测设备也要能够在振动、高温等恶劣的环境下长期维持正常的工作。张力则是接触线的一个基本参数，稳定的张力是弓网稳定受流的基础。

接触线处在自然环境中，由于环境温度不断地发生变化，对于无补偿悬挂方式，接触线张力会随着外界条件的变化而发生明显变化。温度过高时，接触线张力下降，接触线弛度增大；温度过低时，接触线的张力会增大，同时，在吊弦的拉拽作用下，产生负弛度。以上两种情况下都会导致弓网受流的质量恶化。为了保证接触线的张力在空载情况下的恒定，高速铁路的接触线均采用全补偿悬挂。全补偿悬挂通过将张力自动补偿装置安装在错段两端的下错处，可以基本保持张力的恒定，大大提高了接触线结构的稳定性并改善了接触悬挂的弹性。

张力是接触线的一个基本参数，稳定的张力是弓网稳定受流的基础。可通过棘轮倾角与坠砣加速度变化来实现接触线张力的监测及计算。

棘轮补偿器受力分析如图 6.2 所示。棘轮补偿器的主要优点是具有断线制动功能。在正常状态下，棘轮棘齿与制动卡之间有一定的距离，棘轮可以自由转动，实时补偿张力变化；当发生断线故障时，棘齿会卡在制动卡上，达到防止悬挂物脱落的目的，有效缩小了事故范围，降低了事故的影响。

首先对接触线补偿装置的受力情况进行分析。假设 G_1 表示坠砣补偿重量，单位符号为 kN；G_2 表示棘轮本身重量，单位符号为 kN；L 表示棘轮摇杆臂的长度，单位符号为 mm；R 表示棘轮大轮半径，单位符号为 mm；r 表示棘轮小轮半径，单位符号为 mm；φ 表示棘轮摇杆臂的水平倾角，单位符号为（°）；T_0 表示接触线张力，单位符号为 kN，则在正常情况下，棘轮有一个偏转角度来保持两端的张力相等，如图 6.2 所示。

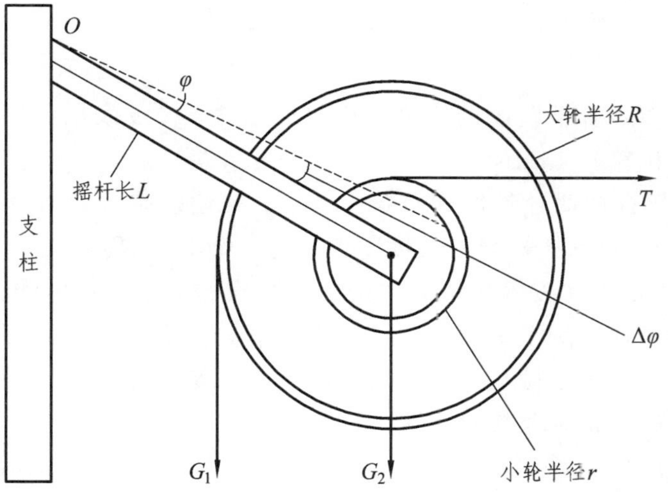

图 6.2 棘轮补偿器受力分析

以 TJ0501B 正制动棘轮补偿为例，当张力发生变化时，棘轮在绕着轮轴转动的同时会随着摇杆上下摆动。以支点 O 为研究对象，则摇杆的顺时针旋转力矩为 $G_2L\cos\varphi+G_1(L\cos\varphi-R)$。逆时针旋转力矩为 $T_0(L\sin\varphi-r)$，当摇杆静止或发生缓慢转动时，存在以下力矩平衡关系：

$$G_2L\cos\varphi+G_1(L\co\varphi-R)=T_0(L\sin\varphi-r) \tag{6-1}$$

对式（6-1）进行整理，得初始张力 T_0

$$T_0=\frac{G_2L\cos\varphi+G_1(L\cos\varphi-R)}{L\sin\varphi-r} \tag{6-2}$$

式（6-2）即为正常情况下，接触线张力的平衡态方程。

在列车通过或有外力作用（如异物入侵）时，接触线将发生振动，导致棘轮摇杆臂倾角发生变化，同时导致坠化发生振动，但是由于棘轮补偿装置对高频振动有抑制作用，所以摇杆变化缓慢，可以近似认为力矩时刻平衡。在这种情况下，接触线的实时张力 T 的状态方程可以表示为

$$T=\frac{G_2L\cos\varphi+(G_1+Ma)(L\cos\varphi-R)}{L\sin\varphi-r} \tag{6-3}$$

其中，M 表示补偿坠砣的质量，单位符号为 kg；a 表示坠砣的振动加速度，单位符号为 m/s^2。

对于不同的高速铁路，式（6-3）中，补偿坠砣重量 G_1、棘轮本体的重量 G_2、棘轮摇杆臂的长度 L、棘轮大轮半径 R、小轮半径 r 均由《高速铁路零部件技术规格》中给予了明确的规定。接触线张力 T 可以由棘轮摇杆臂的水平倾角 φ 和坠砣的振动加速度 a 共同决定。如果实现对棘轮的水平倾角 φ 和坠砣的振动加速度 a 的监测，通过式（6-3）的计算，即可实现对接触线张力的监测。

在小轮补偿绳末端添加一个期望值 500 N、方差 50、作用时间 0.2 s 的高斯冲击力，张力计算结果如图 6.3 所示。可见，该计算方法可以实时反映出接触线张力值的变化情况。但是，在实际情况下，由于线

索与棘轮之间存在阻尼作用，所以无法计算出接触线的张力值。在实际的情况下，无论是线索与棘轮之间，还是线索与线索之间都存在阻尼作用，所以在实际的计算中，需要对上式进行修正。

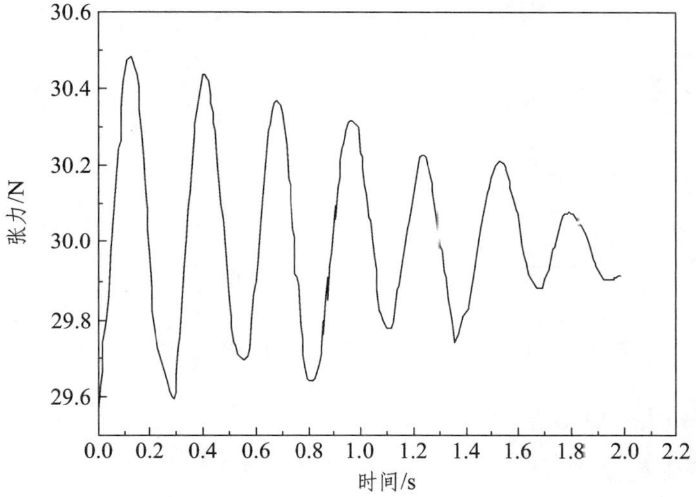

图 6.3　高斯冲击下接触线的张力变化

假设$\varDelta$表示考虑阻尼作用下的所有阻尼作用的矢量总和，大小由当前时刻接触线的运动状态及接触网的固有参数共同决定。那么上式可修正为

$$T=\frac{G_2 L\cos\varphi+(G_1+Ma)(L\cos\varphi-R)}{L\sin\varphi-r}-\varDelta \tag{6-3}$$

在三种典型工况下对监测算法进行验证：

1. 风荷载下张力算法验证

在对风振进行分析时可以分成两个步骤，第一步是起始步，依次施加重力场、接触线张力、承力索张力，这样能够更加贴近接触网结构的实际工作情况进行模拟；第二步是添加风荷载，对施加风荷载后的接触线张力及补偿装置变化进行仿真。根据张力计算方法，计算得到在风荷载情况下张力的变化情况，如图 6.4 所示。从图可以看出，该方法能够实现对接触线张力的有效监测。

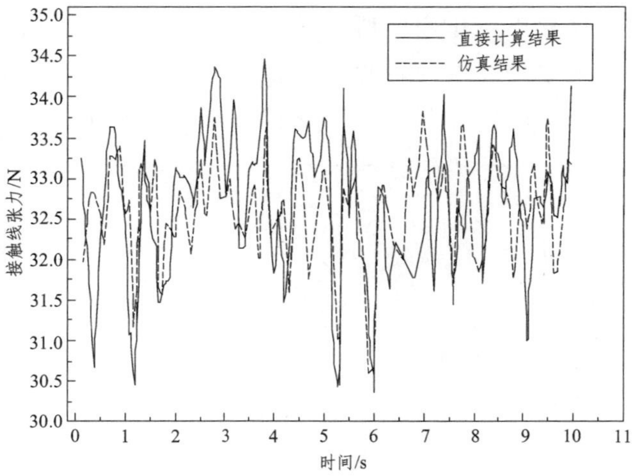

图 6.4　接触线张力的直接计算与仿真结果对比

2. 弓网振动下张力算法验证

弓网荷载是接触线主要的垂向荷载，选取某运营线路弓网实际接触压力截取的 4 s 数据（经 matlab 滤波），并将该数据作为荷载的大小，对 6 跨接触网模型添加垂向动态荷载进行弓网振动分析，对接触线张力的变化情况进行仿真计算。

计算得到在弓网荷载情况下张力的变化情况如图 6.5 所示。

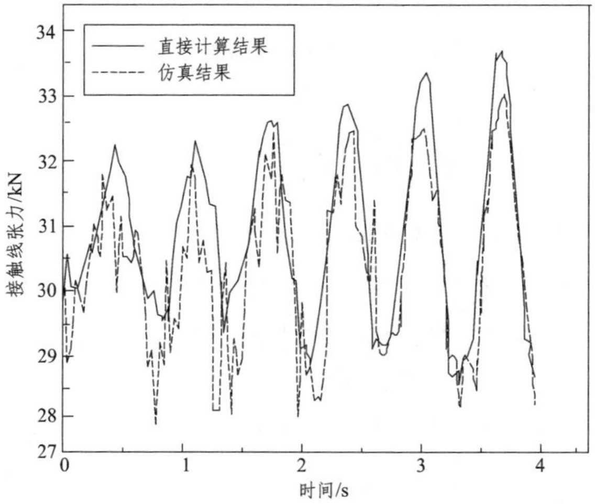

图 6.5　接触线张力的直接计算与仿真结果对比

3. **覆冰工况下监测算法验证**

从图 6.6 中可以看出，接触线张力在覆冰形成过程中增大。通过张力计算的结果与实际添加的张力十分接近，变化趋势完全相同，最大绝对误差仅为 0.02 kN。这是因为当张力线性增长的过程中，坠砣加速度很小，基本可以忽略不计，而棘轮在这个过程中发生缓慢的滑动。

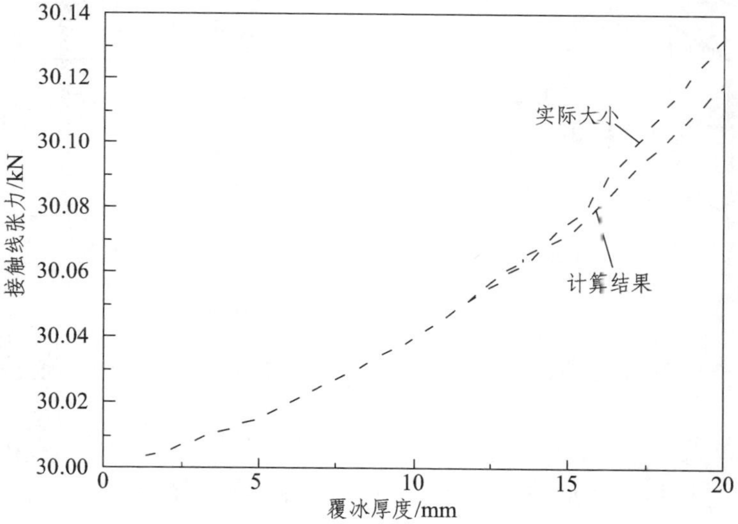

图 6.6 覆冰 20 mm 情况下接触线张力变化对比

6.2.2 温度检测

在低速运行时，由于列车速度较小，与受电弓时刻紧密接触，弓网电流较小，所以对于普通电力机车，在列车运行情况下，接触线温升较小。但是，在高速运行时，弓网接触压力随着列车运行及接触线的平顺程度时刻发生变化，接触线与受电弓之间的接触电阻的情况也变得更为复杂，同时高速动车组功率的大幅度提升，也使得弓网电流大幅提高。基于以上条件的综合考虑，接触线温度对接触线运行状态的影响已经逐渐成为一个不可或缺的因素。本节采用基于红外热成像技术的非接触式监测方法实现对接触线温度的监测，分析了红外热成像技术的原理及影响监测准确度的主要因素，提出了一种采用图像检索技术作为红外热成像测温数据修正的算法，进一步提高接触线测温的精度。

红外热成像是一种将物体的辐射场分布情况转为温度场热成像图的技术，它通过被测目标向外辐射的能力，经过处理和计算，将被测目标表面的温度场分布情况以人眼能够识别的伪彩色图像的形式表示出来。其原理如图 6.7 所示。

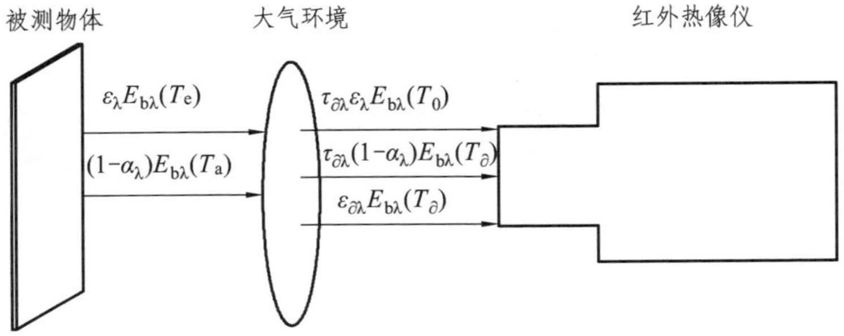

图 6.7 红外成像原理图

对于红外成像技术，红外探测器上的单色辐射强度计算公式为

$$E_\lambda = A_0 d^{-2}[\tau_{\partial\lambda}\varepsilon_\lambda E_{b\lambda}(T_0) + \tau_{\partial\lambda}(1-\alpha_\lambda)E_{b\lambda}(T_\partial) + \varepsilon_{\partial\lambda}E_{b\lambda}(T_\partial)] \tag{6-5}$$

其中，A_0 为最小空间张角情况下对应的目标可视面积；T_0 为被测目标表面的实际温度；T_u 为环境温度；T_∂ 为大气温度；d 为被测目标到红外热像仪的距离；ε_λ 为被测目标的表面辐射率；α_λ 为被测目标的吸收率；$\varepsilon_{\partial\lambda}$ 为大气辐射率；$\tau_{\partial\lambda}$ 为大气透射率。

物体自身辐射率，大气中传播环境，其他背景辐射这些因素都会影响红外热成像的准确性。红外热成像技术可实现对接触线温度的监测。但是，由于红外热成像技术的诸多影响因素，更重要的是，在实际的现场操作中，为了保证列车运行的安全，无法将红外热成像设备安装于靠近接触线的位置，只能安装在高速铁路护栏外侧甚至更远的地方。

随着距离的增加，大气的吸收率 τ 和辐射率 ε 对测温结果的影响将逐渐增大。同时，红外热成像测温的精度也受到背景环境（大气）的影响，所以在实际中，应用红外热成像测温的使用场景，主要是对物体温度分布的判断，也是由于这些因素严重影响了红外热成像技术的监测精度。红外测温误差曲线如图 6.8 所示。基于图像检索技术的接触线温度修正算法通过将实际监测的图片结果与数据库中的图片进行对比，采用支持向量机的分析方法，对不同图片之间的相似性进行区分，并在实验验证了该方法的有效性。计算源图像（见图 6.9）的方向梯度直方图及颜色梯度直方图分别如图 6.10 和图 6.11 所示。

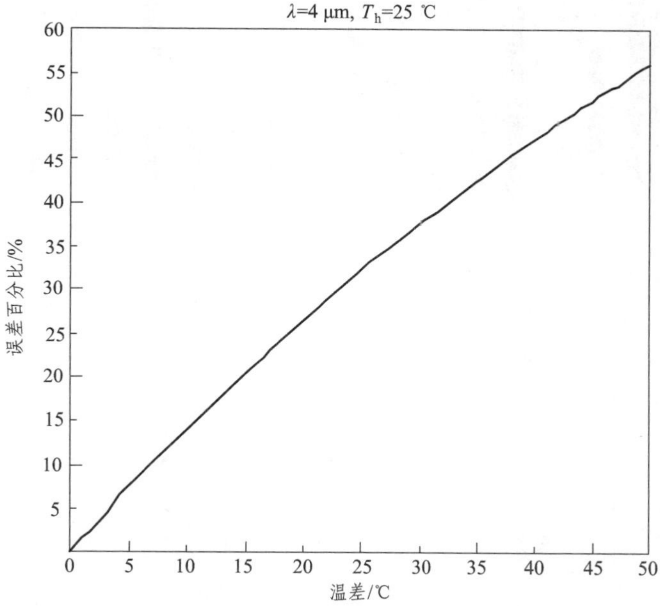

图 6.8 红外测温误差曲线

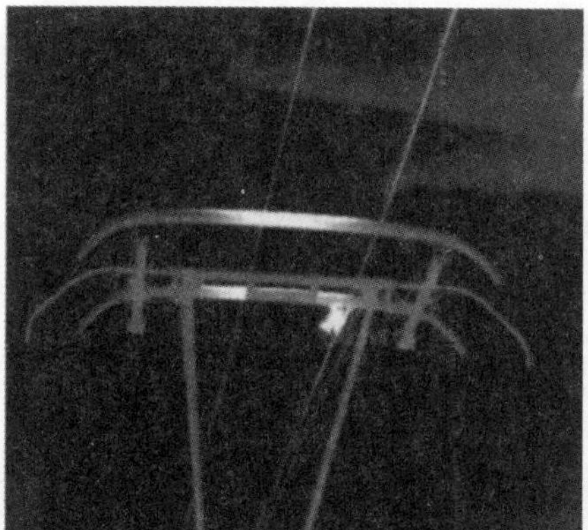

图 6.9 源图像

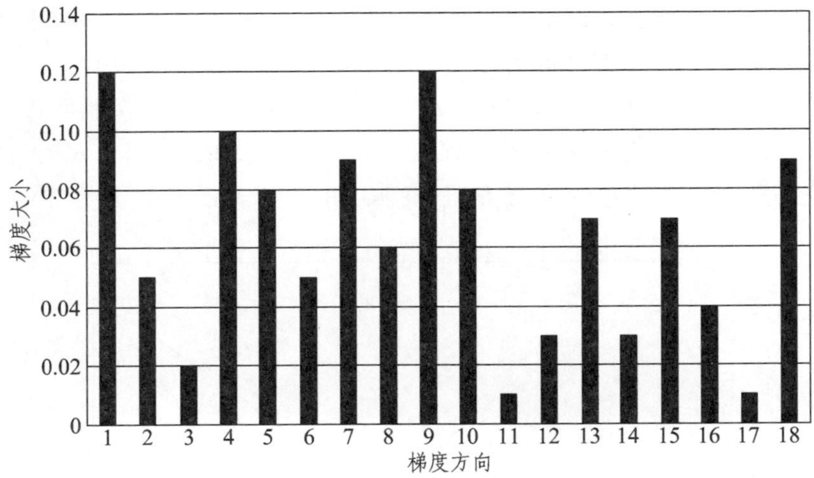

图 6.10　方向梯度直方图

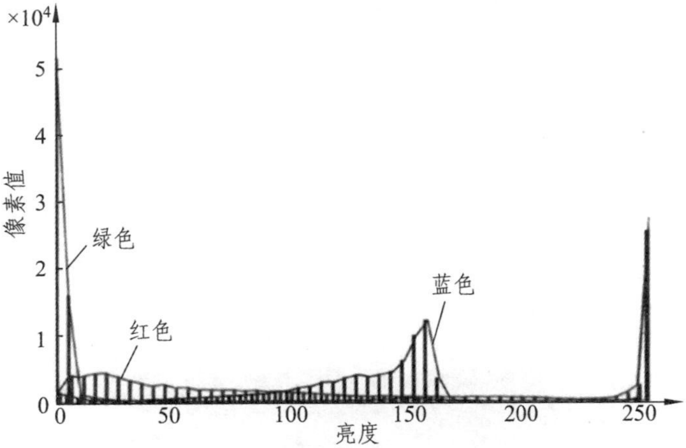

图 6.11　颜色直方图

设置初始惩罚因子为 5，得到如图 6.12 所示的样本检索结果。可看出，得到的结果中，样本数据库中与源图像内容不相似的图像已经被完全剔除出去，所得图像中均为含有受电弓与接触线内容的图像，这些图像共同组成了新的样本数据库。当然，由于所设数据库容量较小，本次实验中部分图像与其他图像的内容差距比较大，所以剔除效果非常好。在实际中，如果样本数据库的图像均为相关图像，那么在低惩罚因子情况下，得到的新的样本数据库内群也会相应增多。

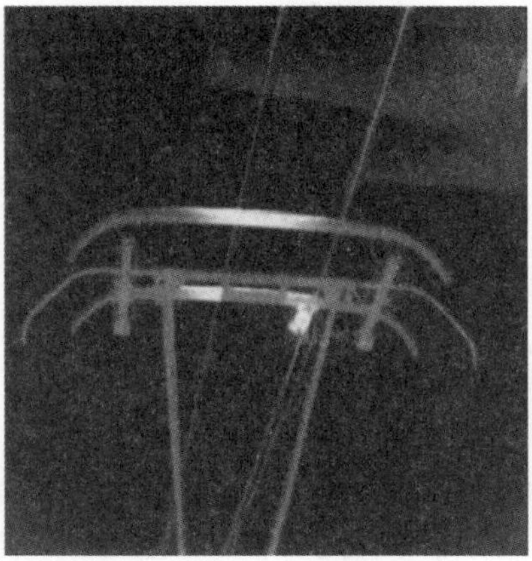

（a）源图像

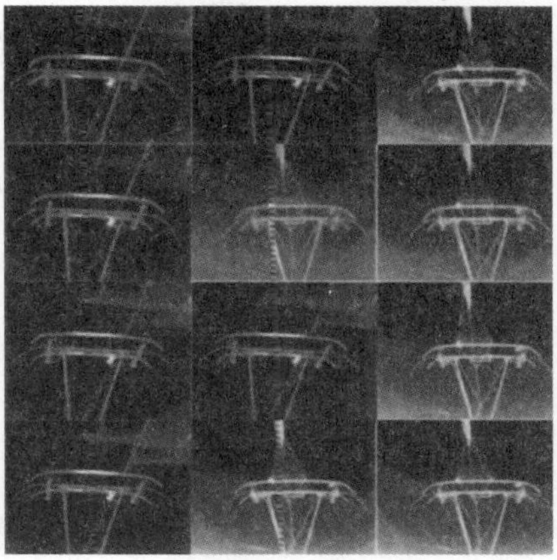

（b）样本图像

图 6.12　源图像和检索到的样本图像

假设检索所得的样本集合 $D=\{d_1，d_2，\cdots，d_n\}$，记

$$D_{\min}=\min\{d_1，d_2，\cdots，d_n\}，$$
$$D_{\max}=\max\{d_1，d_2，\cdots，d_n\} \tag{6-6}$$

若 $\Delta=D_{\max}-D_{\min}>1$，则增加惩罚因子的值，继续进行检索。以固定步长逐渐提高 SVM 检索中的惩罚因子的值（本实验中，惩罚因子的值每次增大 1），并对每次得到的新的样本数据库进行检索，在数次迭代后，得到了与源图像最为接近的样本图像，如图 6.13 所示。

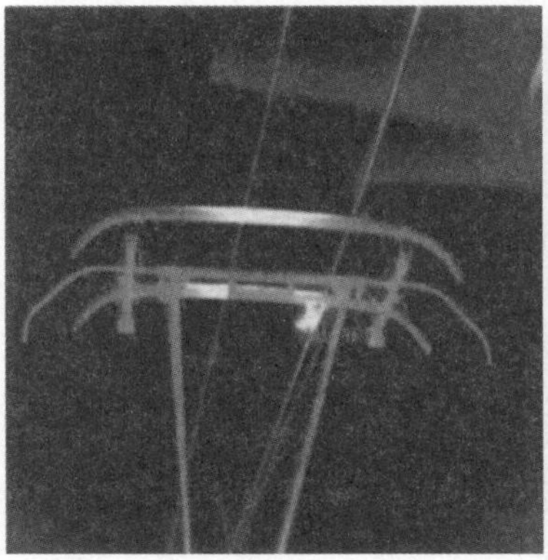

（a）源图像

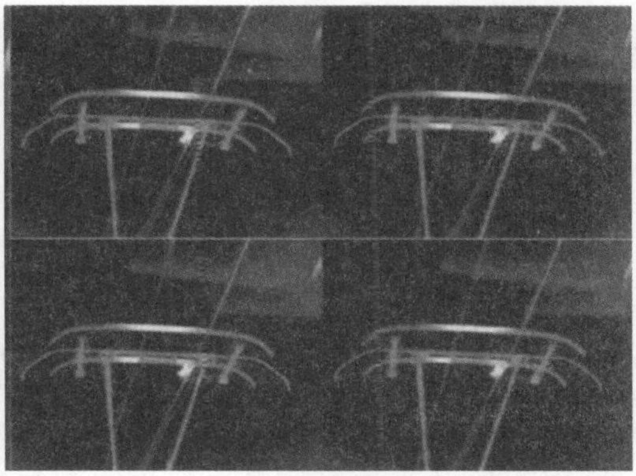

（b）样本图像

图 6.13　源图像和检索到的样本图像

若 $\Delta = D_{\max} - D_{\min} < 1$ 则检索结束，同时计算此时样本集合的温度平均值，即可得到相应的接触线的温度值。

$$T = \frac{1}{n}\sum_{i=1}^{n}(d_1 + d_2 + \cdots + d_n) \tag{6-7}$$

6.3 受电弓滑板检测

在高速电气化铁路系统中，机车通过受电弓从机车上方的接触线取电，作为直接与接触线相接触的受电弓滑板将成为获取电源的关键设备，受电弓滑板能否保持良好的状态，关系到机车是否能够稳定、可靠地从接触线上取电，并直接关系到机车运行的可靠性。由于受电弓滑板与接触线保持长期接触，在机车行驶过程中，受电弓滑板表面出现磨耗并逐渐导致内部裂纹出现，出现的磨耗和裂纹会对滑板的性能造成不良影响，甚至会危害列车的行车安全，严重的还会导致安全事故的发生。

6.3.1 表面磨耗检测

受电弓滑板的磨耗是一种局部性的磨耗。受高速列车运行线路等因素的影响，滑板表面磨耗的部位及范围有所不同，且接触滑板发生的异常磨损能够间接反映弓网关系。及时并准确了解弓网之间的表面磨耗情况是保证列车正常运行的重要条件之一。受电弓滑板上表面到滑板底边（或者是滑板托架上表面）的差值称为滑板磨耗剩余厚度，滑板磨耗指的是滑板出厂厚度与滑板磨耗剩余厚度之间的差值。通常以滑板磨耗剩余厚度来间接表示受电弓滑板磨耗，当滑板磨耗剩余厚度小于安全阀值时，称为滑板磨耗超限。

我国已由最早的人工测量滑板磨耗量的方法发展到多种智能检测方法，如激光检测法、超声检测法、基于图像处理的检测等。

激光检测法是当受电弓经过检测系统正下方时，激光发射器发射三条激光线到滑板上表面，同时，高速相机拍摄滑板上的激光线，通过三维点云重构得到滑板三维形状，在此基础上对滑板磨耗、缺口、裂纹等参数进行检测。但由于激光传感器价格昂贵，且易受光照影响，限制了激光法的使用环境，同时，若滑板之间距离较小，难以实现受电弓的完全三维重建。此外还有移动激光传感器检测，此方法能够做到自动检测、精确测量，但不足之处是机车仍需停车检测，同样无法实现机车在线实时检测。

超声波检测系统采用高架的方式将超声波传感器安装于受电弓滑板上方，超声波传感器向滑板发送超声波，遇到滑板后反射，得到超声波发射与接收的时间，结合超声波在空气中的传播速度计算滑板的磨耗剩余厚度，但是超声波检测法所需超声波传感器较多，彼此之间存在干扰，且超声波传感器测量速度有限，容易受测量环境如温度、湿度、风速或空气压力尤其是室外工况等影响。

基于图像处理的检测法测量受电弓磨耗主要利月两组 CCD 相机拍摄的半弓图片进行分析，采用图像处理技术，提取受电弓滑板的上下边缘，通过相机的标定参数，获得滑板上边缘和下边缘之间的垂直距离，实现滑板磨耗剩余厚度值的检测。该检测方法主要分为两个步骤：一是受电弓图像的抓取，二是图像的处理。其工作框图如图 6.14 所示。

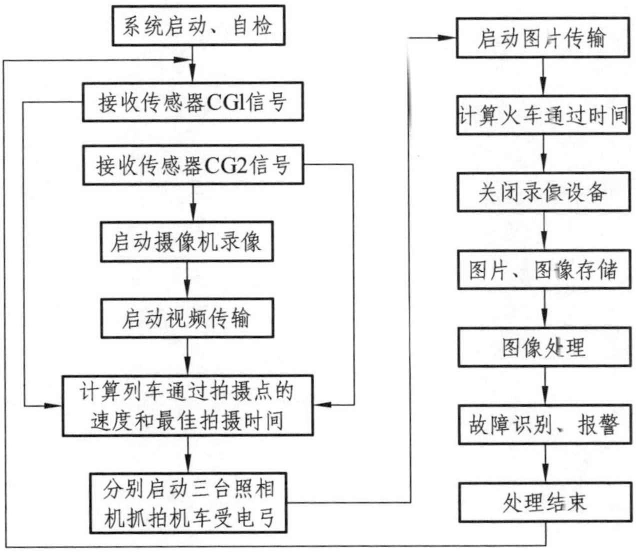

图 6.14　实验系统工作框图

在列车靠近定点检测系统时，传感器 CG1 检测到列车靠近的信号，已知 CG1 到 CG2 的距离，通过记录列车通过 CG1 与 CG2 时间差，可以计算出列车此时的运行速度，从而得到相机的最佳抓拍时刻[2]。系统监控前端布局和监控抓拍流程如图 6.15 和图 6.16 所示。

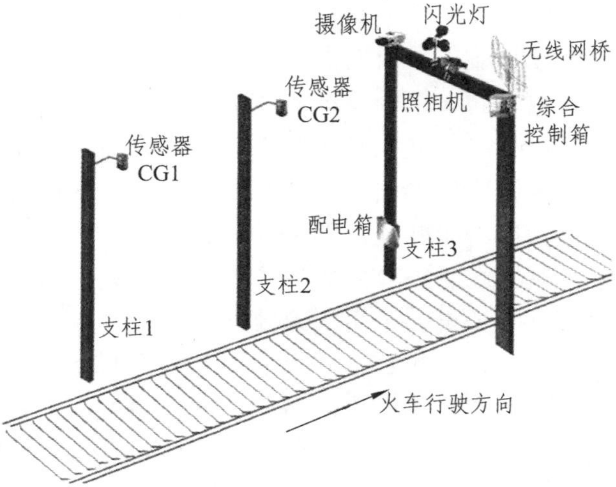

图 6.15　系统监控前端布局示意图

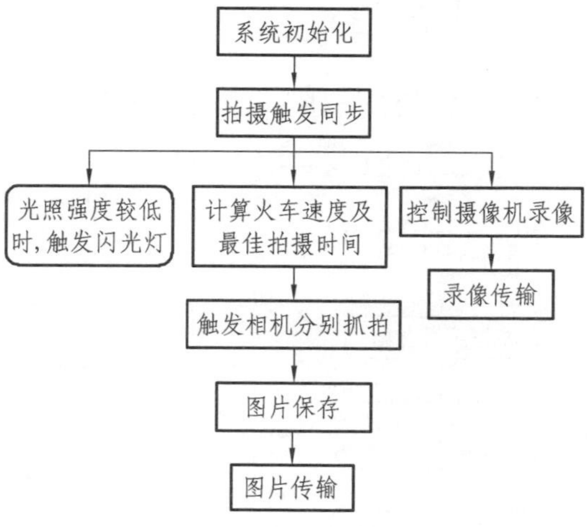

图 6.16　监控抓拍流程图

由图像检测的基本原理可知，滑板磨耗量的精确度取决于滑板上下边缘提取的准确性，为此首先对滑板图像进行灰度调整，以提高对比度。为减少计算量而将图像剪裁至只保留含有滑板部分的图像，针对此部分的图像再进行滤波等处理，利用小波分析的方法提取出滑板的边缘，再根据滑板上下边缘与背景间的灰度值变化分别找出滑板的上下边缘，从而计算得到滑板的厚度。检测流程如图 6.17 所示。

对受电弓图像进行滤波，实际拍摄受电弓图像如图 6.18 所示，首先采用基于 ABDND 的中值滤波算法滤除脉冲噪声，采用改进的均值滤波算法滤除高斯噪声，达到滤除受电弓图像中混合噪声的目的，滤波后图像如图 6.19 所示。

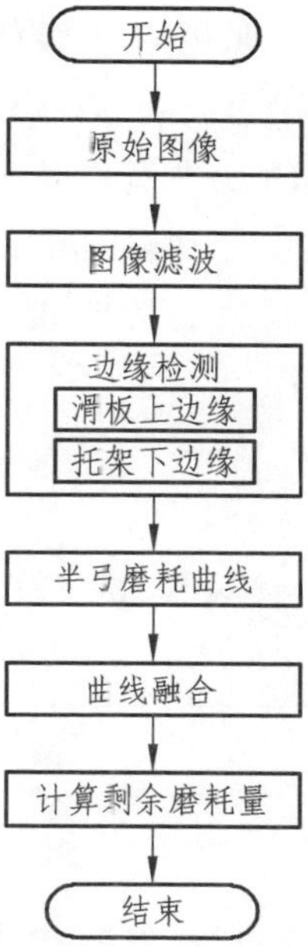

图 6.17　检测流程

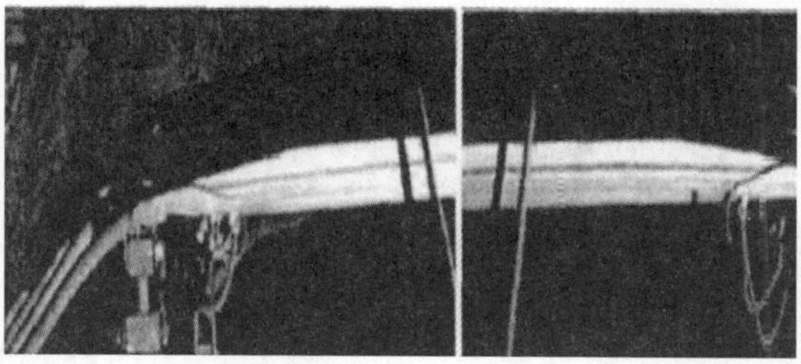

图 6.18　实际拍摄受电弓图像

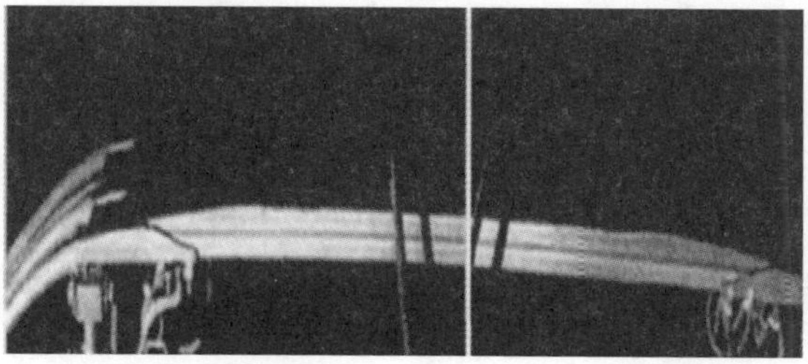

图 6.19　边缘检测后左、右半弓图像

基于受电弓边缘轮廓线，对滑板及滑板托架进行定位，得到滑板上边缘及托架下边缘像素点，经过相机标定得到相关参数，根据受电弓滑板的水平宽度特征，采用曲线敲合算法对左、右半弓滑板曲线融合处理，得到融合曲线。根据滑板磨耗的定义，减去滑板托架高度得到滑板剩余磨耗曲线，为便于分析观察，将滑板下边缘作为坐标系横轴，如图 6.20 所示。

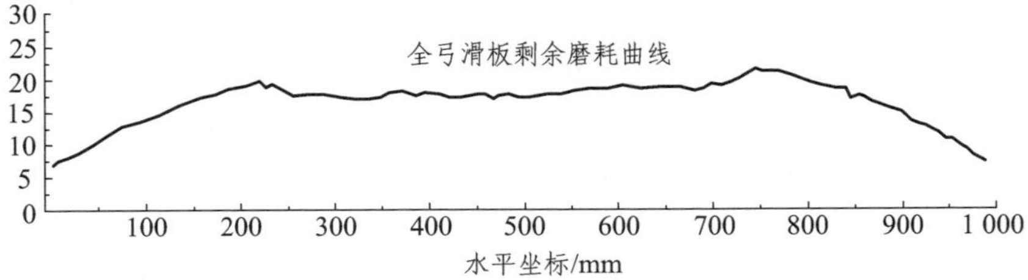

图 6.20　受电弓滑板剩余磨耗曲线图

对滑板剩余磨耗曲线进行统计，得到滑板最小剩余量，从而得到滑板的最大磨耗量。

6.3.2　内部损伤检测

受电弓滑板在滑动磨损、电弧侵蚀和温度应力的共同作用下会产生磨耗，严重时甚至会产生内部裂纹，内部裂纹的产生会对受电弓滑板的服役性能造成不良影响，如不能及时有效地检查出缺陷而任其逐步扩大，甚至会危害列车的安全、稳定运行。

随着高速铁路的快速发展，受电弓滑板的表面磨耗开始加剧，内部裂纹逐渐增多，但是，现有的方法仅仅只能够检测滑板的磨耗磨损和表面裂纹，对于受电弓滑板内部的裂纹无法得到检测，这种检测方式的缺失，极易导致高速铁路安全事故隐患，为避免这种安全事故隐患的发生，提出了对受电弓滑板内部损伤的检测方法。

红外热波无损检测是一种基于热波理论的无损检测方法，可以对材料的内部损伤进行检测。它不同于传统的红外热成像仅被动地观测物体表面温场分布，而是用各种可控热源，如高能闪光灯、超声波、电磁、热风等，对被测物体施加主动的热激励，从而使材料表面下的物理特性以某种方式在材料表面的温场变化上反映出来。从而达到无损检测的目的。其功能和用途主要是无损探伤和检测，与传统的射线、超声波等无损检测方式相比，具有非接触、直观、使用安全、快速实时、可测面积大、远距离检测、设备可移动等优点，所以发展非常迅速。但是，由于设备成本过高，不易携带等缺点，使其不易应用于现场检测。

超声波检测方法是利用超声波进行无损检测材料或工件内部缺陷的方法。它通过超声探头将电信号转换为超声信号，声波在介质中传播时遇到介质不连续或者声阻抗差异较大的两介质界面时会发生反射等现象，探头通过接收此回波判断缺陷的有无。超声波检测技术具有方便快捷、对人体无害及设备成本低、检测效率和精度高等优点，得到广泛应用。

受电弓滑板超声无损检测过程中采用活塞式压电晶片探头，该种探头辐射的声场分布是声学领域的基本问题，也是超声无损探伤应用的基础，通过声场建模可以有效帮助实现探头声束在受电弓滑板内传播模拟研究，通过探头声束在受电弓滑板内传播可以选择最适合的超声探头提高检测精确度，为现场受电弓滑板内部裂纹超声检测提供参考依据。

1. 探头匹配仿真

1）受电弓滑板内部声场建模

根据瑞利积分理论，建立超声波在受电弓滑板内传播的瑞利积分模型，瑞利积分是把探头离散成点源，受电弓滑板内任意某点处的声压由探头上所有离散点源在该点产生的声压的叠加组成。超声波由受电弓滑板表面传入内部的过程如图 6.21 所示，受电弓滑板由炭条和铝合金托架构成，探头置于受电弓滑板上表面，探头辐射的声束经耦合剂传入至受电弓滑板内部。

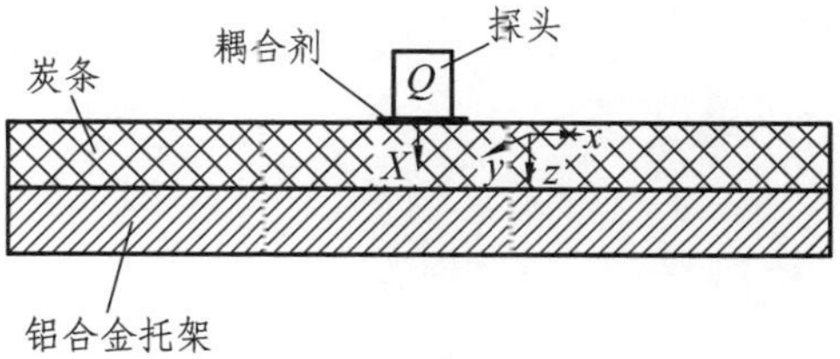

图 6.21 声束传播示意图

根据声压和质点速度间的关系，经推导可以求得受电弓滑板内任意一点的声压：

$$P(r)=\iint_S if\rho v_n \frac{e^{-ik}(r_T-r)}{|r_T-r|}ds \tag{6-8}$$

公式（6-8）可以看成是面积为 S 的面源的发射声场用每个点源 ds 的声场响应的叠加来表示，式中 r_T-r 表示声波从点源处 Q 传播到计算点处 $X(x, y, z)$的距离，$k=2\pi f/c$ 为波数，f 为超声频率，c 为媒质中的声速，ρ 为受电弓滑板材料密度，v_n 为换能器表面点源在时刻 t 的振动速度。

由于瑞利积分模型具有一定的局限性，在计算声场和在介质中的声波传播时，无法计算超声波随着传播距离的增大声压逐渐衰减这一过程，对计算精度造成严重影响，因此引入 Pencil 法的修正模型，用 Pencil 法计算超声波时，采用声线法的思想，将超声波的传播假定为一条射线，在介质中的传播将会发生声线的衍射，振幅衰减 DF 可以用 Pencil 的截面面积 S 与固体角 θ 求得

$$DF^{-2}=\frac{d\theta}{ds} \tag{6-9}$$

为获得截面面积 S 和固体角 θ，需要计算声速矢量 $\Psi(dx, dy, ds_x, ds_y)$ 来表征超声波的传播方向和近轴范围。dx, dy 为声速在声轴上的投影，ds_x, ds_y 为入射波在慢度图上的投影，因此，式（6-9）中，S 和 θ 用位置投影和慢度投影表示，即有 $d\theta=ds_x ds_y/s^2$，$ds=dx'dy'$，将 S 和 θ 代入式（6-9），可以推得

$$DF^{-2}=s^2\det B \tag{6-10}$$

不同介质以其晶体类型的差异，超声波在其中的传播方式有很大的差别，对于受电弓滑板中纯炭材料这种各向同性介质而言，其传播矩阵可表示为

$$\Psi'=\begin{bmatrix} 1 & 0 & \frac{r_k}{s} & 0 \\ 0 & 1 & 0 & \frac{r_k}{s} \\ 0 & 0 & 1 & 0 \\ 0 & 0 & 0 & 1 \end{bmatrix} \tag{6-11}$$

式中，r_k为超声波沿轴线方向上的传播距离。

2）探头匹配仿真结果与分析

待检测受电弓滑板结构示意图如图 6.22 所示，由炭条和铝合金托架两部分组成，炭条和铝合金托架仿真材料属性如表 6.1 所示，炭条和铝合金托架厚度均为 20 mm，整个滑板长度为 1 000 mm，由于受电弓滑板工作时磨损主要集中在中间 600 mm 的平直区域，左右两端各 200 mm 的弯曲区域磨损较少，因此，内部裂纹主要分布在中间 600 mm 平直区域，只需要对中间 600 mm 平直区域进行内部裂纹检测即可。

为了提高受电弓滑板内部裂纹的检测精度，为受电弓滑板内部裂纹检测专用探头的研制提供理论依据，需要对超声波探头进行优化选择。对于探头的设计选择需要考虑以下因素：探头的类型、超声波频率、探头的大小等。由于受电弓滑板内部裂纹多与表面平行，沿平面延伸分布，因此，垂直入射的脉冲反射法适用于受电弓滑板内部裂纹的检测。在同一介质中，纵波传播声速最大，穿透能力较强，所以可检测工件的厚度大于横波等其他波形所能检测的工件厚度。纵波对晶界反射或散射的敏感度低，因此可用于粗晶或高散射衰减类材料的超声检测。综合上述考虑，仿真研究选用探头类型为纵波圆形直探头，对其参数进行优化，主要包括：不同超声波发射频率对超声声场的影响、不同探头直径对对超声声场的影响。

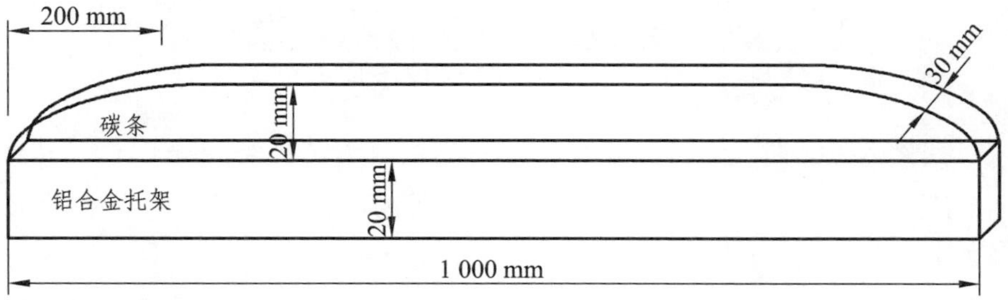

图 6.22　受电弓滑板结构示意图

表 6.1 受电弓滑板仿真材料属性

项目	介质类型	密度/(kg/m^3)	各项性	纵波 L 的速度/(m/s)
纯炭材料	单一介质	1 600	各向同性	2 480
铝合金材料	单一介质	2 700	各向同性	6 250

（1）探头频率对受电弓滑板内声场分布的影响。

超声波频率在很大程度上决定了超声波对缺陷的检测能力。纯炭材料衰减系数大，为了减小衰减通常选用较低的频率。一般情况下，工业探伤频率选择在 0.5 ~ 10 MHz 范围内。因此，在固定探头直径情况下（8 mm），选取了超声波频率为 0.25 MHz、0.5 MHz、1 MHz、2.5 MHz、5 MHz、10 MHz 进行仿真分析，仿真结果如图 6.23 所示。

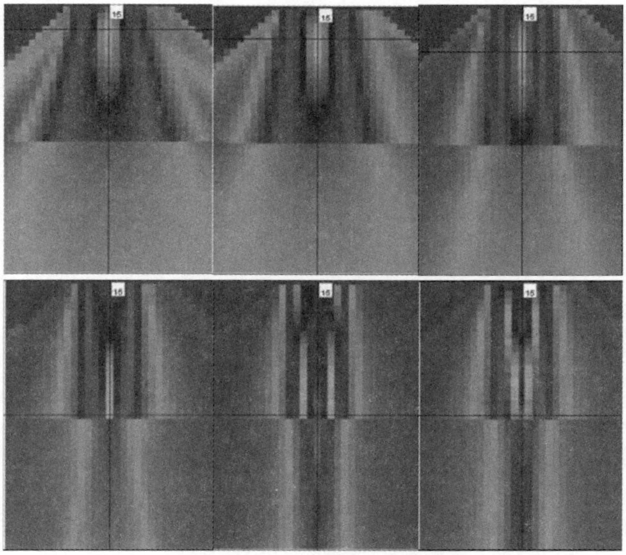

图 6.23 不同超声波频率下声场分布图

从图 6.23 不同超声波频率下声场分布图中可以看出：

声场主要分布在受电弓滑板的炭条区域，铝合金托架区域的声场声压较小，说明超声波从炭条传递到铝合金托架时衰减严重。

随着声波频率的增加，主声束宽度逐渐减小。这说明声波频率的变化会影响到主声束的指向角和声束的定向集中程度。随着声波频率的增加，声束指向角变小，分辨率也就越高。

随着声波频率的增加，声束聚焦性能变差。当频率为 2.5 MHz 时，声场分布图中蓝色区域严重减小（图中蓝色区域代表焦点），说明声束聚焦性能差，分析可能原因是当频率过高时，超声波在纯炭滑板材料中的衰减严重。当频率大于 2.5 MHz 时，由于声束聚焦点大于 20 mm，无法在图中显示，但由于中间声束声压过小，显得两旁声束声压较大。

纯炭滑板材料属于高衰减材料，为了使超声波能够完全穿透整个试件，需选择低频的探头来提高穿透能力。

波源附近由于波的干涉而出现一系列声压极大极小值的区域称为近场区，近场区声场是很复杂的，没有规律，无法有效对近场区内的缺陷进行检测，所以将近场区视为检测的盲区。图 6.24 为超声波频率与近场区长度的关系图，从图中可以看出，近场区长度随频率的升高上升越来越快，当探头频率在 2.5 MHz 时，近场区长度几乎达到整个滑板深度，说明探头频率应选择 2.5 MHz 以下，对于 20 mm 深度以上滑板建议采用 1 MHz 探头；考虑当探头频率为 0.25 MHz 时，近场区长度仅比 0.5 MHz 时减小 1 mm，但牺牲了检测精度，所以 20 mm 深度的滑板建议采用 0.5 MHz 探头。

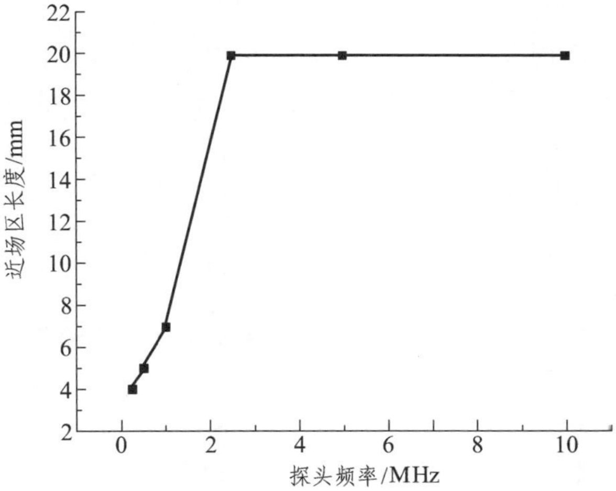

图 6.24　超声波频率对近场区长度的影响

（2）探头直径对受电弓滑板内声场分布的影响。

探头直径对检测的影响主要通过其对声场特性的影响体现出来，在超声波频率固定的情况下（0.5 MHz），对探头直径分别为 6 mm、8 mm、10 mm、12 mm、14 mm、16 mm 的圆形直探头进行仿真研究，仿真结果如图 6.25 所示。

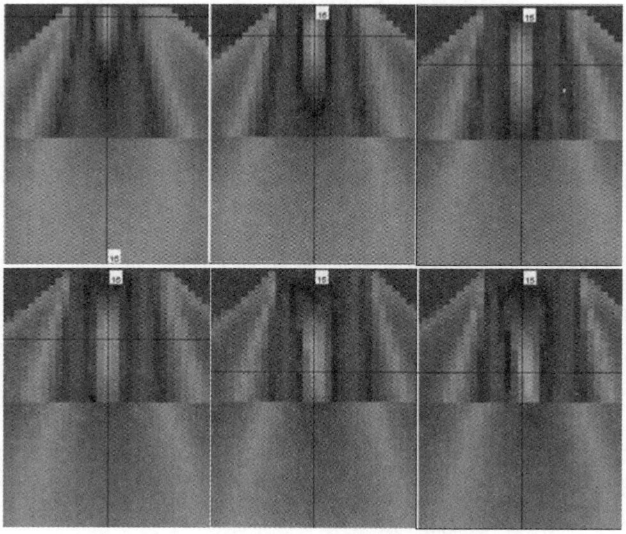

图 6.25　不同探头直径下声场分布图

从图 6.25 不同探头直径下声场分布图中可以看出：

探头直径对声场分布的影响较超声波频率更小，六组不同直径探头的聚焦性能变化不大。

随着探头直径的增加，声束有效检测范围呈增加的趋势，在探头频率相同的情况下，直径更大的探头具有更高的能量，穿透力也更强，因此，需要直径大的探头来提高穿透力。

图 6.26 为探头直径与近场区长度的关系图，从图中可以看出，近场区长度呈现逐渐上升趋势，探头直径在 8 mm 以上时，近场区长度达到 9 mm 以上，占整个滑板深度的近一半，显然需要选择 8 mm 及以下的探头。建议 20 mm 滑板及以上选用 8 mm 探头，近表面的探伤选用 6 mm 探头。

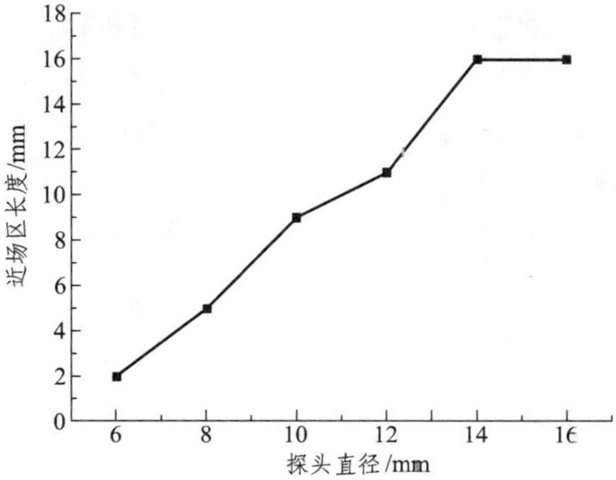

图 6.26 探头直径对近场区长度的影响

2. 实验装置

本文所使用的超声波检测受电弓滑板内部裂纹实验装置如图 6.27 所示，探头置于受电弓滑板上表面，探头辐射的声束经耦合剂传入受电弓滑板内部，根据探头匹配仿真结果，选用频率 0.5 MHz、直径 8 mm 的圆形纵波直探头进行检测，耦合剂选择为甘油，探头将所测超声波波形传输至超声波探伤仪，探伤仪采用 TIME1150 数字超声波探伤仪，之后再将超声波探伤仪的波形传输至上位机进行处理。在探头使用前，先在标准试块上对探头性能进行测定和校准。

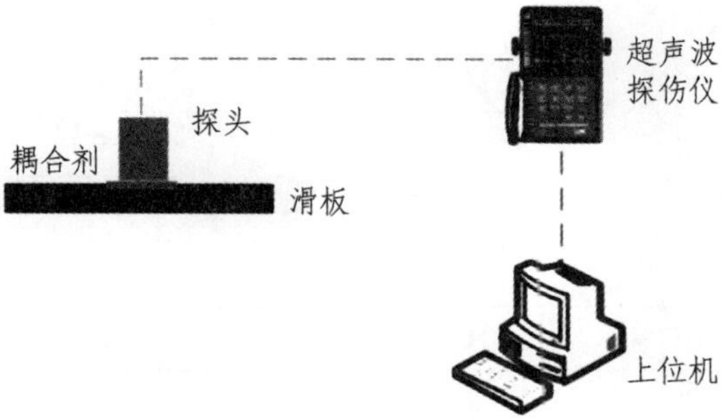

图 6.27 超声波检测受电弓滑板内部裂纹装置

3. 实验结果

将现场采集到的受电弓滑板裂纹作为参考，采用电火花线切割加工实验试件人为制造裂纹，图 6.28 所示为受电弓滑板内的裂纹特征示意图，需综合考虑裂纹的长度 L、深度 D、宽度 W、倾斜角度 α。表 6.2 所示为试验设计的主要裂纹参数及其检测结果，包括裂纹宽度 W（0.5 mm、1 mm 和 1.5 mm）、裂纹深度 D（5 mm、10 mm 和 15 mm）、裂纹长度 L（15 mm、30 mm 和 40 mm）、裂纹倾斜角度 α（0°、30°和 45°）。

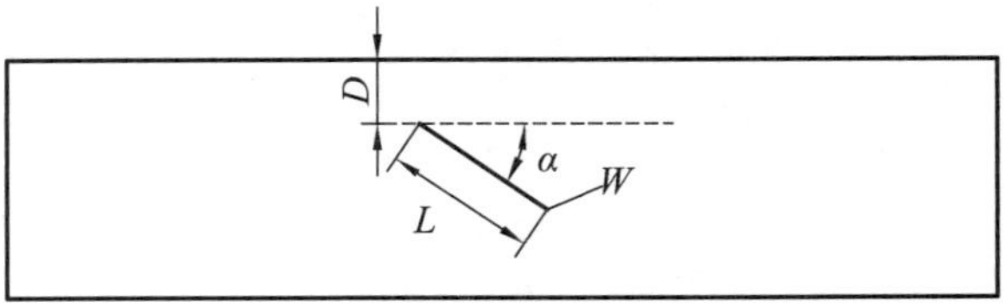

图 6.28　裂纹特征示意图

表 6.2　裂纹设计参数及其检测结果

裂纹编号	宽度/mm	深度/mm	长度/mm	角度/（°）	检测效果
1000	0.5	10	30	0	良好
2000	1	10	30	0	良好
3000	1.5	10	30	0	良好
0100	1.5	5	30	0	良好
0200	1.5	10	30	0	良好
0300	1.5	15	30	0	良好
0010	1.5	10	15	0	良好
0020	1.5	10	30	0	良好
0030	1.5	10	40	0	良好
0001	1.5	10	30	0	良好
0002	1.5	10	30	30	良好
0003	1.5	10	30	45	一般

6.4　弓网动态性能检测

由接触网相关设备和受电弓组成的弓网系统是高速列车牵引动力

系统的重要组成部分，牵引变电所输出的电能通过接触网中的接触线与高速列车的受电弓滑板传递给高速列车。高速列车牵引受流质量取决于受电弓是否能够顺利、稳定地从接触网导线上集取电流。因此，良好的弓网系统动态性能是电气化列车良好受流质量的基本保障。

弓网接触力、燃弧的测量是弓网动态性能评估的前提。接触压力过大，会增加受电弓和接触线的异常磨损，缩短其使用寿命；接触压力过小，会造成受电弓和接触线之间接触不良，使供电时断时续，甚至引起火花或电弧。燃弧是电能保持传输的特殊延续，这对移动接触的电能传输是非常重要的。但电弧会对环境产生影响，烧损受电弓滑板和接触线。因此，在同等条件下，可以通过对弓网接触力、弓网燃弧的有效检测来评判各种受电弓和接触网之间的动态性能优劣。

6.4.1 接触力检测

弓网接触点的功能是保证电能从接触网经受电弓向运行的电气化列车不间断、无差错地传输。为了电能的可靠传输，并将滑板与接触线的磨损降至最低，弓网接触力需要保持在一个特定的范围内。在线检测受电弓和接触网之间的接触力，不但可以再现列车运行过程中的线路状况，找出线路隐患和故障点，指导接触网的维修作业，还可以据此提出安全行车的可行性报告，延长弓网系统的使用寿命。

1. 接触力

在高速运行时，受电弓将受到各种内在与外在力的影响。图 6.29 所示为受电弓上的作用力分析。其中，F_0 为停车时，传动系统使受电弓垂直作用到接触网上的力；F_R 为关节间摩擦产生的力，与弓头运行方向相反；F_{AER} 为气流对受电弓的作用力，取决于机车速度；F_{DYN} 为由垂直振动引起的惯性力，由受电弓的归算质量 m 及垂直加速度 a 决定。根据力的平衡，弓网间的接触压力 F 可由下式表示：

$$F = F_0 \pm F_R + F_{AER} \pm F_{DYN} \tag{6-12}$$

可见，接触力主要取决于列车的运行速度、受电弓和架空接触网的动态特性及同时工作的受电弓数量与间隔，还取决于列车的运行状态和线路质量。式（6-12）中，正负号分别表示受电弓向下运动和向上运动时的取值符号。

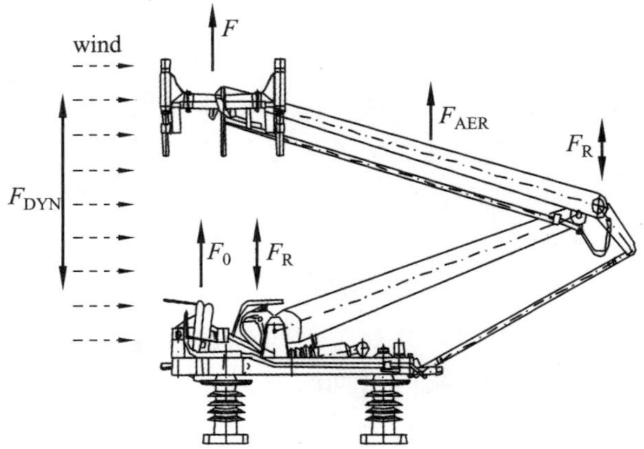

图 6.29　受电弓的受力状态

2. 接触力测量基本要求

在受电弓上安装力传感器才能实现弓网接触力的测量。但是，无论如何安装力传感器，都不可能直接测量接触线与滑板之间的力。可以将力传感器安装在滑板底座和滑板的连接处，以便力传感器尽可能地靠近弓网接触点。对使用独立双滑板的受电弓，每列滑板下均需要安装力传感器。但这样的安装方式又会造成力传感器无法记录滑板的惯性力和作用在滑板上的空气动力，需要将力传感器的测量结果与惯性力和空气动力进行叠加才能得到所期望的弓网接触力。

与接触力相关的测量传感器及其信号处理设备应能不受弓网系统强电场、强磁场以及燃弧所引起的各种干扰。

弓网接触力测量系统应只测量受电弓作用在接触网上的垂直力，并排除与其他方向力的干扰。

在任何测量条件下，由温度引起的力传感器的测量偏差要小于 10 N（所有力传感器的总和），测量系统的最大误差应小于 10%。

作用在测量设备上的空气动力会导致测量结果出现误差，应该在受电弓上安装测量系统和不安装测量系统条件下分别进行空气动力试验，并根据试验结论对接触力的测量结果进行修正，从而消除或减小测量误差。

测量系统的安装对受电弓的性能会带来不利影响，应将这种影响控制在一定限度内。通常情况下，测量系统的安装对弓网接触力的改变不应超过 5%。

3. 测量装置的技术描述

弓网接触力测量装置能够测量受电弓作用到接触网上的垂直力、弓头的振动加速度、接触线在滑板上的位置（利用力传感器信号间接计算）、弓头的高度，以及受电弓底架的加速度等。底架加速度数值能反映车辆的振动对弓网接触力的影响。图 6.30 所示为接触力测量系统原理图。

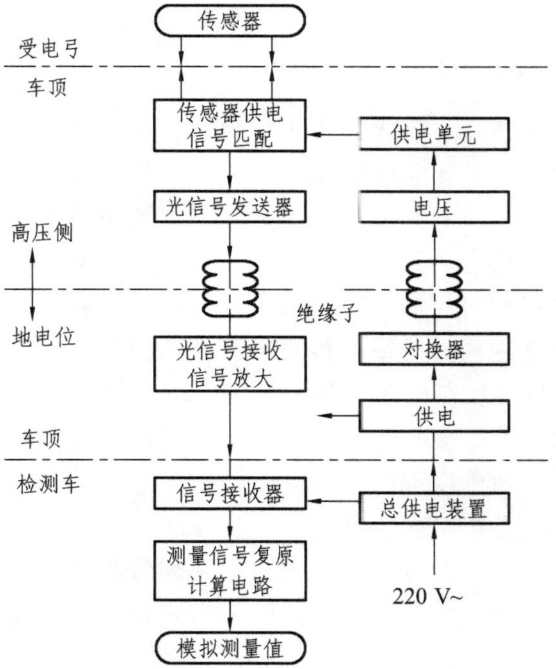

图 6.30 接触力测量系统原理图

所有测量传感器均工作在与受电弓等电位的高压环境，传感器的信号在高压侧变换为数字信号后，通过光学方式传送至地电位的检测车内，并在数据处理设备上显示与分析。

由于各个时刻接触线压在受电弓上的位置不同，受电弓各处所受到的压力也不尽相同,如果只对受电弓某一固定位置处进行力的测量，很难反映出受电弓真正的抬升力。因此，考虑到接触线在受电弓滑板上的不确定位置以及受电弓的结构,在受电弓滑板与支撑装置之间的四个角上装设 4 个相同的压力传感器来测量抬升力，如图 6.31 所示。

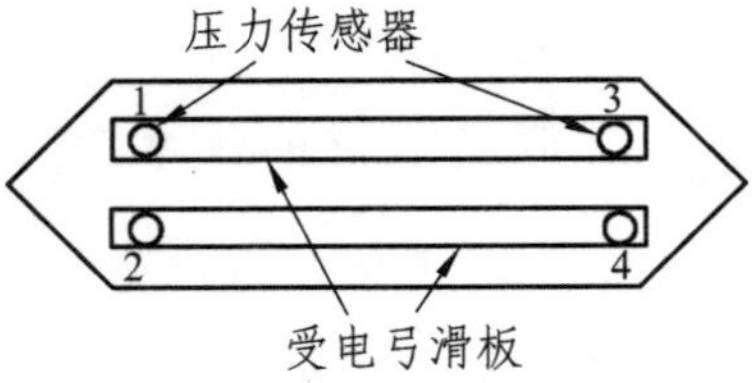

图 6.31　压力传感器安装位置示意图

受电弓的抬升力就是这4个力传感器测得的信号之和。为了使测量同时适应单滑板受电弓，首先对被检测到的 1 和 3 力传感器信号进行叠加，再对 2 和 4 传感器信号叠加，最后合成得到：

$$F = F_{Z1}+F_{Z2} \tag{6-13}$$

为了测量惯性力，首先测量出受电弓的垂直加速度 a，乘以受电弓的归算质量 m，便可求取惯性力 ma。4 个加速度传感器和 4 个力传感器集成在一起，安装在滑板与支架之间。这种连接方式需要安装特别的传感器，在没有明显改变机械稳定性和弓头质量的前提下，能够精确测量出垂直方向上的力。这些力及加速度传感器已经采取温度补偿措施，并通过特别的电缆及接头与车内的数据采集单元连接。

力传感器与接触点的距离越近越好。如果力及加速度传感器安装在远离滑板的位置，会在传感器与接触点之间出现一些活动连接，动态测量的范围与精确度都会降低。

如果力与加速度传感器安装于弓头的 2 个弹簧处，就不能测量接触力在两列滑板上力的分配，也无法对两列滑板分别产生的测量值进行归纳和分析。力的分配能够给出受电弓正确工作以及测量结果可用的必要信息。

力和加速度传感器的输出信号传送至数据采集单元进行处理，通常由电子模块通过电压/频率（U/f）转换器转换成调频脉冲信号。脉冲信号可以转换成光信号，然后通过光纤进行传输。

一个特殊的变压器能将电能从地电位的控制室传送到高压侧的受

电弓部件上，这台变压器的绝缘强度能够耐受接触网的电压水平。

4. 对滑板惯性力的修正

在振动的物体上测量重力会造成所谓的加速度误差，弓网接触力的测量也不例外。确定作用于弓网接触点上实际的力需要建立一个附加向量以去除“中间”质量。一架受电弓的修正质量（1 列滑板）等于滑板的质量再加上半个力传感器的质量（1 列滑板）的 2 倍。修正这种类型的误差需要测量滑板的振动加速度，并以此修正滑板产生的惯性力。

5. 对空气动力的修正

由于测量弓网接触力的力传感器设置在滑板的下方，力传感器无法测量空气动力对滑板的作用。为了不遗漏随运行速度产生的空气动力成分，计算接触力时必须增加一个与速度有关的修正系数。

空气动力成分是根据 UIC 准则通过测量抬升力来确定的。图 6.32 所示为测量空气动力的方法，用两根绳索把装有接触力测量装置的受电弓进行固定，这样在运行期间每个滑板均不与接触线接触，滑板和接触线的间隙约为 100 mm。

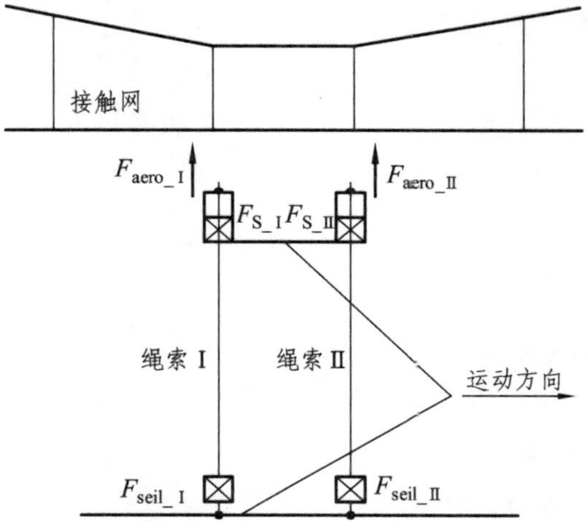

图 6.32　对空气动力的修正

在两根绳索的下部分别安装测力单元，用于记录绳索传输到滑板的力，同时，弓网接触力测量装置也记录滑板下面的内力。垂直方向的空气动力（$F_{aero}=F_{aero\_I}+F_{aero\_II}$）等于两绳索下部的测力单元记录的力（$F_{seil}=F_{seil\_I}+F_{seil\_II}$）与接触力测量装置记录的内力（$F_S=F_{S\_I}+F_{S\_II}$）之差。

采用这种测量方法，可以确定作用在滑板上的空气动力与运行速度、运行方向（受电弓关节指向运行方向/运行反方向）以及受电弓在车辆上的布置等因素的函数关系。这种函数关系可以写入系统软件，便于对弓网接触力的测量结果进行及时修正。

6. 接触压力的评价

检测数据传送到车内处理系统后，把信号还原并用曲线形式将各个运行距离处的接触压力显示出来。接触压力是否正常、是否存在隐患点，需要一系列评价标准及隐患点查找办法。

1）综合状态评价

在接触网的运行中，通过接触力的变化可以评价出接触网的结构形式和受电弓的结构质量及受流质量。接触压力是按高斯定律分布的，其标准偏差值在平均值上下波动，因此用采样区段的接触压力算术和的平均值 F_m、标准偏差值 s、最大接触压力 F_{max}、最小接触压力 F_{min} 等参数进行评价。对于被检测的接触悬挂，只要是检测到的实际接触压力处于最大值与最小值之间，即为受流性能良好。

2）隐患点查找

为了保证良好受流，要求经常查找接触压力检测曲线的异常点，如出现过大的峰值，或出现极限谷值，或者不均匀程度特别明显，这些地方一定是隐患点或者不良状态点。当在接触压力曲线上有突现点，其突现点的值约为平均值的 1.8 倍时，应该核查该点。

但是，轨道线路的欠缺，如三角坑、不平顺等，同样会引起机车包括受电弓在内的附加振动。在速度较高时（160 km/h），这类振动产生的激扰对弓网系统是不可忽视的。因此，为了准确找出接触悬挂的异常点，必须找出因线路轨道欠缺造成的凸、凹峰值。所以，还需在机车顶部或受电弓基座上安装一个加速度传感器，如果该处的加速度传感器值过大，则说明是线路轨道有欠缺，这时，即使接触压力出现异常峰值，也可以判定是由于轨道线路引起的接触压力的异常变化。如果该处加速度传感器的数值很平顺，无异常现象，那么，就可以断定，在出现异常峰值的地方就是接触悬挂要维修的隐患点。根据以上思路，提出具体算法如图 6.33 所示。

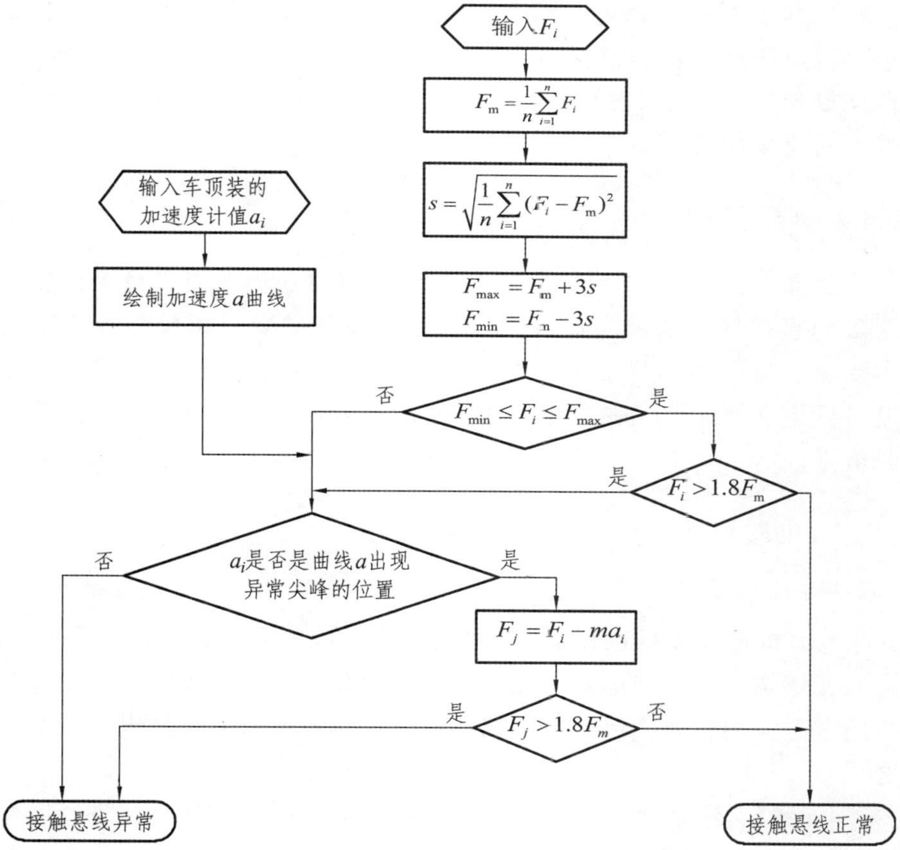

图 6.33　接触压力分析的算法流程图

首先算出接触压力的平均值、标准偏差值、最小值和最大值，再判断这个接触压力是否处于最大值和最小值之间，如果是，则进一步判断这个接触压力是否大于 1.8 倍的平均值，如果为否，则可断定接触悬挂状态正常，受流良好；如果大于 1.8 倍平均值，则与接触压力处于最大值和最小值范围之外的情况一样，表明接触压力不正常，这时需要进一步判断这个接触压力的不正常是由轨道线路欠缺引起的还是由接触悬挂引起的。判断时，绘制加速度计的输出值曲线，判断该点接触压力所处的位置上的加速度值是否出现异常尖峰，如果没有出现，则表明此点轨道线路没有缺陷，那么接触压力过大就是由于接触悬挂引起的，此段线路受流性能不好；如果出现了异常尖峰，则表明此点轨道线路有欠缺，这时再用此点的接触压力值减去由轨道线路导致的惯性力值，如果得到的值还大于 1.8 倍平均值，则接触悬挂不正常，受流性能不好；如果没有大于，则接触悬挂正常，受流性能良好。

6.4.2 电弧检测

目前，国内外针对弓网电弧现象的检测方法大致可以分为间接检测法和直接检测法两类。其中，间接检测法主要是以接触压力、机车受流、电压等弓网参数间接反映弓网电弧状态；而直接检测法是以弓网电弧现象的外在特征（电磁波、声波、光等特征）为主要判断依据。

1. 电磁检测

1）检测原理

电力机车在运行过程中，当弓网发生离线的瞬间，会有电弧产生，在电弧燃烧过程中伴随着电流和电压的变化，电压和电流的突变导致空间电磁波的辐射，因此电磁辐射信号可以作为检测弓网电弧的参量之一。

电磁检测法是通过测试受电弓附近放电电磁辐射信号，进行时频域分析，从而了解离线放电过程的一种方法。放电电磁辐射信号分为周期型电磁辐射信号和随机脉冲型电磁辐射信号：周期型电磁辐射信号是由电网电压波动引起的，而随机脉冲型电磁辐射信号主要由车辆振动和接触网弹性偏差引起弓网离线放电造成的。电磁检测时用差分电路将脉冲型电磁辐射信号分离出来并进行频谱分析。该方法中，谱图变化情况能反映放电量的变化：小离线时，放电量小，频率主要分布在高频；大离线时，放电量大，频率主要分布在低频区。随着放电量增大，频率分布区域将由高频移向低频。据此电磁辐射信号可用于在线监测离线放电的大小和离线时间，进而判断大离线，计算离线率等。

2）电磁辐射信号检测天线

用于检测电磁辐射的天线类型较多，圆环天线和磁棒天线的检测频段都在千赫兹级，可能会导致高频段电磁辐射信号幅值的失真，并且天线体积较大。Hilbert 分形天线具有体积小、频带宽和抗干扰性强等优点。分形阶数越高，宽频带特性越好；外围尺寸越大，第一谐振频率越低但增益会降低；介质板厚度增加，频带越宽，但增益会下降。

选用 Hilbert 分形天线检测电弧的电磁辐射信号，通过仿真软件 ANSOFT HFSS 建立仿真模型，研究天线几何尺寸、分形阶数、导线宽度、馈电位置等参数对天线性能的影响。通过对天线性能的仿真优化，设计用于检测弓网电弧电磁辐射的四阶 Hilbert 分形天线。天线外围尺寸为 150 mm × 150 mm，介质基板采用介电常数为 4.6 的 FR4 材料，其厚度为 1.6 mm。介质基板的两侧分别为天线导体和覆盖接地铜膜。外形图如图 6.34 所示。

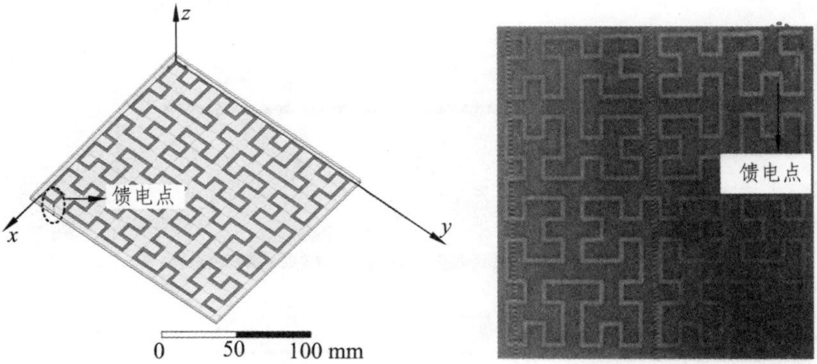

（a）天线仿真模型　　（b）天线实物图

图 6.34　四阶 Hilbert 分形天线

3）离线电弧电磁辐射特性

（1）电弧电磁辐射特征频率。

低电压小电流直流供电系统中，接触线和受电弓滑板分离，电弧产生，同步采集电弧电压和电磁辐射信号。图 6.35（a）为起弧瞬间采集到的电弧电压与电磁辐射信号，图 6.35（b）为电弧电压达到相对稳定时的电压与电磁辐射信号，图 6.35（c）为电弧电压振荡与电磁辐射脉冲局部放大波形。

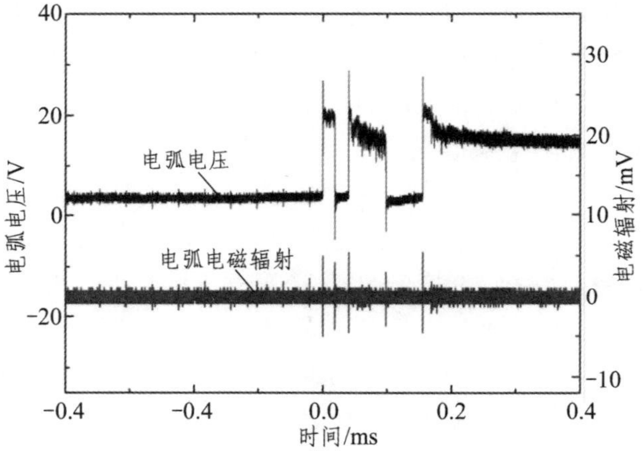

（a）起弧时

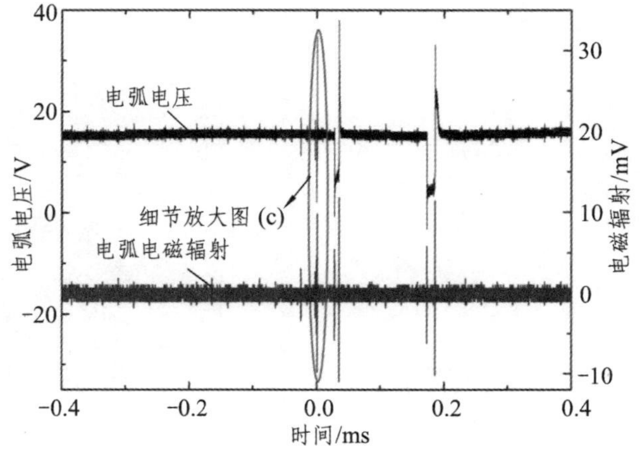

（b）燃弧相对稳定时

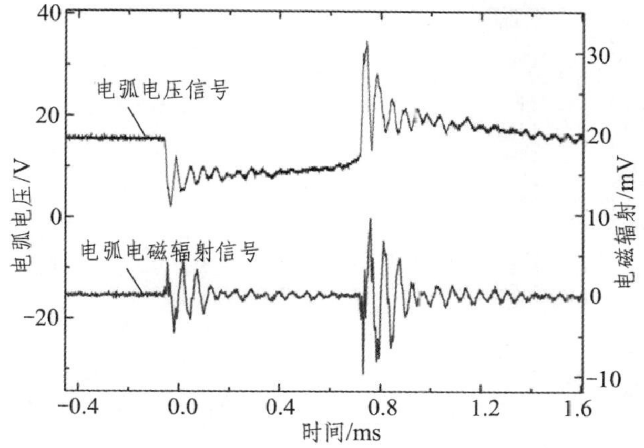

（c）局部放大图

图 6.35　弓网电弧电压与电磁辐射波形

由图 6.35 可知，在电弧电压突变时刻产生了幅值较大的电磁辐射信号。起弧时刻电弧的不稳定导致电弧电压的重复突变。直流电压波形上的多个脉冲反映了电弧电压的突然变化。后期燃弧相对稳定时，由于电磁力和周围气压的变化，电弧的形状和位置在燃烧过程也会存在一定的随机性，引起一定的电压突变和幅值较高的电磁辐射脉冲。图 6.35（c）所示，电弧电压跌落和突然上升时，同步出现了上升速度极快的、幅值较高的脉冲电磁波，且振荡持续短。电压变化率越大，辐射脉冲强度也越高。

为进一步研究电弧电磁辐射的频率特性，探讨离线电弧电磁辐射频谱范围及典型频率区间，对图 6.35（a）中起弧时刻的首个电磁辐射脉冲进行快速傅立叶变换（FFT），变换结果如图 6.36 所示。由图可以看出，电弧的电磁干扰在频域上为脉冲波形。在 0 ~ 160 MHz 内，均有电弧的电磁辐射干扰；160 ~ 180 MHz 内，频谱幅值趋近于零，即认为当频率大于 160 MHz 时，电弧电磁辐射强度趋近于零。从电磁辐射信号的强度和频率密度来看，在 0 ~ 40 MHz 和 60 ~ 100 MHz 频段内的幅值较高，是电弧电磁辐射的主要频率成分。其中，在 18 MHz 处幅值达到峰值。

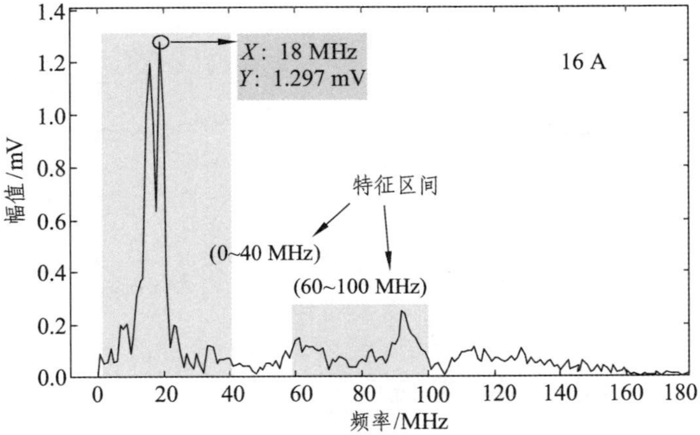

图 6.36 弓网离线电弧电磁辐射频谱

（2）电流大小对电磁辐射特征频率的影响。

图 6.37 所示为不同回路电流下，典型离线电弧电磁辐射频谱。由图 6.36 和图 6.37 可以看出：频谱中，16 A 时幅值最大值为 1.297 mV，

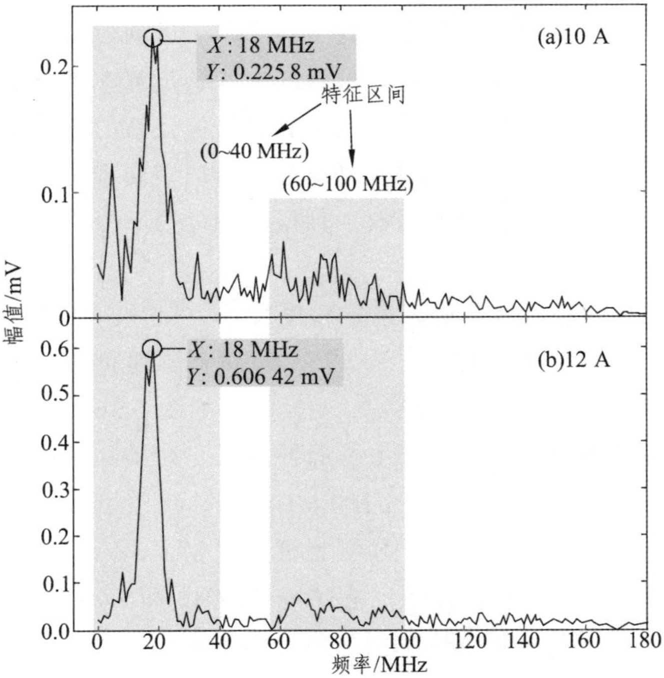

图 6.37 不同试验电流电弧电磁辐射频谱

12 A 时为 0.604 2 mV，10 A 时为 0.225 8 mV。可以初步看出：随着回路电流的增大，弓网电弧辐射电磁信号最大幅值呈上升趋势，即电流越大，幅值越大，辐射干扰强度就越强。由图 6.37 可以看出，不同电流大小下，弓网电弧电磁辐射电磁干扰频域分布整体相似，频段都呈现在 0 ~ 160 MHz 内，特别是在 0 ~ 40 MHz 和 60 ~ 100 MHz 频段内干扰强度较大，且峰值都出现在 18 MHz。

电磁辐射信号在频谱上存在明显的特征频率，与电流幅值无关，因此可以利用电磁辐射信号的特征频率检测电弧的发生。

2. 光学检测

1）检测原理

光学检测法检测弓网离线是目前国内较为常用的检测手段之一[26]，光学检测法是根据弓网离线发生电弧时产生的光信号，通过光电转换等一系列处理，测量其输出信号，得到电弧信息以及弓网受流情况。

在正常状态下气体具有良好的绝缘性能，但当在气体间隙的两端施加足够大的电场时气体就会被电离击穿从而发生持续放电。列车运行中，如果接触网与受电弓接触良好的情况下（即受流良好），接触网与受电弓的电压相等；但如果发生弓网分离，受电弓和接触网的电压就不再相等，在分离瞬间，其电压差急剧增加，即在弓网之间的气隙施加了较大的电场，气体就会发生“击穿现象”而放电，形成流注，并以弧光的形式发射出能量，产生弓网电弧。经过光谱试验研究分析发现，弓网燃弧光谱特性中有特定波段的紫外光（220 ~ 225 nm）。此波段处于太阳光日盲区范围，地球表面含量极少。因此，将弓网燃弧紫外光特征作为判断依据，能有效避免太阳光、灯光等因素的干扰[27][28]。

2）检测装置

当未发生弓网燃弧现象时，检测视角范围内特定波长的紫外光成分非常微弱。当发生弓网燃弧现象时，瞬间会出现大量特征紫外光线。利用响应灵敏度高的紫外传感器实时检测特征光的有无，便能准确鉴别燃弧的发生，并计算出燃弧持续时间、次数等。弓网燃弧信号基本判定思想见图 6.38。

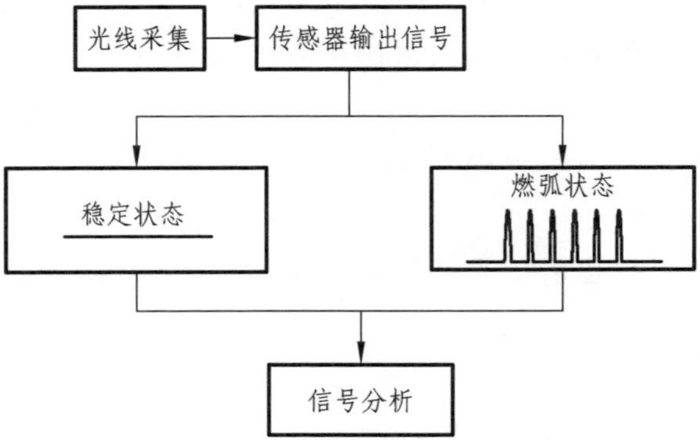

图 6.38　弓网燃弧信号基本判定思想

弓网燃弧检测技术的核心思想是将所测紫外光信号转换成可操作的电信号。检测装置采用模块化设计思路，主要结构由光学成像测量系统、紫外光电传感系统、辅助参量测量系统、数据传输系统和数据分析处理系统组成。其中，光学成像测量系统、辅助参量测量系统为车顶检测部分；紫外光电传感系统、数据传输系统、数据分析处理系统为车内检测部分。装置设计框架见图 6.39。

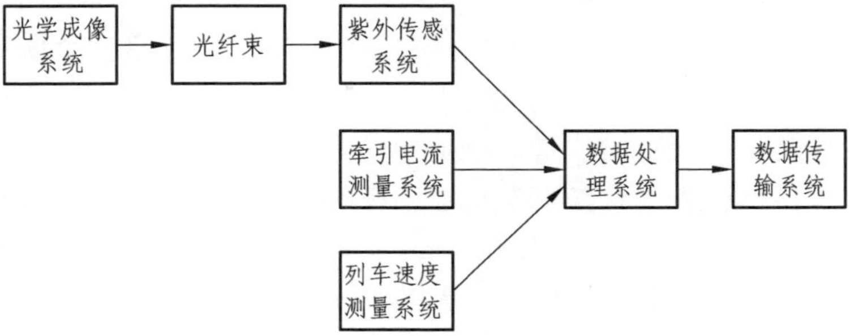

图 6.39　装置设计框架

光学成像测量系统的主要作用是高效捕捉弓网燃弧发出的特定谱段的紫外光，并滤除多余的杂散光，然后利用 UV 光纤束将光信号传送至车内的紫外光电传感器系统，此方式可以有效避免紫外光电传感器中的探测器受电磁及热效应影响的问题，提高了紫外光传输效率。

其测量方式见图 6.40。

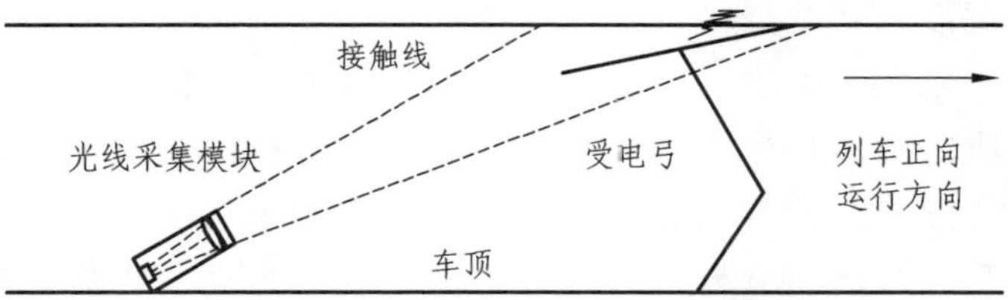

图 6.40 光学成像测量系统测量方式

紫外光电传感系统框架图如图 6.41 所示，是一个集成紫外光电传感器、信号处理电路、电源模块和光纤适配器组成的系统。该系统接收由光学成像测量系统耦合并由紫外光纤传输进来的紫外光，经光纤适配转换装置，最后将紫外光耦合进入光电倍增管模块内部。经过 PMT 响应、放大器、比较器、甄别器的作用，输出信号为一个主信号（即 TTL 脉冲输出信号）以及一个移溢出输出信号（当光强达到光电倍增管接收的最大值则该接口产生触发信号）。然后将信号传至数据处理系统进行处理，最后将处理结果存储并传输至 PC 机，以供后续分析。

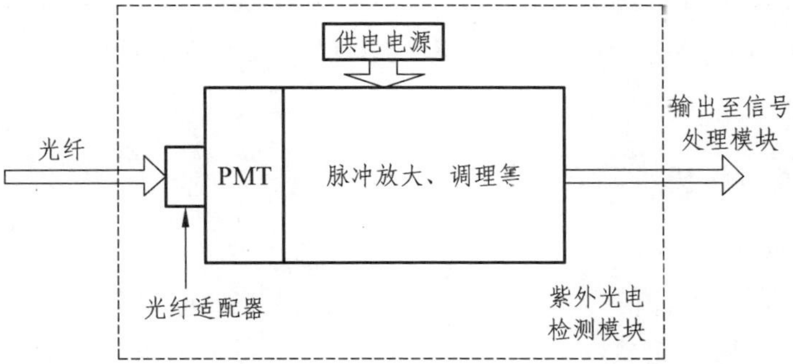

图 6.41 光学成像测量系统测量方式

在某种条件下，弓网燃弧将恶化弓网受流的质量，影响列车安全运行。为分析此类问题，引入列车牵引电流测量系统，实时分析由弓网燃弧引起的牵引电流变化指标，辅助分析弓网受流质量。

数据传输系统由发送装置、传输网络、接收装置和监控终端组成。无线传输采用 GPRS 网络实现数据传输。

数据分析处理系统结构框图如图 6.42 所示，由前端信号采集调理模块和后端嵌入式数据处理模块组成。其中，前端信号采集调理模块主要具有信号同步采集、电磁屏蔽、干扰滤波等功能。后端嵌入式数据处理模块主要实现弓网燃弧、牵引电流、数据无线传输、速度里程获取单元各分单元的数据融合、数据处理和数据存储。对收集到的信息进行储存、对比和分析，出现异常数据时可自动分析故障程度、危险级别，具备数据传输功能。

软件系统界面采用易操作的 Windows，设计美观合理、层次清楚、功能齐全；具有支持通过软件曲线图、同步播放显示原始数据图像或选择查看等功能，可实现影像与数据关联确认分析。

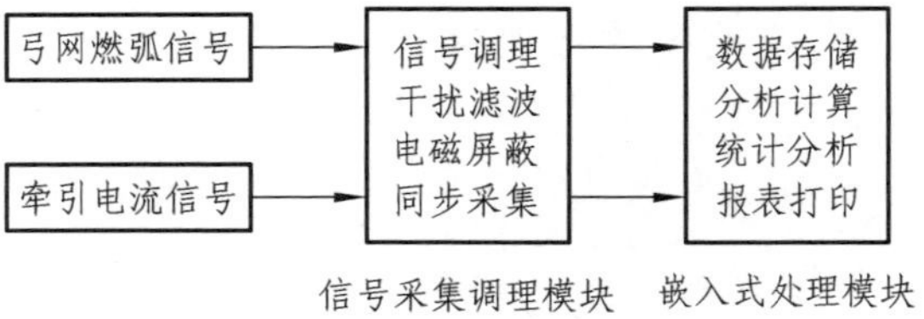

图 6.42　数据分析处理系统

基于紫外燃弧检测技术研发的检测装置已在多个地铁公司广泛应用。随着 6C 系统各种标准体系的出现，在动车组列车也得到了推广[29]。

3. 弧声检测

1）检测原理

列车运行声音信号中包含着丰富的信息，如电机运行声音，列车气动噪声，列车轮轨噪声，列车刹车声音，列车鸣笛声音以及弓网电弧声音等。通过对列车运行声音信号进行分析，可以判断出列车的运行状态等信息。通过对采集的声音信号进行频域变换，识别出弧声以及其他声信号的频率特征。然后使用小波降噪方法，使得弧声信号更加凸显。使用短时平均能量计算的方法，显示出弧声信号变化的包络特征。通过对弧声信号频率和能量特征的综合判断，可以排除干扰，实现对弓网电弧的有效检测。

2）弧声信号频率特征

现场采集的声音信号包含牵引电机转动声、轮轨、气动等几类声信号。因此，我们需要对列车运行声信号中的具体声音组成做定量分析。通过傅立叶分析的方法，分别选取这几类声信号，将时域数据变换到频域，从而得到信号的频域信息。

截取弓网电弧持续燃弧时间段内的信号并进行傅立叶变换，结果如图6.43所示。在0～17 kHz频段内都有能量分布，其中低频段即0～5 kHz为列车运行声音的分布频段，能量较5～17 kHz频段能量大，该频段声音主要是轮轨、气动声音。综上，判断出弓网电弧声频率分布在5～17 kHz。

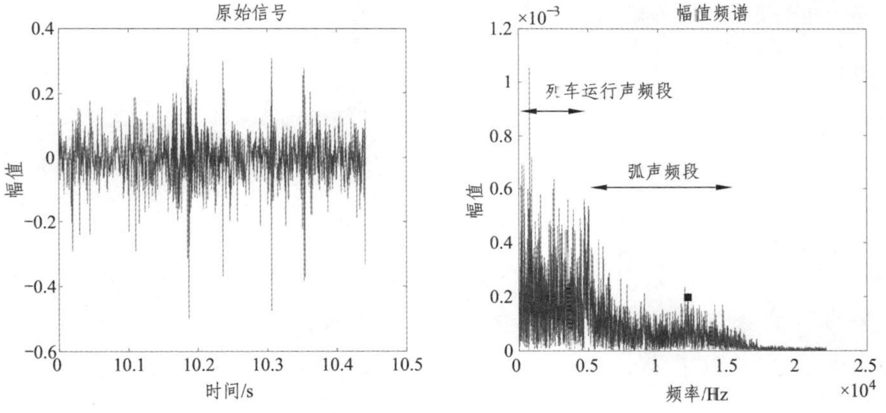

图 6.43　电弧声信号傅立叶分析

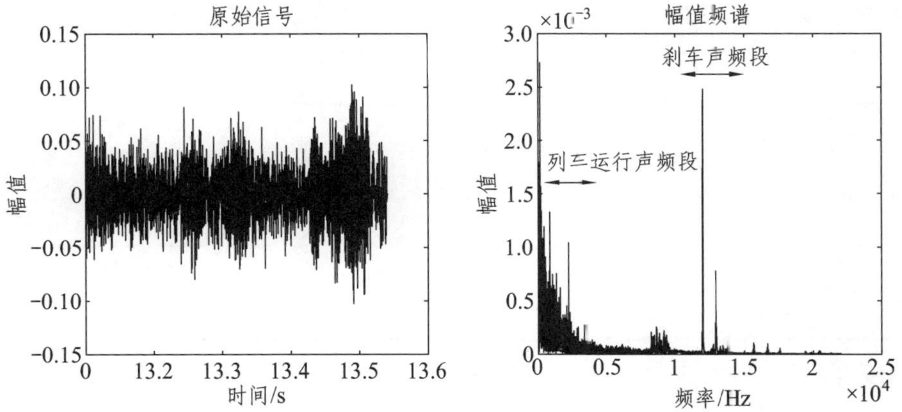

图 6.44　刹车声信号傅立叶分析

截取列车刹车声音信号，做傅立叶变换后的结果如图 6.44 所示，信号的频率主要分布在 0 ~ 5 kHz，10 ~ 14 kHz 这两个频段内。0 ~ 5 kHz 频段的声音为列车运行声音，主要为牵引电机运行声音。列车刹车声音频段为 10 ~ 14 kHz，频段与弧声频段有明显差别。

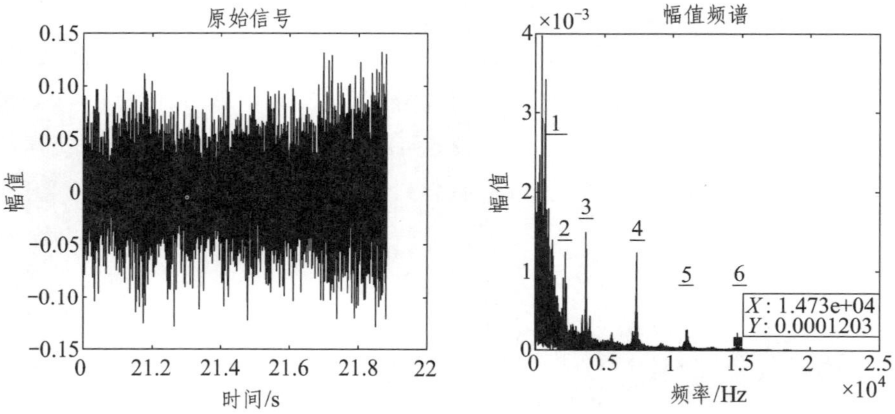

图 6.45　电机、气动、轮轨等声信号傅立叶分析

在列车启动过程中，列车的速度较低，气动噪声较小。可截取该过程的声信号来分析电机、气动、轮轨等声音信号的频率。经过计算，该过程信号频率主要分布在 0 ~ 1.4 kHz、2.3 kHz、3.7 kHz、7.3 kHz、11 kHz、14 kHz，与弧声以及刹车声的频段差别较大。

综合以上的傅立叶变换结果，以及图 6.45 声谱图中的强度信息，归纳采集的声音信号中几类声信号的特征信息如表 6.3 所示。

表 6.3　声信号分类

分类	f_{sp}/kHz	相对强度
刹车	10 ~ 14	30
电机、轮轨、气动	0 ~ 5，7.3，11，14	− 20 ~ 0
背景	0 ~ 20	− 50
电弧	5 ~ 17	0

3）声信号能量分析

采集某型号电力机车在进出站过程中产生的声音信号，该过程伴随有较频繁的弓网燃弧现象。

声信号是时变的，不过这个时变过程比起振动过程要缓慢得多。因此一般可以假定它是短时平稳的，每一时刻我们都可以用这个时刻附近的一小段语音信号分析得到一种频谱。对语音信号连续地进行频谱分析就可以得到一种二维图谱，其横坐标为时间，纵坐标为频率，而每像素的灰度值大小反映相应时刻和相应频率的信号能量密度。

声谱图可反映出声音信号的时间、频率、强度信息，从图 6.46 中可归纳出列车进站并伴随有较多燃弧现象声音信号的几个分类。通过声谱图与现场实际情况相比对，可得到采集的声信号中几种声音信号的频段、强度、时间信息。10 ~ 11 s 即图 6.46 中区域 1，为弓网电弧持续放电时间。电弧声音的频率在 0 ~ 17 kHz，频段较宽，根据颜色可判断出其强度在 0 左右，波形呈现为矩形。区域 2 即 13 ~ 14 s，为列车刹车持续时间，刹车声音在声谱图中的特征很明显，频率分布在 10 ~ 14 kHz，强度在 30 左右，比电弧声音强度大。区域 3 为列车背景噪声，频率分布广泛，强度在 – 50 左右，滤波后其强度大大减小。20 s 列车启动，在 21 ~ 22 s 时间段内没有弓网电弧发生，在列车运行过程中，电机、气动、轮轨声音信号会比较稳定，即这几类声音信号的频率和强度变化都比较小。在图 6.45 中，区域 4 可较好观察到电机、气动、轮轨等声音信号，频率分布在 3.5 kHz、5.5 kHz、7.3 kHz、11 kHz、14 kHz，强度为 – 20 ~ 0。

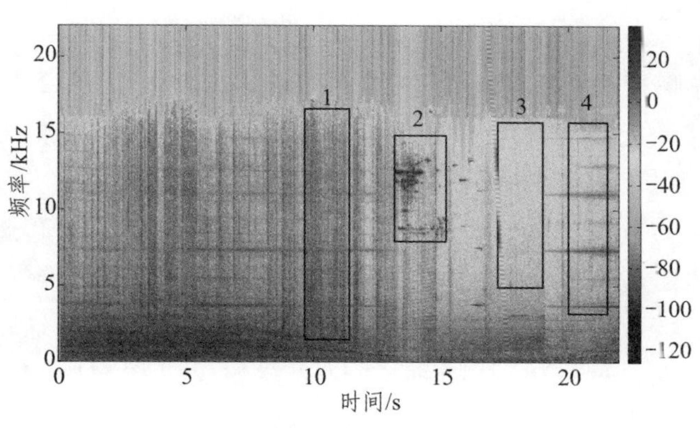

图 6.46　弓网燃弧声音声谱图

从声谱图可看出现场采集的声音信号中包含了较多无用的背景噪声，这部分噪声呈现为频带宽、能量分布较平均的特征。为了减少背景噪声对电弧声音分析的影响，需对采集到的原始声信号进行降噪处理。

传统的去噪方法主要包括线性和非线性滤波方法，如中值滤波和 Wiener 滤波等。传统方法的不足在于使信号变换后的熵增高，无法刻画信号的非平稳特性并且无法得到信号的相关性。小波变换可以灵活选择基函数，可以非常好地刻画信号的非平稳特性。为此，在 matlab 中利用小波降噪算法，并选用 penalty 阈值来进行降噪处理，降噪效果如图 6.47 所示。

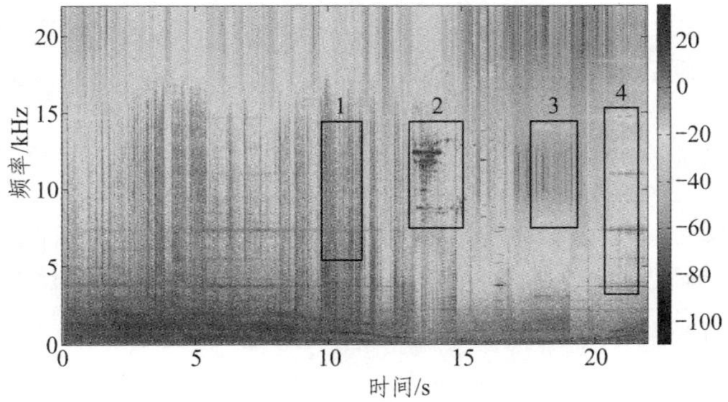

图 6.47　penalty 阈值小波降噪后的声谱图

对经 penalty 阈值降噪后的声信号进行分析。如图 6.47 中区域 1 所示，经降噪处理后，低频段信号的变化较小。如区域 2、3 所示，对背景噪声有一定的滤除效果，但滤除效果弱于前两种阈值方法。如区域 4 所示，列车停车时段的背景噪声强度有所下降。

弓网电弧等离子体具有高温度、高能量的特点，对高速铁路弓网电接触的性能造成了威胁。弓网燃弧发生时刻不确定、燃弧时间无规律等特征，增大了常规电弧检测方法的难度。弓网拉弧过程伴随着电弧弧声的出现，弓网电弧弧声是弓网离线燃弧过程中由空气震荡产生的非平稳的随机信号，它产生于弓网电弧的能量变化。通过对弓网燃弧过程中产生的电弧声信号进行检测识别，可间接反映出弓网电弧的相关信息。

列车稳定运行时，整体声信号处在一个相对稳定的状态，当弓网电弧发生时，相当于多出一个电弧声脉冲信号。声信号的能量随时间而变化，有无电弧发生的声信号之间能量差别相当显著。

因此做短时平均能量分析，可以描述弓网电弧声音的这种特征变化情况，进而实现对弓网电弧的识别。

定义 n 时刻声音信号的短时平均能量 E_n 为

$$E_n=\sum_{m=-\infty}^{+\infty}[x(m)w(n-m)^2]=\sum_{m=n-(N-1)}^{n}[x(m)w(n-m)^2] \tag{6-14}$$

式中，N 为窗长，可见短时能量为一帧样点值的加权平方和。将窗函数选为矩形窗时，有

$$E_n=\sum_{m=n-(N-1)}^{n}x^2(m) \tag{6-15}$$

也可以从另一个角度来解释。令

$$h(n)=w^2(n) \tag{6-16}$$

式（6-14）可以表示为

$$E_n=\sum_{m=-\infty}^{+\infty}x^2(m)h(n-m)=x^2(n)*h(n) \tag{6-17}$$

即先将声音信号各个样点值平方，然后通过一个冲激响应为 $h(n)$ 的滤波器，输出为由短时能量构成的时间序列，如图 6.48 所示。

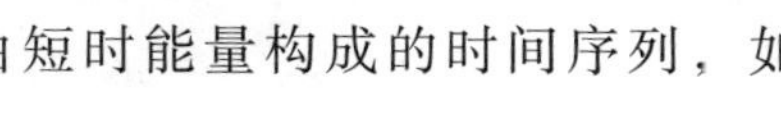

图 6.48 短时平均能量实现框图

在 matlab 中用 audioread 命令读入采集的声音信号，采样频率为 f_s = 44 100 Hz。利用 length 函数求得数字信号长度为 L，声音信号时长 $t=L/f_s$。使用短时平均能量算法进行数字信号处理，先对采样得到的数字信号进行分帧处理，使每一帧有 N 个采样点，总帧数 $L_1=L/N$。

对读入 matlab 的数字声音信号在每帧内进行短时平均能量计算，每一帧的时长 $t_1 = t/L_1$。

冲激响应 $h(n)$ 的选择即窗函数的选择直接影响着短时能量的计算。若 $h(n)$ 幅度恒定，其序列长度 N 即窗长很长，这样的窗等效为很窄的低通滤波器，此时 $h(n)$ 对 $x_2(n)$ 的平滑作用非常显著，使得短时能量几乎没多大变化，无法反应声音的时变特性，忽略了声音变化的很多细节。反之，若 $h(n)$ 序列长度 N 过小，那么等效窗又不能提供足够的平滑，以至于声音振幅瞬时变化的许多细节仍然被保留了下来，从而看不出振幅包络的变化规律。

经过小波阈值降噪方式得到的声信号，在短时平均能量图形中呈现出较好的包络。声信号未降噪前，含有较多无用的背景噪声信号，该部分背景噪声信号在短时平均能量处理中会使结果幅值变大，整体相对能量值为 20。降噪信号的相对能量值为 5，经过降噪处理后，声信号的能量值变为原来的 1/4。使电弧发生时的能量突变受噪声干扰更小，突变能量波形更加明显，能更好地反映弓网电弧的信息。

对采集的弓网电弧声音信号进行降噪处理后，以短时能量方法进行基于能量的特征识别，处理后的信号如图 6.49 所示。从图中可以看出共有 7 个呈包络形状的特征尖峰，其中 1 ~ 5 尖峰的特征较一致，能量峰值在 13 左右。6、7 尖峰的特征较一致，能量峰值在 27 左右。因此根据能量的差异将特征尖峰分为 2 类，结合现场实际情况，第 1 类（1 ~ 5 尖峰）为弧声信号，能量较刹车声信号弱。第 2 类信号（6、7 尖峰）为刹车声信号，能量大约为弧声信号的 2 倍。

经过测量，电弧 1 发生在 1.36 s 处，燃弧持续了 0.91 s。电弧 2 发生在 3.29 s 处，燃弧持续了 0.57 s。电弧 3 发生在 5.33 s 处，燃弧持续了 0.57 s。电弧 4 发生在 7.82 s 处，燃弧持续了 1.13 s。电弧 5 发生在 9.86 s 处，燃弧持续了 1.98 s。刹车声 6 发生在 13.27 s 处，持续了 0.96 s。刹车声 7 发生在 16.38 s 处，持续了 0.23 s。

观察短时能量(E)坐标，可测量出电弧 1、2、3 的强度峰值在 12 左右，电弧 4、5 的强度峰值在 8 左右，因此前三次弓网燃弧强度要大于后两次。

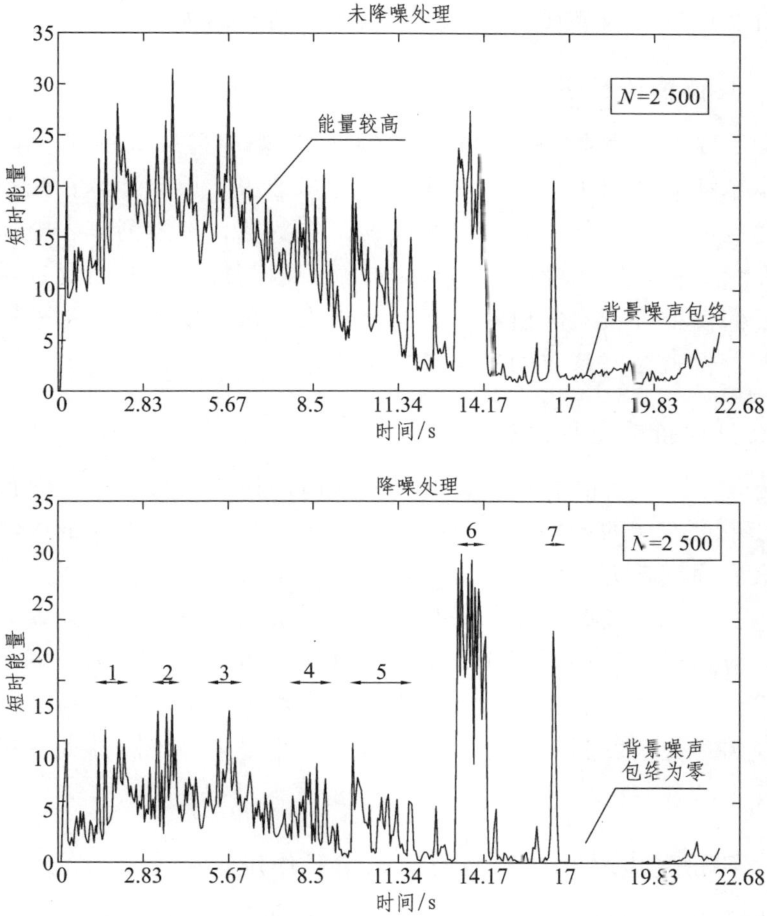

图 6.49　$N=2\ 500$ 时降噪前后短时能量图形对比

对声音信号进行短时平均能量计算，将声音能量的变化通过包络的形式展现出来。能量图形可以反映出弓网电弧发生时刻、持续时间、燃弧率、燃弧强度等信息，丰富了弓网燃弧的检测手段。

6.5　小　结

本章主要介绍了弓网系统参数的测量方法与测量设备。根据技术评估与诊断要求开发的测量技术与装置，可以用于：只评价接触线、只评价受电弓滑板或评价受电弓与接触网的动态相互作用。

1. 只评价接触线

接触线张力和接触线温度已被采纳为评价接触线服役性能的参数。本章详细介绍了一种接触线张力计算方法，用于计算在几类工况下接触线的张力，从而判断接触线的工作状态，保障列车安全运行；详细介绍一种基于图像处理的检测接触线温度的方法和装置，用于对接触线的温度进行实时监测，及时发现人工难以检测到的局部温度过高问题，保障弓网系统的安全可靠运行。

2. 只评价受电弓滑板

受电弓滑板表面磨耗和受电弓滑板内部损伤已被采纳为评价受电弓滑板服役性能的参数。本章详细介绍了一种基于图像法的检测受电弓滑板表面磨耗的方法和装置，用于对受电弓滑板表面磨耗进行实时监测，从而判断及时有效的发现受电弓滑板发生的异常磨损，为列车正常运行提供保证；详细介绍了一种基于超声波法的检测受电弓滑板内部损伤的方法和装置，用于对受电弓滑板内部裂纹进行检测，可及时发现肉眼无法看到的内部裂纹，有效防止受电弓滑板在列车运行过程中发生断裂等安全问题。

3. 评价受电弓与接触网的动态相互作用

弓网动态接触力、燃弧次数和燃弧时间已被采纳为评价弓网动态性能的参数。本章介绍了一种基于传感器检测技术和光学信号传输技术的弓网接触力测量装置以及一套合理的判断接触悬挂隐患点的算法，对应用接触力正确判断受电弓与接触网的接触质量，指导接触网检修工作具有借鉴意义；介绍了基于弓网电弧现象的外在特征（电磁辐射信号、声波、光等特征）的弓网电弧检测方法。以电弧电磁辐射信号的频率特征、弧声信号频率和能量特征、燃弧紫外光特征为主要判断依据的弓网电弧检测方法，能有效反映出弓网电弧发生时刻、持续时间、燃弧率、燃弧强度等信息。

参考文献

[1] 孙丰晖，王伯铭. 双滑板受电弓磨耗的超声波检测方法[J]. 机电产品开发与创新，2011，24（03）：129-131.

[2] 陈可. 机车受电弓无线视频监控系统的研制及实施[D]. 成都：西南交通大学，2009.

[3] 马莉，王泽勇，高晓蓉，等. 图像处理技术在受电弓滑板检测中的应用[J]. 机车电传动，2009（05）：47-48，52.

[4] 姚小文. 基于图像处理的城轨列车受电弓检测技术研究[D]. 南京：南京理工大学，2017. U264.34；TP391.41.

[5] 张书增. 钢轨内的超声波传播模拟及缺陷检测研究[J]. 中南大学学报，2014(03).

[6] 刘芳，王黎，高晓蓉，等. 受电弓与接触网间的接触压力检测研究[J]. 电力机车与城轨车辆，2006，29（6）：17-19.

[7] 张晓林，高晓蓉，王黎，等. 弓网接触力检测方法介绍[J]. 铁道技术监督，2010，38（8）：11-13.

[8] 邢继军. 弓网动态接触力在线检测系统[D]. 成都：西南交通大学，2005.

[9] 杨恒. 基于机器视觉的高速列车弓网动态性能检测方法研究[D]. 成都：西南交通大学，2017.

[10] 马成. 基于燃弧检测装置的弓网受流质量试验分析[D]. 成都：西南交通大学，2013.

[11] 刘波. 电力机车弓网离线电弧检测装置[D]. 成都：西南交通大学，2005.

[12] 熊庆，汲胜昌，陆伟锋，等. 低气压下串联直流电弧故障电磁辐射幅值及频率特性[J]. 中国电机工程学报，2017，37（4）：1071-1079.

[13] 袁明杰. 接触网弓网故障及其防范措施[J]. 铁道技术监督，2006（8）：12-14.

[14] 白天玉. 接触网风载故障的探讨[J]. 铁道机车车辆，2002（1）：49-51.

[15] 甄磊. 浅析接触网覆冰现象的危害及应对措施[J]. 电气化铁道

2011，22（3）：30-32.

[16] INSTITUTE K R R. Online Catenary Condition Monitoring System[J]. 2007.

[17] 曹微微. 便携式超声波探伤仪关键技术的研究[D]. 北京交通大学，2011.

[18] THEUNE N, BOSSELMANN T, KAISER J, et al. Online temperature monitoring of overhead contact line at the new German high-speed rail line Cologne-Rhine/Main: Power Supply, Energy Management and Catenary Problems. Pilo E. Southampton: WIT Press[C], 2010: 87-94.

[19] 黄新波，李文静，刘家兵. 一种电气化铁路接触网覆冰在线监测系统[P]. 中国，实用新型，CN102721373A，2012.10.10.

[20] 张曙光. 京津城除高速铁路系统调试技术[M]. 北京：中国铁道出版社，2008.

[21] 接小峰. 铁路水害致灾模式与预警预报方法研究[D]. 长沙：中南大学，2014.

[22] 孟鑫. 高速铁路接触线运行状态监测技术研究[D]. 北京：北京交通大学，2016.

[23] 张雪英. 数字语音处理及 MATLAB 仿真[M]. 北京：电子工业出版社，2010.

[24] 孙丰时. 受电弓滑板磨耗检测系统的设计及调试[D]. 成都：西南交通大学，2011.

[25] Minom Ogasawar，于慧娟，林克. 铁道车辆道旁监测系统的发展现状[J]. 国外化车车辆工艺，2000，05：1-3，14.

[26] 蒲文旭，陈唐龙，刘宝轩，于龙. 基于紫外光的弓网电弧检测系统研究[J]. 仪表技术与传感器，2014（07）：64-67.

[27] 王其平. 电器电弧理论[M]. 北京：机械工业出版，1991.

[28] 王万岗，吴广宁，高国强，等. 高速铁路弓网电弧试验系统[J]. 铁道学报，2012，34（04）：22-27.

[29] 梁萍. 紫外燃弧检测技术在接触网运营维护中的应用[J]. 中国铁路，2016（05）：54-56.